2019 中国社会治理发展报告

Annual Report of Social Management in China（2019）

西安交通大学
中国管理问题研究中心
改革试点探索与评估协同创新中心
中国（西安）数字经济发展监测预警基地　著

科学出版社
北京

内 容 简 介

伴随着中国经济的快速发展，社会治理问题已经成为中国政府必须面对的战略性问题。中国管理问题研究中心、改革试点探索与评估协同创新中心和中国（西安）数字经济发展监测预警基地密切关注中国社会的发展问题，以西安交通大学人文社会科学学院已有的研究力量和研究成果为依托，每年推出一部《中国社会治理发展报告》。本书从公共管理、教育管理、经济管理和信息管理四个视角出发，主要包括 15 篇研究报告，涉及自贸试验区法律治理、生育政策和生育水平、城市医联体运行、企业制度性成本改革、老年人健康知识和健康行为、高校服务地方经济发展的模式和机制创新、大学新生心理健康、西部农村初中生教育发展、跨境供应链风险评估及防范、数字经济时代下的金融风险、新疆破解煤层气产业发展掣肘的对策、信息安全外包、产业互联网发展、跨境电子商务发展等系列主题。每篇报告在撰写风格上以服务社会和政府为主题展开，突出基于数据、事实分析的特色。

本书目标是成为政府和社会各界关注社会发展的重要参考书，可供各级政府部门决策人员、科研机构研究人员、高等院校师生、企事业单位领导、媒体记者、关注中国发展形势的各界人士阅读参考。

图书在版编目（CIP）数据

2019 中国社会治理发展报告 / 西安交通大学等著. —北京：科学出版社，2019.11

ISBN 978-7-03-061524-4

Ⅰ. ①2… Ⅱ. ①西… Ⅲ. ①社会管理-研究报告-中国-2019 Ⅳ. ①D63

中国版本图书馆 CIP 数据核字（2019）第 110132 号

责任编辑：王丹妮 / 责任校对：贾娜娜
责任印制：吴兆东 / 封面设计：蓝正设计

科学出版社出版
北京东黄城根北街 16 号
邮政编码：100717
http://www.sciencep.com

北京虎彩文化传播有限公司印刷
科学出版社发行 各地新华书店经销

*

2019 年 11 月第 一 版 开本：787×1092 1/16
2020 年 1 月第二次印刷 印张：14 1/4
字数：337 000

定价：106.00 元

（如有印装质量问题，我社负责调换）

委员会名单

联系方式：陕西省西安市咸宁西路 28 号西安交通大学管理学院，邮政编码：710049。

电话：029-82665096　　传真：029-82668382

Email：sherryzhao@mail.xjtu.edu.cn

撰写人员名单

本期报告作者名单（按汉语拼音排列）

陈　兵　　新疆大学经济与管理学院
崔小芬　　西安交通大学公共政策与管理学院
方　芸　　西安交通大学医学部
冯耕中　　西安交通大学管理学院
葛新红　　AMT（上海企源科技股份有限公司）研究院
郭菊娥　　西安交通大学管理学院
郝思洁　　国家开发银行陕西省分行
郝渊晓　　西安交通大学经济与金融学院
何荣鑫　　西安交通大学公共政策与管理学院
江　杰　　西安交通大学公共政策与管理学院
姜全保　　西安交通大学公共政策与管理学院
孔祥印　　西安交通大学管理学院
李金叶　　新疆大学经济与管理学院
李松芮　　西安交通大学经济与金融学院
李万强　　西安交通大学法学院
李彦昭　　西安交通大学管理学院
李媛媛　　西安交通大学公共政策与管理学院
梁晓刚　　西安交通大学管理学院
卢继周　　中央财经大学商学院
毛　瑛　　西安交通大学公共政策与管理学院
梅　红　　西安交通大学公共政策与管理学院
宁　伟　　西安交通大学公共政策与管理学院
裴云龙　　西安交通大学管理学院
钱　娟　　新疆大学经济与管理学院
尚玉钒　　西安交通大学管理学院
史苏欣　　西安交通大学经济与金融学院
宋倩楠　　西安交通大学公共政策与管理学院
孙璐鑫　　西安交通大学公共政策与管理学院
王　丽　　新疆大学经济与管理学院

王胜军	浙江清源信息科技有限公司
王玉荣	浙江清华长三角研究院产业互联网研究中心
翁　洋	西安交通大学法学院
吴　勇	东华大学旭日工商管理学院
吴尚凌	西安交通大学公共政策与管理学院
相里六续	新疆大学经济与管理学院
谢　涛	西安交通大学公共政策与管理学院
薛秦香	西安交通大学公共政策与管理学院
闫　琼	西安交通大学管理学院
姚　斌	西安交通大学学生处
袁　忆	西安交通大学管理学院
张　宁	西安交通大学公共政策与管理学院
张　旭	西安交通大学管理学院
张怡蕾	西安交通大学经济与金融学院
赵东月	西安交通大学管理学院
周兰珍	AMT（上海企源科技股份有限公司）研究院

序　言

改革开放40多年来，中国经济社会走出了一条使一个十几亿人口的发展中大国摆脱贫困、加快实现现代化的中国式道路，目前中国国民经济总量已经跃居世界前列，人民生活水平实现了从温饱到小康的转变，中国经济社会发展取得了举世瞩目的伟大成就。然而，伴随着中国经济的快速发展，转型期的中国社会却面临着越来越多的问题与挑战：过度依赖于资源消耗型的经济增长带来的日益恶化的环境问题；社会发展落后于经济发展引起的社会不公的争议和反思；地区发展的不平衡性和民族自治区域的民族团结问题；弱势群体、社会保障和全民医疗等关系国计民生的重大问题；以及全球经济一体化引发的中国经济安全问题；等等。党的十九大明确提出，“中国特色社会主义进入新时代，我国社会主要矛盾已经转化为人民日益增长的美好生活需要和不平衡不充分的发展之间的矛盾”[①]。在新的历史发展时期，保障人民安居乐业、社会安定有序、国家长治久安，成为当前中国改革与社会发展的重要任务。

2011年中共中央、国务院印发《关于加强和创新社会管理的意见》提出，要引导社会各方面积极有效地参与社会管理服务，形成推动社会和谐发展、保障社会安定有序的合力。十八届三中全会党中央提出“推进国家治理体系和治理能力现代化”改革目标，“社会治理创新”成为调动和激发社会活力的重要途径。从“社会管理”到“社会治理”，一字之差，体现了中国公共行政领域的一场深刻变革。社会治理实现了权利主体的多元化，强调政府和社会各界的合作，是区别于传统公共管理模式的一种新型社会管理模式。国家社会治理体系的建设目标就是要打破政府本位主义，根除行政傲慢，探索政府与非政府组织和其他社会自治力量共同参与社会管理的发展模式。社会治理是国家治理的重要方面，良好的社会治理是保持社会和谐稳定、满足人民美好生活需要的重要保障。党的十九大报告提出“打造共建共治共享的社会治理格局”[①]，对进一步加强和创新社会治理提出了新的更高要求。总结改革开放40多年来特别是党的十八大以来我国社会治理的成功经验，在新时代加强和创新社会治理研究，对实现国家长治久安、经济社会持续健康发展、人民安居乐业具有重大意义。

西安交通大学社会科学所属各学科，如管理学、社会学、法学、经济学等学科已经在全国形成了比较好的竞争优势，在服务社会、服务政府方面的多个领域产生了一批富有影

---

① 《习近平：决胜全面建成小康社会 夺取新时代中国特色社会主义伟大胜利——在中国共产党第十九次全国代表大会上的报告》，http://www.gov.cn/zhuanti/2017-10/27/content_5234876.htm，2017年10月27日。

响的教授和研究成果。例如，在中国农村女孩生存方面的研究成果直接发展成为全国性的治理高出生性别比的公共政策和战略行动——国家“关爱女孩行动”，成为中国政府和领导人高度重视的战略行动，是中国转型期统筹解决人口与社会发展问题，实现国家人口战略的重要载体，在国际上树立了中国政府、公众、社会组织和学术界关心女孩与保护女孩的良好形象；作为核心起草专家，管理学院研究团队全面参与了《全国电子商务物流发展专项规划（2016—2020 年）》（商流通发〔2016〕85 号）的研究和制定工作，该规划于 2016 年 3 月 17 日由商务部、国家发展和改革委员会（以下简称国家发改委）、交通运输部、海关总署、国家邮政局、国家标准化管理委员会六部门颁布实施。

中国管理问题研究中心作为教育部科学技术委员会首批四个战略研究基地之一，2012 年成为教育部软科学研究基地，是教育部组织高水平战略研究和软科学研究，吸引和汇聚国内外优秀人才，开展国内外学术交流与合作，以及培养创新人才的重要基地。中国（西安）数字经济发展监测预警基地依托过程控制与效率工程教育部重点实验室（西安交通大学），联合西安市商用信息系统分析及应用工程实验室等社会资源，2017 年经中共陕西省委网络安全和信息化委员会办公室批准设立于西安交通大学，2018 年入选中国智库索引（Chinese Think Tank Index，CTTI）来源智库。为了构建载体和渠道，进一步发挥西安交通大学及国内专家学者在中国社会发展中的作用，由西安交通大学社会科学处牵头，以西安交通大学中国管理问题研究中心和中国（西安）数字经济发展监测预警基地为研究平台，从 2011 年起开始组织校内外人文社会科学领域的专家学者，开展《中国社会管理发展报告》的撰写工作，2014 年该报告更名为《中国社会治理发展报告》，同时将《中国社会治理发展报告》列入西安交通大学人文社会科学学科发展的重要任务之一。

《中国社会治理发展报告》作为每年度出版的系列报告，将突出西安交通大学人文社会科学领域基于数据、事实分析的研究特色，坚持问题导向，总结和分析我国社会发展的新形势，持续跟踪研究我国社会管理与社会治理领域的难点和热点问题；同时立足各报告执笔教授的已有研究工作，不断深化和扩展其社会服务，在深入分析问题的同时，能够反映社会未来发展态势，具有一定的预见和分析，力争为我国社会治理领域的宏观决策提供重要的参考。

西安交通大学

前　　言

世界正处于一个变革的时代。近30年里，苏联解体、海湾战争、“9·11”事件、伊拉克战争、阿富汗战争、朝鲜核问题、由美国次贷危机引起的全球金融危机和主权信用危机、中美贸易摩擦等事件都表明，国际力量格局多极化发展趋势进一步显现，国际社会环境更加复杂。

随着信息技术的发展和应用，互联网、物联网、社会化媒体技术等深入到社会大众生活、企业生产经营和政府政务管理的方方面面，给人们的生活方式带来了深刻变革。面对新的社会化媒体环境，社会发展面临前所未有的问题与挑战。

改革开放40多年来，我国国内生产总值（gross domestic product，GDP）由1978年的3679亿元增长到2017年的82.7万亿元，年均实际增长9.5%，远高于同期世界经济2.9%左右的年均增速。我国GDP占世界生产总值的比重由改革开放之初的1.8%上升到2018年的15.2%，多年来对世界经济增长贡献率超过30%①。2010年以来，中国GDP首次超越日本，成为仅次于美国的世界第二大经济体。然而自2012年起中国经济增速开始逐步放缓，GDP增速开始明显回落。中国经济发展进入了“新常态”。在这种形势下，长期存在的国内贫富差距较大、人口老龄化、持续高房价等现实问题使社会的不稳定因素在增多，一些原本不突出的问题和矛盾开始显现。党的十九大在科学分析我国发展形势的基础上强调，“中国特色社会主义进入新时代，我国社会主要矛盾已经转化为人民日益增长的美好生活需要和不平衡不充分的发展之间的矛盾”②。这是关系社会治理全局的历史性变化，要求我们在继续推动发展的基础上，着力解决好发展不平衡、不充分问题，大力提升发展质量和效益，着力化解影响社会秩序和活力的新的结构性矛盾，不断满足人民日益增长的美好生活需要。

党的十九大明确指出，全面深化改革总目标是完善和发展中国特色社会主义制度、推进国家治理体系和治理能力现代化；同时提出共商共建共享的全球治理观，倡导国际关系民主化，中国将继续发挥负责任大国作用，积极参与全球治理体系改革和建设，不断贡献中国智慧和力量②。在新的历史时期，中国社会治理改革步入攻坚期、深水期，国家出台了“一带一路”倡议，以及“中国制造2025”“互联网+”“大众创业、万众创新”等重大战略，实施一批重大举措，更加强调通过内涵发展促进经济增长。然而，由于社会治理

---

①《习近平在庆祝改革开放40周年大会上的讲话》，http://politics.people.com.cn/n1/2018/1218/c1024-30474793.html? form=rect，2018年12月18日。

②《习近平：决胜全面建成小康社会 夺取新时代中国特色社会主义伟大胜利——在中国共产党第十九次全国代表大会上的报告》，http://www.gov.cn/zhuanti/2017-10/27/content_5234876.htm，2017年10月27日。

涉及的问题众多、领域宽广，无论哪一个环节出现问题，最终必将对社会稳定造成不利影响。因此，从公共管理和经济安全的视角，采用系统工程思想开展社会治理问题研究，对于提高中国社会治理水平、维护国家安全和社会稳定、构建和谐社会具有十分重要的理论和现实意义。

本书以西安交通大学人文社会科学学院已有的研究力量为依托，立足中国国情和社会实践，聚焦新时期国家重大战略举措，从公共管理、教育管理、经济管理和信息管理四个视角出发，主要包括 15 篇研究报告，涉及自贸试验区法律治理、生育政策和生育水平、城市医联体运行、企业制度性成本改革、老年人健康知识和健康行为、高校服务地方经济发展的模式和机制创新、大学新生心理健康、西部农村初中生教育发展、跨境供应链风险评估及防范、数字经济时代下的金融风险、新疆破解煤层气产业发展掣肘的对策、信息安全外包、产业互联网发展、跨境电子商务发展等系列主题。

在本书的撰写过程中，由西安交通大学社会科学处组织，专家委员会的各位专家、各个报告的执笔教授及研究团队成员共同参与，召开了多次研讨会进行有关问题的分析和讨论。专家委员会的专家对本书的定位、研究方向和各个专题报告的撰写都提出了许多指导性的意见，在此向他们表示衷心的感谢；同时也对本书的每一位作者表示由衷的敬意和感谢。过程控制与效率工程教育部重点实验室、中国系统工程学会青年工作委员会和西安系统工程学会为本书的出版提供了极大的支持，对此表示诚挚的感谢。科学出版社为本书的写作提供了多方面的支持，马跃编辑对本书的撰写提供了极大的帮助，在此对他们表示真诚的感谢。在本书的各个专题报告的撰写过程中，参考了国内外同行的许多著作和文献，引用了部分资料，特向这些作者表示感谢。

社会治理是一个全新、富有挑战的研究领域，各种新生的社会问题不断涌现。由于研究数据和时间的限制、研究视角的选取等，本书尚有不足之处，敬请各位读者批评和不吝赐教！

西安交通大学
中国管理问题研究中心
改革试点探索与评估协同创新中心
中国（西安）数字经济发展监测预警基地
2019 年 6 月

目　　录

公共管理篇

教育管理篇

经济管理篇

信息管理篇

公共管理篇

中国自贸试验区法律治理的现状与完善研究*

翁 洋[①] 李万强[②]

内 容 提 要

法治化作为国务院自由贸易试验区（以下简称自贸试验区）建设"三化"的要求之首，体现了党中央、国务院要依法治理自贸试验区建设的决心，也是对依法治国基本方针的全新实践。经过上一阶段的自贸试验区法治化建设，当前我国自贸试验区法治体系已基本形成。在下一阶段中，自贸试验区法治化建设应当继续增强法治保障，深化法治建设，持续法治创新，保持改革与法治之间的良性关系，形成更多可复制、可推广全国的政府行政体制改革经验。

一、自贸试验区法治化发展回眸

自2008年全球金融危机发生以来，全球经济形势持续恶化。英国决定"脱欧"和特朗普击败希拉里当选美国总统都表明贸易保护主义再次抬头，逆全球化思潮不断涌现。为了应对全球经济增长缓慢及全球贸易壁垒逐渐高筑，我国政府适时提出了建设自贸试验区政策。自贸试验区政策的任务是要探索我国对外开放的新路径和新模式，推动加快转变政府职能和行政体制改革，促进转变经济增长方式和优化经济结构，实现以开放促发展、促改革、促创新，形成可复制、可推广的经验，服务全国的发展[1]。为此，法治化建设便毫无疑问地成为自贸试验区建设的重中之重。只有将改革创新制度法治化，才能在全国范围内进行复制、推广。同时，自贸试验区沿着法治化的路径发展也是对党中央依法治国基本方针的良好呼应。在前一阶段的自贸试验区发展中，各自贸试验区均贯彻了党中央、国务院对自贸试验区以法治化发展为首的基本要求，在立法、司法及执法

---

* 基金项目：本文系陕西省法学会2017年"陕西省自贸试验区对接'一带一路'倡议法律问题研究"及西安交通大学"一带一路"自由贸易试验区研究院课题"陕西省自贸试验区法治化发展研究"阶段性成果。

① 翁洋，西安交通大学法学院博士研究生。

② 李万强，西安交通大学法学院教授，西安交通大学"腾飞人才计划"特聘教授，法学博士。

方面都做出了探索，初步达到了自贸试验区的设立初衷。但在自贸试验区法治化发展的统一性、便捷性、完善性方面还应当进行进一步的探索，相信这也将是自贸试验区法治化发展下一阶段的重心所在。

目前，我国已先后设立4批共12个自贸试验区，12个自贸试验区形成了由南至北、由沿海到内陆，包含东部发达地区和西部欠发达地区的新一轮改革开放总体战略布局。

过去四年的自贸试验区法治建设为我国对外开放投资法律体系提供了有益尝试，但也存在很多矛盾和障碍，亟待在未来的发展中得到进一步解决。随着自贸试验区改革开放的进一步深入发展，在制度创新方面必然会与现行的法律产生一定的抵触。在自贸试验区未来的发展中如何平衡全面推进依法治国、深化改革与对接国际高标准经贸规则之间的关系将会是自贸试验区法治发展的重中之重。

我国当前的自贸试验区法律体系是基于"中央授权—地方立法"的基本构架，立法权首先由全国人大授予国务院，国务院再通过批准自贸试验区总体建设方案的方式授予各自贸试验区地方政府，最后再由地方政府基于国务院批准的总体建设方案结合自身的区位优势，出台各自的管理办法和实施条例等。基于此，自贸试验区已然形成了以全国人大的"授权决定"和国务院的"总体方案"为核心、以各自贸试验区的"管理办法"及"条例"为框架、以国家和本省（市）规范性文件为主要内容的规则体系[2]。

然而，事实上截至2019年，我国自贸试验区建设还尚未有真正意义上的立法，取而代之的是采用人大授权修法及授权暂停实施部分法律条文的方式。授权修法是在我国现有法律制度供给明显缺位，而制度创新需求很强烈，改革举措又需要一定的试验和检验期等多重矛盾叠加后的路径选择。授权修法的直接目的是解决自贸试验区内开放措施与现行法律相抵触的问题，更深层次的原因则是在尽可能不影响法律稳定性和平等性的前提下，在局部地区进行法律条款的"试错"，最大限度地降低法律改革成本，具有某种"法律特区"的意味[1]。

国务院对各自贸试验区制订的"总体方案"成为中央立法权向地方立法权让渡的纽带，基于此立法根源，各自贸试验区都制定了条例或管理办法作为自贸试验区改革创新的地方法律依据，并且都在一定程度上反映出了各自不同的特色与改革方向。表1为笔者对各自贸试验区条例或管理办法的立法特色进行的梳理总结。

表1 各自贸试验区地方立法特色对比

自贸试验区	地方立法特色
上海自贸试验区	首次自贸试验区地方性立法，具有开创意义且为后续提供可借鉴立法范本
福建自贸试验区	强调闽台交流，扩大对台开放领域，促进台湾同胞学习、就业、定居，扶持两岸青年创新创业
天津自贸试验区	强调京津冀区域发展，推动三地各领域在自贸试验区内开展合作
广东自贸试验区	积极推动粤港澳服务贸易自由化，发挥"海上丝绸之路"的优势地位，广泛开展与"一带一路"沿线国家人文交流合作
辽宁自贸试验区	基于区位优势进一步探索东北亚区域开放，由对外贸易自由带动东北老工业基地结构改革升级
浙江自贸试验区	以报税原油为切口，发展大宗商品贸易基础设施建设，并积极探索与长江经济带区域合作及完善国际国内航运发展服务环境
河南自贸试验区	推动现代交通物流体系与"一带一路"建设，促进物流业发展及便捷多式联运
湖北自贸试验区	搭建便利化知识产权服务平台，建立重点产业专利导航制度和终点产业协同保护机制

续表

自贸试验区	地方立法特色
重庆自贸试验区	发挥西部大开发重要战略支点、“一带一路”和长江经济带联结点的示范带动作用，探索建立“一带一路”政策支持体系，推进“一带一路”和长江经济带联动发展
四川自贸试验区	优化创新创业制度环境，激发创新创业活力，并探索建立知识产权综合管理体制，为人才引进提供便利条件
陕西自贸试验区	建设“一带一路”交通、商贸、快递物流中心，以及构架新亚欧大陆桥国际经济走廊
海南自贸试验区	建设全面深化改革开放试验区、国家生态文明试验区、国际旅游消费中心和国家重大战略服务保障区，打造面向太平洋和印度洋的重要对外开放门户

四年来，自贸试验区的法制建设在与国际经贸新规则衔接方面虽然取得了明显成就，但与党中央、国务院在总体方案中对自贸试验区的期望、与全国人大常委会进一步全面深化改革开放的决心及与提升我国在全球治理中由参与者向规则制定者身份积极转变的要求相比，自贸试验区在对接国际经贸新规则的路上还有一段路要走。例如，国际上的投资标准已经从准入前的国民待遇过渡到准入处置全过程的国民待遇，从直接投资转向了间接投资。服务贸易的开放由一般服务贸易部门转向重点领域开放。而自贸试验区目前的开放仅解决了准入问题，随后经营阶段的问题并没有解决。特别是服务贸易领域，涉及各行各业的上位法，在这些上位法的基础上，各行业主管部门发了很多规范性文件，将服务贸易领域控制于行政审批之下。这就导致准入的自由与经营的非自由之间存在相互矛盾的紧张关系，致使国内法律制度与国际通行经贸规则尚存明显差距。因此，自贸试验区法治建设应当根据国际经贸新规则发展趋势，对接和融入国际经贸新规则，探索出作为国际经贸治理规则的引领者而不是跟随者的发展路径。

二、自贸试验区法治化建设的内在含义和外在逻辑

法治是我国现阶段经济体制及政府体制改革共同的主题，自贸试验区建设同样要以法治为前提。自贸试验区战略的目标是进一步扩大和开放国内经济领域建设，所探求的是更深层次对接国际经贸体系来推动国内经济持续稳定增长。国际经贸体系的对接一定意义上就是国内外法治的交融，在统一的规则下才能形成自由的贸易市场。因此，自贸试验区要在法治下推进改革、在改革中完善法治，对于需要先行先试的改革举措，依法授权开展试点工作；对于实践证明行之有效、具备复制推广条件的改革举措，及时总结修改完善相关法律[3]。

（一）自贸试验区法治化建设的内在含义

自贸试验区是我国改革开放的试验田，是构建开放型经济新体制的重要窗口，也是促进政府职能转变的突破口。随着改革进入攻坚期和深水区，自贸试验区承载的期望越高，肩负的任务越重，越加需要大胆开拓、勇于创新[4]。全面推进依法治国的大背景为自贸试验区建设定下了以法治化为首的基调，使法治化成为自贸试验区建设之“纲”。同时，全

国人大常委会也授权国务院暂时调整有关法律规定的行政审批决定，为自贸试验区建设的法治化提供了可行条件①。

从法治化的角度来看自贸试验区的建设问题，就是要通过自贸试验区建设来不断完善现代法治的建设，对经济、社会的运行及权力的监督都要以法治化的方式来进行。在国家治理战略上，涉及两条道路的抉择：一条是沿着完善市场经济的改革道路前行，限制行政权力，走向法治化的市场经济；另一条是沿着强化政府作用的国家资本主义道路前行，走向权贵资本主义的穷途[5]。从国家总体布局来看，设立自贸试验区是要用法治的方式，来进一步解决政府权力与市场自由的关系问题；就是决心以更大的开放倒逼现行的行政管理制度进行深层改革，划清政府和市场的边界，解决政府支配资源的权力太大的问题，以便将来把自贸试验区成功的法治化经验推向全国。

相较我国之前进行的改革尝试，以先行先试为基础的自贸试验区建设可谓是我国在行政体制改革上的一次全新探索，全国人大常委会在国家层面的立法授权实践表明为自贸试验区的先行先试提供法治保障，是我国在立法技术上的一次创新，也是在立法思想、观念上的革新。全国人大常委会及时做出立法授权的决定是以法治促改革、促创新，积极发挥立法对经济和社会发展的引领与推动作用的一次生动演绎，同时诠释了新时期以法治思维、法治方式推动改革开放的伟大实践。2015 年 3 月 15 日第十二届全国人民代表大会第三次会议通过了《全国人民代表大会关于修改〈中华人民共和国立法法〉的决定》②，这也是国家对自贸试验区因地因事调整改革成果的固化③。

自贸试验区法制建设在很好地体现了"重大改革于法有据"基本原则的同时也很好地体现了《中共中央关于全面推进依法治国若干重大问题的决定》中提出的"更好发挥法治的引领与规范作用"[6]。从第一批上海自贸试验区 2014 年正式设立起，前两批自贸试验区所在省（市）政府及人大常委会都将立法工作放在全面深化改革大局中谋划，注重发挥立法在全面深化改革中的引领和推动作用，坚持在法治框架内推进改革，出台了各项围绕自贸试验区建设的法律法规，努力为全面深化改革提供强有力的法治保障，为贯彻落实重大改革都要于法有据的要求，自贸试验区的先行先试迫切需要加强法律层面的顶层设计。鉴于此，前两批自贸试验区都先后出台了"自贸试验区条例"，显现出科学立法引领改革的探索路径。

在自贸试验区建设中，行政法治化应当是一项重要的建设工作。试验行政法治集中在如下几个方面：一是目前各项改革、支持措施的法治化要求将各个部门因改革而迸发出的支持激情或各项措施以法律或规则的形式固定下来，有权力、有责任、有程序；二是政府

---

① 全国人大常委会曾在 2013 年 8 月 30 日和 2014 年 9 月 4 日分别做出对第一、第二批共 4 个自贸试验区范围内，授权国务院暂时调整有关法律规定的行政审批的决定。对国家规定实施准入特别管理措施之外的外商投资，暂时停止实施企业设立、变更等行政审批，改为备案管理。

② 《全国人民代表大会关于修改〈中华人民共和国立法法〉的决定》，http://www.npc.gov.cn/npc/xinwen/2015-03/18/content_1930129.htm，2019 年 3 月 4 日。

③ 新修正的《中华人民共和国立法法》第十三条规定，"全国人民代表大会及其常务委员会可以根据改革发展的需要，决定就行政管理等领域的特定事项授权在一定期限内在部分地方暂时调整或者暂时停止适用法律的部分规定"。

在涉及产业政策、管理行为上需要切实遵守国民待遇、公平待遇、透明度、可预期等行政法治原则，实施方式要合理、统一；三是要定期对政策进行评估，对政策出台、调整要有评估依据，更要有依法程序。

（二）自贸试验区法治化建设的外在逻辑

法律本身的局限性是静和动处于矛盾之中，社会变动、改革发展始终处于变动不居的状态，而规则永远都是相对静止的。恰恰是这样一种相对静止的形态，才提供了社会稳定和人民生活安宁的基础。在深化改革的过程中，法律规则并不是也不应该是僵化、生硬的，已经颁布施行的法律虽然也会呈现出其刚性、稳定性的一面，但它所确立的制度内容却可以随着经济、文化和社会生活的变化而不断地进行调整。

自贸试验区作为国家改革创新的桥头堡，打破了固有的经济管理体制，在打造法治化的营商环境的总体要求下，一切制度创新都要在法治化的大前提下进行，一切创新的制度也都要有法律的支撑，这就要求自贸试验区要改变“政策等于法律”的错误观念，形成改革必须立法先行的法治化改革观。在中国法律体系已经形成的今天，涉及自贸试验区先行先试的事项，现行法律、行政法规均有明确的规定，任何实质性的制度创新都需要突破现行法律、行政法规的相关规定[7]。法律、法规的制定要符合法治化发展的总体要求，要在合法的框架内进行，要符合《中华人民共和国立法法》的具体要求。自贸试验区作为经济制度改革的“排头兵”，经济制度的改革、创新自然就是制度改革的重中之重。然而，《中华人民共和国立法法》的规定①不但排除了地方性立法在经济制度上创新的可能性，也会极大地限制投资、贸易、航运、金融、人文交流等领域创新制度的设立，进一步制约自贸试验区的整体立法进程。因此，如何在立法层面给予自贸试验区各项制度创新以支持，就成为自贸试验区法治化发展要解决的首要任务。

三、自贸试验区法治化发展的完善与创新

自贸试验区的法治建设经过了前一阶段现在已经基本有了雏形，形成了中央出政策、地方立法规的模式，但从建设自贸试验区法律体系的角度来讲还尚有一些不足，未能形成统一、广泛的法律法规制度，不利于总体方案所要求的可复制、可推广要求，在未来的法治建设中如何将改革创新成果制度化、可推广化便是下一阶段自贸试验区法治建设的重中之重。

（一）法治保障：探索制定出台全国性自贸试验区特别法

我国当前已设立 12 个自贸试验区，自贸试验区的规模化已得到初步体现。但与之相反，各自贸试验区的法治体系呈现出分散式的松散构架而非在一个统一的立法构架下进

① 《中华人民共和国立法法》第八条第九款规定，基本经济制度以及财政、海关、金融和外贸的基本制度只能制定法律。

行。这就引发出一系列潜在法律风险与漏洞，如自贸试验区的设立是基于国务院“总体方案”的授权，由自贸试验区所在的省（市）政府组织筹建并代为进行管理，对于自贸试验区的终止只是通过在“总体方案”中设定存续时限的方式来进行规定，但并未有任何与自贸试验区终止撤销后如何进行妥善对接有关的规定，这就对未来自贸试验区到期后的人员、经费、存续项目等相关问题的处理留有隐患。又比如，现在的自贸试验区立法体系都是基于各个自贸试验区所独立制定的条例或管理办法，这种一定程度上的自治性就在客观上带来了各自贸试验区之间一定的竞争关系，既然存在竞争，那对于在政府行政体制改革中做出突出贡献的自贸试验区是否可以进行奖励？如果奖励的话，通过何种方式进行奖励，通过延长试验存续期或通过增加区域面积的方式鼓励进一步探索开展政府行政体制改革？类似的问题还有很多，而这些问题的解决方法如果能以合理的形式在法律文件中作出规定无疑会增强各自贸试验区加深改革开放的积极性。然而，从另一个角度看，这种法域竞争的情形又与我国单一制的社会主义法律体系所相悖，故而最合理的解决方式就是在各自贸试验区地方性法治体系之上建立一个全国层面的、具有统一标准的自贸试验区法治体系，即制定出台“自由贸易试验区法”。在国家层面制定统一的“自由贸易试验区法”属于对自贸试验区法治构架的“应然模式”，虽然“实然模式”（当前采用的授权修法）暂时为“重大改革于法有据”的基本原则找到了法律基础，但长远来讲价值取向模糊且不具有可持续性[8]。同时，基于我国“特别法优于一般法”的法学理论，作为特别法的“自由贸易试验区法”将在很大程度上解决自贸试验区法律规定与区外法律规定相冲突的问题。而比地方性法规更高的法律位阶也可以让“自由贸易试验区法”从国家层面以“总法”的视角去统领各自贸试验区之间的关系，以“基本法”的定位对自贸试验区政府行政体制改革涉及的具体事务进行标准化规定，不但可以有效节约立法成本，同时集中化的立法活动也可以有效提高立法效率。

（二）法治深化：进一步提高法治便利化

1. 设立自贸试验区法院

自贸试验区建设的国际化营商环境对人民法院的审判实践提出了新的要求。当前，全国 12 家自贸试验区中已有 7 家自贸试验区设立了自贸试验区法院或法庭，分别为上海、天津、广东、福建、辽宁、河南、浙江自贸试验区。前两批共 4 家自贸试验区均已设立了自贸试验区法院或法庭，其中广东自由贸易区南沙片区人民法院更是全国第一家自贸试验区法院。最高人民法院副院长李少平表示：南沙片区人民法院的成立是积极推进司法改革，服务和保障自贸试验区建设与发展的重要举措及有益探索，为人民法院服务自贸试验区建设提供了新的平台[9]。在第三批 7 家自贸试验区中也已有 3 家设立自贸试验区法庭。各自贸试验区法院或法庭情况详见表 2。

表 2　各自贸试验区法院或法庭设立情况

所属自贸试验区	审判机构名称	设立时间
上海	浦东新区人民法院自由贸易区法庭	2013 年 11 月 5 日
天津	滨海新区人民法院自由贸易区法庭	2015 年 12 月 24 日

续表

所属自贸试验区	审判机构名称	设立时间
广东	横琴片区知识产权巡回法庭	2015年4月23日
	广东自由贸易区南沙片区人民法院	2015年11月28日
	广州海事法院广东自由贸易区巡回法庭	2017年5月11日
福建	平潭综合实验区人民法院自由贸易区法庭	2016年7月29日
辽宁	大连市中级人民法院自贸试验区审判庭	2017年12月19日
河南	洛阳高新区法院自由贸易区法庭	2017年12月29日
浙江	宁波海事法院自由贸易试验区海事法庭	2018年3月27日

在自贸试验区设立自贸法庭不失为一个有效的方案，既可以回避行政区划分的利益纷争，也可以统一自贸试验区内的法律适用和裁判尺度[10]。由于自贸试验区是我国融入经济全球化的重要载体，从司法审判的角度来讲，需要准确适用的法律、我国缔结或参加的国际条约和国际民商事交易惯例，为建立符合国际化与法治化要求的跨境投资和贸易规则体系积极发挥其职能。此外，根据前两批自贸试验区的实践经验，区内企业的经营形态、交易方式丰富各异，各种新型的金融、贸易纠纷也层出不穷，资本市场的创新冲动，倒逼着司法体系的不断完善与创新。因此，在新案件与新规则交融的环境下，有必要在自贸试验区内设立专门的自贸试验区法院。

2. 探索适用、更便捷的审判制度

根据前两批自贸试验区的司法实践经验，案件多具有涉外性，所以在未来自贸试验区建设中可探索引入外籍陪审员制度，在审理“一带一路”沿线国家的一审民商事案件中聘任外籍陪审员，待制度成熟后甚至可以探索在特定案件中引入外籍审判员制度。自贸试验区建设应当把握机遇，积极探索“一带一路”外籍陪审员制度，积极发挥“一带一路”建设作用，争取在外籍陪审员制度上有所创新。

此外，2016年12月30日，最高人民法院颁布的《关于为自由贸易试验区建设提供司法保障的意见》（以下简称《意见》）中，最高人民法院以司法解释的形式确认了选任港澳台人民陪审员的做法。《意见》同时还确认人民法院审理涉自贸试验区的涉外、涉港澳台一审民商事案件，事实简单、法律关系明确的，可以探索适用简易程序。在前两批自贸试验区的司法实践中，法院均严格执行涉外、涉港澳台案件组成合议庭审理的规定，实践中采用简易程序审理涉港澳台和涉外案件的情况不多。此次《意见》以司法解释的形式确定了自贸试验区事实简单、法律关系明确的一审涉外、涉港澳台民商事案件可以适用简易程序的合法性，相信在实践中会大幅度提高审理案件的效率，对于减轻法官沉重的办案压力具有重大的现实意义。因此，在自贸试验区建设中应当按照《意见》的要求积极探索自贸试验区在涉外案例中简易程序的适用，在此基础上可进一步尝试提高对自贸试验区特定涉外民商事案件的审判效率和质量，并尝试探索取消部分案件的审判监督程序，从审判制度上为良好的营商环境提供法治保障。

（三）法治创新：完善法律服务体系

自贸试验区建设为当地经济社会发展迎来了新的历史机遇。设立自贸试验区，其目的在于在一定的区域内进行先行先试，营造便利化、法治化、国际化的营商环境，为全面深化改革探索一条可复制、可推广的制度经验道路。因此，以法治促进自贸试验区建设，是自贸试验区建设的应有之义，也只有发展完善的法律体系才能真正将改革成果或改革经验在全国范围全面推行。

首先，法律服务业逐渐成为一个新的经济增长点，并且已经成为重要的跨国性服务贸易行业。随着“一带一路”倡议的实施，法律服务市场必将迎来较大的发展。为了积极发挥丝绸之路经济带的促进作用，通过打造完善的法律服务体系，积极迎接这一法律市场的勃兴，实现法律服务业产业升级。其次，完备的法律服务体系能够实现法律人才的聚集效应，而法律人才的聚集将有助于法治精神和法治意识在全社会的养成。当前我国正处在全面实现依法治国的关键时期，通过打造完备的法律服务体系可以为我国法治建设提供良好的外部环境，有助于法治人文环境的养成。另外，法律服务业本身具有广阔的市场空间，还可以拉动酒店业、旅游业、房地产业等周边产业的发展。法律服务业是知识密集型行业，也是人员密集型行业。社会越发达对法律专业人才的需求就越多样化，完备的法律服务体系还可以带动周边产业就业市场对劳动力的吸纳。

为此，可探索在自贸试验区内设立“一带一路商事仲裁中心”专注受理“一带一路”建设相关的商事、投资、贸易、金融、保险等仲裁和调解案件，积极探索投资者——东道国争端解决、临时仲裁等制度创新，为新一代投资条约和自贸协定试水。此外，还可探索建立新型法律服务业聚集区，如法律众创孵化器。孵化器可专注培育以司法大数据、法律信息服务、法律咨询服务和其他法律业态为产品的法律众创项目和企业。

成功的国际区域合作典范，需要健全的法律调节机制和完善的法律服务市场。随着“一带一路”倡议的推进，迫切需要打造与其相适应的区域法律服务业。纵观“一带一路”，除上海、新加坡等地已经形成相对较发达的法律服务市场外，整个“一带一路”区域仍缺乏具有全区域覆盖力的中心法律服务节点，所以建设完备的法律服务体系正当其时。

参考文献

[1] 中央政府门户网站. 国务院批准设立中国（上海）自由贸易试验区. http://www.gov.cn/jrzg/2013-08/22/content_2472106.htm[2019-03-03].

[2] 夏红，韩涛. 我国自贸试验区法治建设经验梳理. 辽宁师范大学学报（社会科学版），2018，（1）：50-58.

[3] 龚柏华. 完善自由贸易试验区“负面清单”提速改革开放法治建设——《国务院关于在自由贸易试验区暂时调整有关行政法规、国务院文件和经国务院批准的部门规章规定的决定》解读之一. http://wzs.mofcom.gov.cn/article/zt_zymysyq/column05/201801/20180102698754.shtml[2018-01-10].

[4] 廖凡. 贯彻全面依法治国战略 保障自贸试验区建设有序进行. 人民法院报，2017-01-18（08）.

[5] 吴敬琏. 中国经济的未来方向. 新金融，2013，（10）：4-8.

[6] 人民网. 中共中央关于全面推进依法治国若干重大问题的决定. http://cpc.people.com.cn/n/2014/1029/c64387-25927606.html[2018-11-05].

[7] 丁伟.《中国（上海）自由贸易试验区条例》立法透析. 政法论坛，2015，33（2）：132-142.
[8] 陈利强. 中国自由贸易试验区法治建构论. 国际贸易问题，2017，（1）：3-14.
[9] 法制日报. 首家自贸区法院南沙挂牌 专业审判涉自贸区民商事案件. http://epaper.legaldaily.com.cn/fzrb/content/20160109/Articel03004GN.htm[2018-09-15].
[10] 许凯. 中国（上海）自贸区司法保障的远景透析. 江西社会科学，2015，（1）：160-165.

中国的生育政策和生育水平：回顾与展望

江　杰[①]　李媛媛[②]　姜全保[③]

内 容 提 要

20世纪70年代以来中国一直实行计划生育政策，90年代中后期中国人口发展便进入了低生育水平阶段。本文回顾了中华人民共和国成立以来生育政策的演变过程，分析了生育意愿和生育水平的变迁。通过分析发现，目前中国处于低生育水平，虽然近年来相继实施了"单独二孩"和"全面二孩"政策，但并未达到政策预期效果。针对我国低生育水平和低生育意愿的现状，本文基于当前社会经济发展状况和低生育水平的影响因素两大背景，结合国际经验提出缓解该现状的有效途径：一是放开政策限制，回归家庭生育决策；二是深化服务改革，完善生育配套衔接政策；三是加大扶助力度，解决计划生育遗留问题；四是转变政策理念，创建生育友好型社会。

一、前　　言

自 1970 年以来，伴随着计划生育的执行和社会经济的发展，生育水平与意愿持续下降[1,2]，中国的人口增速减缓。20 世纪 90 年代中后期我国的总和生育率已经低于人口更替水平[3]。2000 年人口普查显示的总和生育率为 1.22，2010 年普查为 1.18。考虑到出生的瞒报、漏报及进度效应，中国自 2000 年以来的总和生育率在 1.5 左右的可能性很大[4,5]。随着社会经济环境的变化，人们的生育意愿已经发生了根本性转变。20 世纪 90 年代以前人们的生育意愿多数在 2 个孩子以上[6]，自 2000 年以来，从全国范围的角度来看，理想子女数为 2 个的依然为主流[7-9]，但在特大城市如北京、上海等，理想子女数为 1 个的已占多数[10,11]。在低生育率的形势下，生育水平往往低于生育意愿[12]。

长期的低生育率会带来一系列的人口发展问题，如人口年龄结构失衡和快速老龄化问题；人口性别结构和出生性别比失衡问题；独生子女数量庞大、失独家庭增多问题；婚姻挤压问题；等等。这些问题得到了社会各界的广泛关注，也引起了关于调整生育政策的讨论。

---

① 江杰，西安交通大学公共政策与管理学院人口与发展研究所硕士研究生。

② 李媛媛，西安交通大学公共政策与管理学院人口与发展研究所硕士研究生。

③ 姜全保，西安交通大学公共政策与管理学院人口与发展研究所教授，研究方向：数理人口学、性别失衡与社会发展。

2013 年，中国实施了“单独二孩”政策。国家卫生和计划生育委员会预测，政策实施后约 1100 万对夫妇有生育二孩的资格，其中在第一年尝试生二孩的会有 200 万对夫妇。但政策实施以来效果并不显著，育龄妇女的再生育意愿和生育水平较低，也未出现此前估计的出生堆积现象。至 2014 年底，仅不到 110 万对夫妇申请了二孩生育许可[13]。针对严峻的人口形势和“单独二孩”政策“遇冷”的现实情境，“全面二孩”政策于 2016 年 1 月 1 日起正式实施。政策实施两年以来，2016 年和 2017 年，中国出生人口分别为 1786 万人和 1723 万人。其中，2017 年二孩出生数量达到 883 万人，占比为 51.2%。尽管二孩数量增加，但一孩的出生数量却下降[14]，“全面二孩”政策对提高生育率所起的作用十分有限[15]。统计局最新数据显示，2018 年出生人口为 1523 万人，较 2017 年下降 200 万人，“全面二孩”政策的生育势能基本释放完毕，未来生育水平和生育数量会进一步下降。

目前，一方面，生育政策对生育数量进行了规定，对人们的实际生育行为产生制约；另一方面，人们的生育观念和生育行为随着经济社会的发展也发生了巨大转变[16]，导致了自发性的生育意愿下降。中国调整生育政策未能显著增加出生人口数，说明在当前经济社会政策环境已产生变化的背景下，生育决策和生育行为也已经产生很大变化[17]。本文在回顾计划生育政策演变历史的基础上，讨论生育水平和意愿的变动，并梳理国际鼓励生育的政策经验及我国低生育水平的影响因素，为我国生育政策的未来方向提供参考和建议。

二、生育政策的演变

（一）我国生育政策演变的四个阶段

生育政策作为我国人口政策的关键组成部分，是国家规划人口长期均衡发展、促进国民经济和社会发展的重要措施。自 1949 年以来，我国的生育政策由中华人民共和国成立初期无计划、鼓励生育的状态发展到新时期有计划、控制生育的较为完善的政策体系，对转变人口形势、促进经济发展起到了至关重要的作用。依据政策内容和所反映的主要思想，我国的生育政策大致可以划分为以下四个阶段。

第一阶段：1949～1980 年，计划生育政策起步阶段。1949～1969 年，我国人口净增 3 亿多，到 1969 年人口总量突破 8 亿，人口与经济的矛盾凸显使中央从鼓励国人生育逐渐转变为限制生育。1971 年 6 月，中央正式提出了“一个不少，两个正好，三个多了”的口号。1973 年，国务院批准恢复了计划生育领导小组及其办公室，随后各地区也相继恢复或成立了计划生育工作机构，并且进一步提出了“晚、稀、少”政策，同时对违反计划生育政策的行为有了具体的惩处规定[18]。1978 年 10 月，中央批转的文件《关于国务院计划生育领导小组第一次会议的报告》中提出“提倡一对夫妇生育子女数最好一个，最多两个，生育间隔三年以上”，这是中央文件第一次对一对夫妇生育的子女数量提出明确的要求，但此时政府的这一要求还不是硬性规定，育龄夫妇在生育子女的数量问题上仍有一定的选择空间[19]。

第二阶段：1980～1991 年，计划生育政策形成阶段。1980 年 9 月 25 日，中共中央发表了《关于控制我国人口增长问题致全体共产党员、共青团员的公开信》（以下简称《公开信》），“提倡一对夫妇只生育一个孩子”[19]。《公开信》的发表标志着我国独生子女人口生育政策的正式出台及全面实施[20]。随后，国家通过政策和法规将计划生育合法化：1982年9月，党的十二大把计划生育定为基本国策。为了缓和生育政策与群众生育意愿之间的矛盾，1984年4月，中共中央提出实行“开小口（在农村如果符合生育二胎的条件，经过批准可以进行二孩生育），堵大口（严禁生育超计划的二胎和多胎）”因地制宜、分类指导的政策，各地遵从这一指示进一步完善生育条例。这一调整成为我国计划生育政策发展的重要转折点[19]，也是中央进一步完善计划生育工作的表现。1988年中央提出，农村某些群众确有实际困难，包括独生女，要求生二胎的，经过批准可以间隔几年后生第二个孩子[21]，这一政策对中国后来的人口变动影响很大。

第三阶段：1991～2013年，多样化的计划生育政策阶段。1991年5月，中共中央、国务院颁布了文件《关于加强计划生育工作严格控制人口增长的决定》，该决定要求全党和人民坚持执行计划生育人口政策，并且维持生育政策的稳定性、连续性[22]。2001年12月29日，我国出台了《中华人民共和国人口与计划生育法》，将原来的政策性条例放到法律条文中，内容规定：“国家稳定现行生育政策，鼓励公民晚婚晚育，提倡一对夫妻生育一个子女；符合法律、法规规定条件的，可以要求安排生育第二个子女。具体办法由省、自治区、直辖市人民代表大会或者其常务委员会规定。”[20]这一阶段各省、自治区、直辖市进一步调整完善了地方计划生育条例，形成了稳定的多样化的生育政策格局。根据各省、自治区、直辖市人民代表大会批准的计划生育条例，30个省级行政区（西藏自治区除外）城乡差别化的生育政策如下[23]。第一，对于具有城市（非农业）户籍的人来说，原则上每对夫妇生育一个孩子。第二，对于大多数农村或农业户籍的人，省级生育政策可以分为三类：①独生子女政策。在北京、天津、上海、重庆、江苏和四川等6个省、直辖市，基本执行一对夫妇生育一个孩子的政策。②“一孩半”政策。对于农村居民，19个省、自治区规定如果第一胎是女孩，间隔几年可以获准生育第二个孩子。③二孩政策。在海南、宁夏、青海、云南和新疆5个省、自治区，所有农村夫妇都允许生育两个孩子。此外，各地生育政策还有一些针对部分人群的补充内容。比如，各地方条例对人口稀少的少数民族、农牧民不设生育数量限制；符合残疾、归侨等情形的夫妇获准可继续生育子女；对再婚夫妇符合相关规定的可再生育一个孩子[24]；等等。

第四阶段：2013年至今，计划生育政策完善阶段。2013年11月，十八届三中全会提出“启动实施一方是独生子女的夫妇可生育两个孩子的政策”。依据“单独二孩”的政策实施效果及对人口发展形势的判断，2015年12月27日，全国人大常委会表决通过了关于修改《中华人民共和国人口与计划生育法》的决定，并规定“全面二孩”政策于2016年1月1日开始正式实施。

总体来看，从20世纪50年代初的政府鼓励生育到70年代早期开始全面推行“晚、稀、少”的弹性生育政策，生育政策步步紧缩。1980年，随着独生子女政策的出台，我国生育政策的严格程度达到顶峰。为保证生育政策与农村经济社会需要相适应，从1984年开始，在农村地区执行“一孩半”政策。1991年后，各地方进一步根据地方经济社会发展水平完善生育条例，形成多样化的、稳定的生育政策格局。但在21世纪初，长期低生育水平带来的一系列人口社会问题，如出生性别比失衡、人口老龄化、失独家庭增多等问题逐渐凸显。因此，国家在2013年后积极做出了“单独二孩”和“全面二孩”的生育政策调整。

（二）近年来二孩生育政策的调整与效果

自 1982 年 9 月党的十二大把计划生育定为我国的基本国策之后，中国的人口增速变缓，缓解了资源与人口之间的矛盾，对经济发展做出了一定贡献。从 1970 年到 2010 年，我国人口自然增长率从 2.583%下降到 0.479%，总和生育率从 5.81 下降到 1.18[25]，减少了中国的人口总量[26]。但是，随着社会环境的改变，计划生育政策也引发了一系列问题，如出生性别比失衡、人口老龄化、失独家庭增多等。因此，国家于 2013 年和 2015 年先后部署出台了“单独二孩”政策与“全面二孩”政策。

1. 二孩生育政策调整的背景

2013 年 11 月，国家卫生和计划生育委员会王培安副主任阐述了采取“单独二孩”政策的原因：一是低生育率稳中趋降，长期的低生育率会影响社会经济的可持续发展；二是人口结构性问题日益突出；三是家庭规模持续缩减；四是城乡居民生育意愿发生了很大变化[27]。

首先，生育水平方面，进入 21 世纪以后，我国居民的生育水平发生了巨大的变化。2000 年以来普查和抽样调查数据都显示，我国人口的生育水平已经稳定在人口更替水平以下，人口增长率也长期稳定在较低水平。学者的研究也普遍认为中国当前的总和生育率在 1.50 左右[4,5]。

其次，人口结构性问题方面，表现为人口老龄化问题突出和出生性别比失衡。我国人口年龄结构的不合理表现为“倒金字塔”形，国家统计局的年度人口数据显示，2015 年末，我国的 65 岁及以上的老年人口总数已经达到了 1.44 亿人，老年抚养比为 14.3%[28]。庞大的老龄人口数量预示着我国的人口红利时期进入尾声，也意味着劳动年龄人口规模进入下降的拐点。如表 1 所示，我国劳动年龄人口数量在 2011～2015 年逐年下降，伴随着人口红利的逐渐消失，经济发展的动力也将相应减弱。出生性别比失衡方面，普查资料显示，中国 2000 年和 2010 年的出生性别比分别达到了 119.9 和 121.2，远远超出正常值域（103～107）的上限，出生人口性别结构长期处于失衡状态。我国出生性别比偏高的根本原因在于重男轻女的文化传统，但严格的限制性生育政策是出生性别比急剧升高的直接诱因。

表 1　中国 2011～2015 年劳动年龄人口（15～59 周岁）变化

年份	劳动年龄人口/万人	占总人口比例
2011	94 072	69.8%
2012	93 727	69.2%
2013	93 500	68.7%
2014	92 982	68.0%
2015	92 547	67.3%

再次，家庭规模方面，家庭规模持续缩减，失独家庭增多等问题突出。在计划生育政策的环境下，我国独生子女人口平均每年增加 400 万人以上，预计到 2050 年全国人口中独生子女规模将达到 3 亿人左右，占总人口的比例在 25%左右[29]。相对于非独生子女家庭来说，独生子女家庭面临着较高的失独风险。近年来我国每年新增失独家庭以 4.44%的速

度不断提高，2010 年全国新增失独家庭为 9.18 万个，累计失独家庭达到 177.83 万个[30]。根据预测，到 2050 年累计失独家庭会达到 1184 万个[29]。与失独风险相伴随的失独家庭养老问题也日益严重。

最后，生育意愿方面，随着经济社会的发展，人们对子女性别和数量的看法也发生了根本性的转变，传统的“多子多福”“重男轻女”等思想观念正在逐渐弱化。同时，由于孩子养育成本提高、社会竞争加剧、孩子的家庭经济社会功能弱化等因素综合作用[31]，人们生育意愿也不断下降。调查显示，当前人们期望的生育数量大部分是 1 个孩子或者 2 个孩子，平均理想子女数量在 1.8～1.9 个[32,33]。

2. “单独二孩”政策

2013 年 11 月，十八届三中全会通过了《中共中央关于全面深化改革若干重大问题的决定》。该决定启动了“单独二孩”政策。

1）“单独二孩”政策的预期结果与争论

根据中国 20 多位人口统计学家和经济学家撰写的《中国发展报告 2011/12：人口形势的变化和人口政策的调整》一书，实施“单独二孩”政策，预计 3～4 年后可增加 1000 万～1200 万名新生儿，实施“全面二孩”政策，总和生育率将超过 4.4，政策执行的前几年出生人数将超过 4700 万。尽管数据是有争议的，但这份报告对决策产生了重要影响[34]。然而，在“单独二孩”政策实施一年多中，预期的婴儿潮并没有出现，申请的人数远远低于预期。第一个放宽生育政策的浙江省卫生和计划生育委员会最初预测将有 8 万名婴儿出生。然而，随着政策的实施，预计出生人数只有该数字的四分之一[32]。许多媒体和学者讨论并质疑了实际出生人数与预计出生人数的偏差[35-37]。

关于二孩的申请数量是否达到预期水平存在争议。首先，持政策基本符合预期观点的一方认为，2014 年大多数提交申请的单独夫妇并不能完成二孩生育，由政策调整引起的新增二孩生育数量更多将在政策启动实施的第二年（2015 年）显现，2014 年的二孩申报数量已经基本符合预期[38]。从政策回应的“滞后性”影响看，在“单独二孩”政策刚落地一年甚至不到一年，就做出政策“遇冷”的判断和结论，并用不完整的数据来佐证，显得为时过早且不够审慎[39]。其次，有学者认为“单独二孩”政策没有达到预期，政策“遇冷”。在“单独二孩”政策颁布之前，国家卫生和计划生育委员会做出推断，“单独二孩”政策施行后，预计五年内每年新增出生人口 200 万人左右，覆盖目标夫妻约 1100 万对。2015 年初，国家卫生和计划生育委员会数据显示截至 2014 年底约有 106.9 万对夫妻申请二孩。持政策“遇冷”观点的学者认为这个数字距离“每年新增出生人口 200 万人左右”有较大差距[34,40,41]。此外，仅根据国家卫生和计划生育委员会公布的“到 2014 年底全国有 106.9 万对单独夫妇申请再生育”和“2014 年我国出生人口数比 2013 年多 47 万”两个数据得出“单独二孩”政策“基本符合预期”的判断是不合适的；“单独二孩”政策存在“遇冷”问题，将生育政策进行调整，最初的“预期”是恢复总和生育率达到 2.1 的人口更替水平，甚至是超过该水平[34]。

2014 年 12 月 19 日和 20 日，“面向未来的中国人口研究”暨第三次生育政策研讨会在上海举行，50 多位人口学家参会。研讨会上学者认为，2013 年政策改革后，申请出生证明的人数远远低于预期，因此应实施“全面二孩”政策[42]。随后，39名人口学者联名起草了《全面放开二孩生育取消对公民的生育限制》倡议书，并报送中央、全国人大并转国家卫生和计划生育委员会。该倡议书指出，2013年生育政策改革后的申请人数显著低于预期，表明政策放松对生育率反弹的影响非常有限。面对生育率持续下降、老龄化加剧、劳动力减少和独生子女家庭风险加大等问题，学者建议在全国范围内实施“全面二孩”政策，并进一步取消生育限制[43]。

2）政策的实际实施效果

从大多省、自治区、直辖市“单独二孩”申请、审批情况来看，政策实施效果并不理想。在政策实施一年多的时间内，全国共有18个省、自治区、直辖市公布了2014年相关申请、审批数据，其中只有3个省、直辖市的二孩申请数达到5万例，9个省、自治区、直辖市在1万～5万例，还有6个省、自治区（山西、内蒙古、宁夏、贵州、福建、黑龙江）批准数量不足1万例[44]。从实际统计数据看，符合“单独二孩”政策的家庭申请二孩生育比例也被证实极低，不同地区基本都在5%～8%[41]。从申请数量来看，“单独二孩”政策效果并不明显，政策“遇冷”得以印证。

3. “全面二孩”政策

鉴于“单独二孩”政策实施效果的不理想，以及学者和民众更加广泛的呼吁，中央高度重视生育政策的调整，并于2016年1月1日起正式实施“全面二孩”政策。是否全面放开二孩涉及放开后的人口增量、增速，进一步关系到是否需要调整政策。

1）关于放开“全面二孩”的争论

一种观点认为“全面二孩”政策会释放潜在的生育意愿，人口会快速增长。翟振武等[45]推算了我国独生子女的规模，认为“全面二孩”政策实施后，我国每年出生的人口数量会以十分快的速度增加，出生人口规模将高达4995万人，妇女生育水平峰值达到4.5左右。立即全面放开二孩可以明显改善我国总人口未来进入负增长的趋势。2014年，翟振武和李龙[46]将年出生人数的峰值调整到3100万人。陆伟锋等[47]研究发现，如果取消计划生育政策，我国人口将在接下来几年持续增加，直到2022年的人数为16.65亿人，接近17亿人。

另外一种观点认为我国居民的生育意愿与生育行为之间存在差距，全面放开二孩不会出现生育“扎堆”现象，理由之一是以往中国的生育率被严重高估了[48]。庄亚儿等[33]调查测算出我国平均理想生育子女数为1.93个，但我国育龄妇女的生育行为低于生育意愿，如果放开计划生育政策不可能出现“生育扎堆”的现象。全面放开二孩对于生育反弹的影响不大，人口生育水平仍将维持在人口更替水平以下[49]。因此，有学者建议，2016～2019年则应实施“全面二孩”政策，2020～2024年应取消对生育数量的限制，进入自由生育的阶段，而鉴于持续低生育率带来的危害，中国在2025年应进入鼓励生育的阶段[41]。

尽管学者的意见不统一，但是鉴于“单独二孩”政策的“遇冷”，人们的生育意愿并不强烈，基于以往的政策调整效果，以及公民、学者等多方的呼吁，2016年1月1日，“全面二孩”政策在全国落地实施，中国正式进入“全面二孩”时期。

2）政策的实际实施效果

根据国家统计局公布的数据，2016年我国的出生人口数为1786万人，较2015年的

1655 万人增加 131 万人；2017 年的出生人口数为 1723 万人，较 2016 年减少 63 万人。2017 年二孩的数量在总出生人口中的比例达到了 51.2%。单从“全面二孩”政策的实施效果来看，效果初步显现，但令人担忧的是总出生人口却下降，主要原因是生育一孩的数量显著减少[50]，“全面二孩”政策对提高生育率所起的作用十分有限[15]。“全面二孩”的政策效果存在地区差异，在不同地区的效应显现也不尽相同。例如，山东省作为人口大省，据统计，2016 年全省分娩活产儿 164.22 万名，同比增长 53.84%，这一数字远高于全国水平[51]。从全国范围来看，“全面二孩”政策实施两年多以来，育龄群众的生育意愿较低，政策效果不明显。该现象有多方面的原因。首先，由于中国长期实施计划生育政策，“只生一个好”的生育观念已深入人心，并且伴随着经济社会的发展，家庭功能和生育子女的目的发生变化，人们对生活品质的要求提高，更加注重个人发展和自我价值的实现，生育意愿不高。其次，即使有生育意愿，一些现实因素也导致人们的生育计划取消，使得生育意愿难以转换成生育行为。比如，“70 后”育龄妇女想生育第二个孩子，但因为年龄大，身体条件不允许；“80 后”面临“上有老下有小”的压力，经济条件不允许；“90 后”追求生活质量，对养育孩子的质量要求也很高，秉持“只生一个，好好培养”的态度。

三、生育意愿和生育水平

人们的生育意愿和生育水平是生育政策调整的主要依据之一[8]。自 20 世纪 80 年代以来，我国学者对各类人群的生育意愿和生育水平进行了数量可观的调研，对反映我国人口生育意愿和生育水平的变迁具有重要的参考价值。此外，这些调研对解释宏观的生育水平的变动、提供政策调整的依据、促进人口发展都具有重要的理论意义和应用价值[52]。

（一）生育意愿的变迁

随着经济的快速发展和社会转型，居民生育意愿迅速下降。目前在实际的问卷调查过程中，人们多使用“理想子女数”或者“意愿子女数”来对生育意愿进行测度[53]。全国和省级代表性调查结果显示，生育意愿远远低于人口更替水平。表 2 中展示了部分规模较大、数据可信度较高的生育意愿调查结果。

表 2　20 世纪 80 年代以来全国和地方主要的生育意愿调查[11,33,54-65]

编号	年份	地点	调查对象	样本量	理想/意愿子女数/个
1	1997	全国	育龄妇女	15 213 人	1.59
2	2001	全国	育龄妇女	39 586 人 1)	1.78 1)
3	2002	全国	城乡居民	16 142 人	2.03
4	2006	全国	育龄妇女	33 257 人 2)	1.73 2)
5	2012	全国	育龄妇女	2 729 人	1.86
6	2013	全国	城乡居民	63 037 人	1.92
7	1981	上海市区	育龄妇女	5 471 人	1.70
8	1984	湖北西部	富裕农民家庭	838 户	2.45
9	1987	甘肃省	育龄妇女	5 754 人	2.69
10	1987	辽宁省	已婚妇女	6 567 人	2.21

续表

编号	年份	地点	调查对象	样本量	理想/意愿子女数/个
11	1988	湖南省	农村育龄夫妇	850 人	2.60
12	1990	辽宁凤城	农村家庭	1 135 户	2.20
13	1992	陕西省	农村家庭	1 199 户	2.25
14	1994	上海市	20～34 岁育龄妇女	2 572 人	1.52
15	1995	吉林省	农民	10 486 人	1.60
16	1996	哈尔滨市	已婚在业人口	2 785 人	1.25
17	2003	上海市	18～30 岁青年人	20 649 人	1.10
18	2007	江苏省	育龄妇女	18 638 人	1.45
19	2010	江苏省	育龄妇女	20 827 人	1.65
20	2011	上海市	15～49 岁户籍已婚妇女	11 800 人	1.30
21	2013	陕西省	20～44 岁户籍育龄妇女	2 920 人 3)	1.81 3)
22	2015	陕西省	20～44 岁户籍育龄妇女	2 243 人 4)	1.94 4)

注：1）来自“2001 年全国计划生育/生殖健康调查”；2）来自“2006 年全国人口和计划生育调查主要数据公报”；3）来自“2013 年生育意愿和生育行为”调查数据；4）来自“2015 年陕西省关于逐步调整完善生育政策的研究”

20 世纪 90 年代以前人们的生育意愿多数在 2 个孩子以上，较为发达的地区如日本和中国台湾，人们的理想子女数也在 2 个以上[6]。风笑天和张青松[66]、侯佳伟等[53]对国内生育意愿调查的综述表明，过去 30 年间我国居民理想子女数总的来说呈下降趋势，这一过程主要发生在 20 世纪 80 年代中期至 21 世纪初。2000 年后，我国人口的平均理想子女数降低至人口更替水平（2. 1）以下。在北京、上海等地理想子女数为 1 个的已居多数[10,11]。侯佳伟等[53]将 1980～2011 年对中国 60.6 万名受访者进行的 227 次生育意愿调查进行了元分析，将生育意愿的下降分为三个阶段。1980～1989 年为第一阶段，其特点是生育意愿高于更替水平，平均理想子女数为 2.13 个，59.1%的调查结果显示理想子女数在 2 个及以上。1990～1999 年为第二阶段，平均理想子女数减少到 1.9 个。2000～2011 年为第三阶段，平均理想子女数进一步减少为 1.67 个。

从 30 多年来在全国开展的各项与生育相关的调研结果来看，我国无论是地域、城乡还是各类人群，总体的生育意愿都有所下降，人们的意愿生育数量从 1980 年的平均 2.5 个以上降低到 2000 年后的 2. 1 个以下。这与经济发展水平提高、女性受教育水平提升、传统观念改变等密切相关[53]。

（二）生育水平的变迁

在过去的 30 多年中，我国的总和生育率持续下降，如表 3 所示。在历次全国人口普查中，1982 年总和生育率为 2.55，在 1990 年下降到 2.13，2000 年进一步下降到 1.22。根据按年龄分的妇女平均存活子女数可以看出，2010 年 30～34 岁和 35～39 岁妇女平均存活子女数都比 1982 年减少了约一半，而 40～44 岁和 45～49 岁妇女平均存活子女数则均减少了约 60%。

表 3　按年龄分的妇女平均存活子女数和总和生育率

年份	按年龄分的 30～49 岁妇女平均存活子女数/个				总和生育率
	30～34 岁	35～39 岁	40～44 岁	45～49 岁	
1982	2.55	3.43	4.07	4.52	2.55

续表

年份	按年龄分的 30～49 岁妇女平均存活子女数/个				总和生育率
	30～34 岁	35～39 岁	40～44 岁	45～49 岁	
1990	1.93	2.37	3.04	3.72	2.13
2000	1.50	1.82	2.00	2.29	1.22
2010	1.28	1.51	1.67	1.82	1.18

资料来源：历次人口普查资料

生育水平的下降已成为共识，但实际的总和生育率存在争议。在目前文献中，对总和生育率的评价主要分为三类：第一类直接使用普查数据，得到低于 1.50 的总和生育率。第二类研究质疑人口普查数据的质量，并做出了相应的调整。不同的调整方法得到不同的总和生育率，范围在 1.42～1.75 不等。第三类采用教育系统、公安系统和其他数据源的统计数据来调整从人口普查数据得到的总和生育率，范围在 1.60～1.70[67]。在 2000 年全国人口普查中，总和生育率为 1.22，但国家统计局将其调整为 1.40[4]。2013 年，国家卫生和计划生育委员会正式公布的总和生育率为 1.50～1.60[68]。Cai[5]表明 2010 年我国的总和生育率约为 1.50 或更低。Jiang 等[69]对 2010 年使用了 1.40 的总和生育率。尽管存在争议，但 21 世纪以来，无论是哪种口径的数据，总和生育率均低于人口更替水平。

多项研究证实，生育意愿与生育水平之间存在着紧密的联系[70-74]。在第一次人口转变完成前的高生育率发展中国家里，人们的生育意愿（如理想子女数）往往低于实际生育水平（如终身子女数）；而在一个已完成人口转变的低生育率发达国家里，生育意愿往往高于实际生育水平[75,76]。在我国，人口生育意愿和生育水平的关系纵向体现在不同的人口发展历史阶段中，横向体现在各地区差异中。纵向来看，1980 年以前，人们的生育水平普遍高于生育意愿；而随着经济和教育水平的提升，生育意愿和生育水平的关系发生反转，两者关系的转折点大致出现在 1990 年[53]。20 世纪 90 年代后，关于生育意愿与生育水平的多项调研证实了生育水平已低于生育意愿，如表 4 所示。横向来看，在北京、上海、江苏等发达地区，实际生育子女数显著低于生育意愿[77-79]；而在欠发达的中西部地区的受教育程度较低人群中，生育意愿则等于或略微低于实际生育子女数[80,81]。

表 4　20 世纪 90 年代以来关于生育意愿与生育水平的调研[77,82-86]

编号	年份	调研地点	样本量/人	调查对象	意愿子女数/个	实际子女数/个
1	1993	江苏省常熟市	3 678	15～59 岁的妇女	1.43	1.05
2	2003	四川省农村地区	819	45 岁以下已婚妇女	1.78	1.36
3	2006	河北省承德市	624	49 岁以下农村育龄妇女	1.78	1.47
		河北省邯郸市	235		1.86	1.74
4	2007	江苏省六县/市	18 638	18～40 岁本地户籍育龄妇女	1.45	0.99
5	2009	北京市城区、河北省保定市、湖北省黄石市、陕西省西安市	1 262	20～34 岁现有已婚育人口	1.61	1.19
6	2013	全国	5 400	18 周岁以上成年人	1.86	1.59

生育政策调节着生育意愿和生育水平之间的关系。20 世纪八九十年代，中国生育水平的下降主要受到计划生育政策的影响。但是，21 世纪以来，低生育意愿影响了生育水平，宽松的生育政策对生育水平的调节空间十分有限。2013 年“单独二孩”政策与 2015 年“全

面二孩”政策相继出台，但此类放开、引导人们多生的政策却没有对生育水平产生较大的影响，政策效果不明显。所以，生育政策对生育水平的影响有限，需要考虑时代因素及经济社会的发展。

四、国际经验与中国低生育水平的影响因素

从目前“全面二孩”政策实施效果来看，仅是放开二孩，并不能显著提高人们的生育意愿和生育水平。为了提高生育率，国家已由严格限制生育转向间接鼓励生育，《国家人口发展规划（2016—2030 年）》（国发〔2016〕87 号）明确提出：“坚持计划生育基本国策，鼓励按政策生育。”与此同时，已有一些省、自治区、直辖市出台了鼓励生育的政策。比如，辽宁省于 2018 年 6 月 25 日出台《辽宁省人口发展规划（2016—2030 年）》（辽政发〔2018〕20 号），将总和生育率的预期目标从 2015 年的 0.9 提高到 2020 年的 1.4，再到 2030 年的 1.8，并提出“完善生育家庭税收、教育、社会保障、住房等政策，探索对生育二孩的家庭给予更多奖励政策，减轻生养子女负担”“鼓励雇主为孕期和哺乳期妇女提供灵活工作时间安排及必要的便利条件，支持妇女生育后重返工作岗位”等措施；湖北、江苏等地也出台了相关的生育配套政策。出台政策鼓励生育已成为大势所趋，估计后续会有不少省、自治区、直辖市跟进，在鼓励生育方面，可借鉴国际经验。本文通过梳理国际上较为成熟的鼓励生育方面的政策经验，归纳总结目前我国低生育水平的影响因素，以期为我国生育政策的走向提供参考。

（一）国际经验

从世界各国经验来看，从“高生育率”向“低生育率”的转变是历史的必然[87]，在国际上尤其是发达国家，更早地出现了长期低生育率问题。面对较低的生育水平，国际上许多国家出台了鼓励生育的政策，主要包括以下五个方面。

1. 舆论先行，鼓励生育

舆论可创造一种社会氛围，从而影响人们的生育观念，各国政府通过政策、法规、媒体等，在全国范围内营造鼓励生育的氛围。日本严重的“少子化”现象使日本政府很早就十分注重对生育观念的宣传[88]，其政府于 1997 年修订《儿童福祉法》，基本思想是创造良好的育儿环境；2003 年颁布《少子化社会对策基本法》，从上至下明确各级政府对改善少子化的具体责任，强化整个社会的育儿理念[87-89]。为体现政府对生育的重视，鼓励群众生育，法国政府通过赐予金质勋章给生育多胎的父母以奖励[87]；俄罗斯政府向多子女的家庭授予“光荣父母勋章”“英雄母亲勋章”等。以上这些政策均是政府从人们的生育理念入手，通过影响社会舆论从而营造出鼓励生育氛围的表现。

2. 经济支持，奖励生育

高生育成本是影响生育率的一个重要因素，因而经济性支持被认为是鼓励生育最有效的措施，为此国际上许多发达国家通过为生育子女的夫妇提供津贴的形式来奖励生育。俄

罗斯政府为生育二孩以上的妇女建立了“母亲基金”[87]。2015年瑞典实行的儿童津贴制度规定，每个儿童16岁之前都可以按月领取1050瑞典克朗的津贴，生育两个及以上孩子的家庭还可领取对应的补助[87]。德国从2016年起，家庭中前两个孩子每人每月可领取190欧元;第三个孩子每月可领取196欧元;第四个孩子开始每月可领取221欧元[87]。日本2012年完善儿童津贴制度后规定：3岁以下的儿童每月补贴1.5万日元，3～15岁的儿童每月补贴1万日元；除此之外，还一次性给孕妇补贴30万日元[88]。韩国从2013年开始规定，家庭育有0～5岁的婴幼儿每个月都可以获得20万韩元，用以支持家长支付养育成本[88]。这些经济性的支持政策对降低生育成本和减缓生育压力的作用是十分直接的，但却受制于国家的经济发展水平。

3. 就业支持，安心生育

在追求教育和职业发展的社会环境下，多个国家采取了措施，减少父母工作与生育养育的冲突，增强生育意愿，尤其是对于女性，将生育对女性职业发展的影响降到最低限度。一方面，产假和育儿假政策是大多数国家平衡工作与生育养育冲突的对策。俄罗斯于2013年出台政策将产假计算到工作年龄中，时间最高达3年；2014年起，俄罗斯将女性的产假延长至4年多，期间由雇主支付全部薪水[87]。为鼓励父亲在抚育孩子方面承担更多的责任，除女性假期外，男性育儿假也被许多国家列入政策。法国于2014年对父母育儿假进行调整后规定：生育一个孩子，父母可以享有6个月的假期，可由父母任意一方享受假期；生育两个及以上的孩子，父母的假期从6个月延长到3年，休假的时间父母任意分配。在休假过程中，可享受国家每个月329～573欧元的补助金[87]。瑞典于2016年将最新“父母假”规定为：父母两人总共可以获得480天的休假时间，休假时间在390天以下，可以获得平常工资的80%，剩下的90天可以获得国家统一标准的补贴，其中，必须由父亲享有的假期为90天[87]。此外，日本于2016年实施“让女性兼顾工作与生活”的政策：在生育方面积极配合政府政策的公司，政府将在国家的项目招标过程中给予相对的优惠，比如，对于管理职位中女性所占比例较高或者是男性员工按照政策休育儿假的公司，政府会按照对应的标准给公司加分[90]。另一方面，有些国家通过实施弹性工作制，平衡女性工作与生育养育的冲突。德国规定只要员工数量达15个以上的企业，都不能拒绝在育儿假期间的父母进入公司兼职，父母每个星期可兼职30小时[91]。韩国于2010年出台《职业中断女性再就业促进法》，鼓励企业开展就业培训，加强女性的再就业能力；同时，其公共部门允许职员自己选择工作时间或者工作地点（可在家远程办公）[92]。这些政策的作用不仅体现在平衡工作与生育养育冲突上，还体现在促进性别平等和男性参与上。

4. 优惠政策，刺激生育

为了提高生育水平，一些国家在相关的税收、住房和社会保障等方面出台了相关政策。新加坡在2013年规定，由祖父母照顾12岁及以下孩子的在职母亲经申请可以减免3000新元的所得税；建屋发展局每年预留一定比例的房子给已育有孩子的首次购屋夫妇，已育有孩子的首次购屋夫妇在等候所申请的房子落成期间可以用优惠的租金比例租住房子；此外，新加坡还为每个新生儿建立医疗保健储蓄账户，每个账户存入3000新元[93]。德国从2016年开始，每一位儿童都可以使父母拥有4608欧元的育儿免税额[87]。在法国，生育子女数量多的家庭缴纳税款的金额大幅度减少[87]。此外，瑞典、俄罗斯等国家也出台了不同程度的住房优惠政策[87]。

5. 入园入学，保障养育

为了给新生婴儿创造更好的成长环境，韩国于2013年开始规定，养育有0～5岁婴幼儿的家庭，每个月都可以获得政府提供的20万韩元，作为补贴用以支付养育成本[89]。瑞典政府利用公共财政为父母提供近80%的托儿所费用，其余的费用根据每个家庭的收入来收取，同时，中小学教育免费[87]。2015年，日本《少子化社会对策大纲》规定：对多子女家庭从第3个孩子开始免除学前教育费用。2015年开始实施"儿童及育儿援助新制度"，预计每年用约7000亿日元来建设更大范围的、具有更多功能的综合性"认定儿童园"，"认定儿童园"结合了幼儿园、保育所等机构的优点；同时，进一步增加保教场所的数量等[94]。此外，新加坡政府专门针对年龄在7岁以下的幼儿，建设和开展了许多托幼服务项目[89]。

尽管许多发达国家均出台了多样化的鼓励生育政策，但很难使总和生育率再恢复到更替水平，实施效果也因政策力度与文化等不同而存在差异。其中，法国、瑞典的鼓励生育政策取得了较好的效果，使两国在保持较高生育水平的同时女性就业率也较高。2013年瑞典的总和生育率维持在1.9，15～74岁母亲的就业率高达83.1%；法国的总和生育率为2.0，15～64岁母亲的就业率为72.4%，均远高于经济合作与发展组织（Organization for Economic Co-operation and Development，OECD）成员国的平均水平[95]。然而，在日本、新加坡等国家，政策实施收效甚微，依然逃脱不了"低生育率陷阱"。因此，如何制定有效的鼓励生育政策还需因地制宜、因时制宜。

（二）中国低生育水平的影响因素

当前，中国存在着多方面不利于生育的因素，这些因素对生育水平和生育意愿会产生抑制作用，本文归纳了四点：一是多重经济压力导致生育负担沉重；二是生育配套服务资源难以满足群众需求；三是女性就业与生育难以平衡；四是子女养育缺乏男性参与。

1. 多重经济压力导致生育负担沉重

对于一个家庭，决定是否要二孩首先要考虑的因素之一便是经济因素，其中，房价和子女养育成本是导致家庭生育负担沉重的重要因素。

一方面是高昂的房价抑制生育。易君健和易行健[96]在对房价与生育率的关系进行实证研究时发现，购房是影响家庭生育决策的重要因素之一，房价指数平均上涨1%，总和生育率将下降0.45%。而在目前的中国市场上，房价居高不下，且各地都呈上涨的趋势。2016年3月8日，新华网报道：2006～2016年，房价平均上涨了400%。截至2016年，在所调查的100个城市中，所有城市的房价均高于5000元/米^2，深圳、北京、上海均高于30 000元/米^2[97]。对于普通的上班族，即使不考虑生孩子，仅是房价便会造成极大的生活压力。而从目前的住房市场来看，各地的房价依然在持续上涨，因此，房价造成的经济负担不仅影响生育，甚至会影响年轻人在结婚方面的打算。

另一方面是子女养育成本高导致生育负担沉重。邱德胜等[98]对川渝地区农村家庭的研究显示，在不考虑婚恋阶段的情况下，从准备出生到大学毕业整个阶段子女养育成本高达 29 万元，在城市地区则需要更多。在上海养育一个孩子的成本平均在 200 万元左右，因养育成本过高而不想生育二孩的家庭占到了 37%[99]。无论是农村还是城市，子女养育成本对大部分家庭而言都是很沉重的一笔开销，这也成为大多数人不敢生育二孩的重要原因。

2. 生育配套服务资源难以满足群众需求

子女养育从准备出生阶段到婴儿阶段再到幼儿阶段，目前相应的生育配套服务资源难以满足群众需求。而缺口一方面表现在数量上，另一方面表现在结构上。

从数量上看，在婴幼儿阶段，托幼机构大量紧缺。我国各地大多数公办幼儿园都不招收 0～3 岁幼儿，而有提供 3 岁以下幼儿照料服务的民办托幼所也因收费太高、服务时间有限、服务质量低等问题导致家庭放弃托幼。中国妇女社会地位调查数据显示，最近十几年以来，伴随着公办托幼机构数量的下降，3 岁以下的幼儿进入托儿所的比例降到了仅有的 0.9%[100]，0～3 岁公办托幼机构服务几乎为空白、民办托幼所问题太多等发展现状迫切需要改善。同时，3～6 岁的幼儿还面临着公办幼儿园“报名难”、民办幼儿园“上学贵”等难题。除此之外，儿科医生数量缺口也在逐渐增加。从结构上看，一是孕产妇扎堆三甲医院，家长追捧名园名校，加剧结构性、区域性的资源不足[101]；二是中小学教师多，幼儿教师少；城镇教师多，乡村教师少，导致教师队伍的结构性失衡[102]。

3. 女性就业与生育难以平衡

在当前劳动力市场环境下，女性在就业上仍然面临明显的性别歧视。伴随生育政策的逐步放开，若普遍生育二孩，会使企业增加用人成本，尤其对女性而言，会更进一步使其陷入职场上的相对弱势状态[103]。因此，女性就业难度可能会加大，就业的性别歧视也可能会加重。

根据杨菊华[103]的研究，生育二孩会在就业方面对女性产生各种不利的影响，主要体现在：一是影响女性求职。对工作的女性而言，常常面临着工作和家庭的双重负担。而用人单位基于自身企业利益的考量，在生育可能导致女性工作效率低于男性的情况下，往往会对女性设置更高的入职门槛。二是影响女性升职。女性升职与生育孩子在时间上存在着矛盾，女性职业发展的好时期往往也是相对适合女性生育二孩的时期，因此，往往只能在二者当中选其一。而用人单位在对男性和女性的职业升迁进行评估与考察时，常常会因为女性生育，而人为地在女性工作升迁中设置障碍。三是影响女性的终身职业发展。从生命历程的视角来看，一个孩子从生育、养育到教育贯穿着女性整个生命历程，对女性终身的职业发展都会产生一定的不利影响。比如，生育二孩可能会使女性在职场上处于弱势地位而影响到工资水平的提升，进一步影响到社会保障等方面。在劳动和就业市场存在性别歧视的情况下，生育会影响女性的经济地位，从而对其他方面产生负面的影响。

4. 子女养育缺乏男性参与

在中国传统的男主外、女主内的家庭分工模式下，子女养育工作在实践中主要由女性来承担，这在很大程度上加重了女性平衡工作与生活的压力，而子女养育需要耗费大量的时间和精力，导致了女性在就业市场被不平等对待，这成为女性生育意愿降低的重要原因之一。

学者的实证研究表明：女性比男性更容易成为照料子女的提供者，且照料时间更长[104]，这会减少女性的劳动供给[105]。马春华[95]认为推动男性分担照顾责任比推动女性就业更为困难。而目前子女养育缺乏男性参与主要存在着三个原因：一是缺乏相关法律规定。目前多数省、自治区、直辖市已出台陪产假制度，但与法国、瑞典等国家相比，我国在带薪育儿假、临时育儿假等男性假期方面还是空白状态。二是缺乏监管机制。目前我国大部分省、自治区、直辖市对当地的计划生育条例进行了修改，进一步规定了当地陪产假或者护理假的时间，大多数地区的陪产假为 15 天。但在记者实际调查中却发现，有少数陪产假被公司缩水[106]。仅有的陪产假被公司缩水，体现了男性假期在执行中的艰难，而这需要相应的部门和机制来进行监管，否则男性假期只会形同虚设。三是传统的家庭分工观念根深蒂固。李桂燕[107]对 31 个家庭进行采访发现，“对于家务照料，大多男性均称不会做，且认为女人可以自学，但是男人却不能。除此之外，在性别观念的影响下，家人也反对男性做家务，一个是男性的妻子，另一个是男性的母亲”。由此可见，传统的家庭角色分工依然严重制约着男性承担子女养育和家庭照护的责任。

本文仅从四个方面总结了影响生育的不利因素，而在实际生活中，存在着更多阻碍。为提高生育水平，国家与省市级层面应出台更加多样化的政策鼓励生育。

五、政 策 建 议

针对我国低生育水平和低生育意愿的现状，本文认为在考虑当前社会经济发展水平和生育不利因素的两大背景下，缓解该问题的有效途径有以下两点，一方面，国家应放开政策限制，释放有生育三孩、四孩能力和意愿的家庭的生育潜能，缓解当前低生育水平的现状；另一方面，国家需出台多样化的生育配套政策，并将政策切实细化，创造友好的生育环境，提高居民的生育意愿。此外，还应解决计划生育遗留问题并转变政策理念，创建生育友好型社会，使生育行为回归常态[108]，使生育决策回归家庭。

（一）放开政策限制，回归家庭生育决策

当前生育意愿很低，大部分人希望生育一个或者两个孩子，使整体的生育水平很低。为了提高生育水平，政策一方面强调家庭夫妇具有生育二孩的权利，但另一方面生育权利仍然存在数量限制，在当前计划生育政策框架下的“全面二孩”内生出逻辑与政策执行上的矛盾[109]。据估计，自 1998 年之后的 30 年中，中国的生育率将会继续下降，可能会降到 1.3，进入超低生育率的水平。那时候中国将实施各种措施鼓励生育，而不是控制生育[110]。

中国长期实施的计划生育政策已经使人们的生育意愿数和政策一致[10]。同时，“全面二孩”政策实施以后的补偿性增长，并没有带来较大幅度的人口出生反弹，生育政策调整后仍然继续保持着低生育率，在这种状况下，放开政策限制是必然的选择[110]。

（二）深化服务改革，完善生育配套衔接政策

党的十九大报告指出，“促进生育政策和相关经济社会政策配套衔接，加强人口发展战略研究”[111]。关于完善生育配套服务，政府应结合社会经济发展水平聚焦于三个时间段（生育前、育儿时和生育后），在不同的时间段配合相应的配套服务或优惠性政策。

首先是生育前鼓励，可为生育的夫妇提供税收减免、购房优惠等福利性政策，并为生育困难的夫妇提供免费治疗。其次是育儿时支持，政府应出台政策适当延长父母育儿假，加大托幼机构的建设；而对于积极配合国家生育政策的企业给予优惠，如减少税收、在参与国家项目招标时政府根据一定的标准予以加分等。最后是生育后保障，女性作为生育责任的主要承担者，较易因生育遭受就业歧视。生育政策要真正调整到位，必须进行公平合理的制度改革，强化育龄女性的就业保障，在立法规划中纳入反就业歧视法，此外，全社会也要在制度上促进父亲承担育儿责任[112]。

（三）加大扶助力度，解决计划生育遗留问题

中国严格的生育政策的目的是降低生育率，推进经济发展，该政策在一定程度上达到了其目的[110]，但是这种收益也付出了代价。目前计划生育带来的“4-2-1”家庭结构进而产生的失独家庭、曾经接受计划生育手术并患有并发症人群、离职村（居）级计划生育专干待遇问题等已经成为比较严重的历史遗留问题。通过解决历史遗留问题，提高政府公信力，让人们相信政府在生育全过程中能够提供坚实保障。

首先，在失独家庭的帮扶方面，建议对失独家庭提供相对优惠的养老和医疗保障政策，对生活中出现困难的人群，可以根据群众需求由政府向社会购买规范的家政服务，或定期发给家庭家政服务补助金，切实保障为计划生育做出贡献的人群老有所养、老有所依。特别重视对再生育的失独家庭的帮扶、失独隔代家庭（即已经生育了孩子的独生子女死亡家庭）的子女教育问题等特殊情况。国家和地方政府出台了相关的失独家庭扶助政策。如上海于 2017 年 4 月 1 日印发了《上海市计划生育家庭特别扶助制度实施办法》，自 2017 年 5 月 1 日起施行。该政策规定对于独生子女死亡后未再生育和未再收养子女的人员，按照以下标准给予特别扶助金，直至亡故为止：①49～59 岁，每人每月 670 元；②60～69 岁，每人每月 720 元；③70 岁及以上，每人每月 770 元。但是目前关于失独家庭的扶助缺少统一的补贴标准，建议尽快出台统一的扶助金和扶助实施办法与标准，并有针对性地加强在日常照料、疾病护理、养老服务及隔代养育等方面的服务，建设针对性较强的扶助体系，更好地帮助失独家庭。

其次，在曾经接受计划生育手术并患有并发症的问题解决方面，建议降低扶助门槛，扩大扶助范围，对于曾经接受计划生育手术并患有并发症的患者，提高扶助标准，并将其纳入计划生育特殊困难家庭的帮扶体系，出台专项的应对政策和财政资金配套制度来解决这一问题，并采取相应的医疗措施。

最后，在离职村（居）级计划生育专干的补贴方面，建议各地政府联合计划生育和民政部门，根据本地区的实际情况，仿照农村“八大员”的工龄养老补助优待政策，及时给予工作一定年限以上且离任的离职村（居）级计划生育专干一定数额的养老补贴，以抚慰人心。

（四）转变政策理念，创建生育友好型社会

生育政策的制定应改变过去实施人口控制的理念。生育政策的理念和工作要从管理转向服务，从以管控家庭生育行为的形式，转为完善生育的配套设施和衔接政策，创建生育友好型社会[113]。政府可间接地调节人们的生育行为，但是需要让家庭自主决定其生育行为，让生育行为回归常态[108]。此外，婚姻是生育的前提，提高生育率需构建鼓励生育的文化氛围，如开展家庭文化日、家庭亲子活动，为积极配合及实施生育政策的家庭和企业授予勋章等。

六、结　论

本文在回顾计划生育政策历史的基础上，讨论生育意愿和生育水平的变动，分析近年来生育政策的调整和效果，并梳理国际鼓励生育的政策经验及我国影响生育水平的不利因素，得到如下结论。

第一，伴随着严格的计划生育政策，我国早已进入低生育水平阶段，当前，低生育意愿是生育水平的主要抑制因素。20 世纪 90 年代以前，人们的生育水平普遍高于生育意愿，且均高于 2 个以上，1980 年《公开信》的发表正式开启了我国严格的计划生育时代。20 世纪 90 年代后，生育水平已低于生育意愿，且均低于更替水平之下。在生育政策和经济发展等因素的共同作用下，我国的总和生育率由 1982 年的 2.55 持续下降到 1990 年的 2.13，2000 年全国人口普查显示进一步下降到 1.22，直到目前一直处于低生育水平。从不同时期来看，20 世纪八九十年代中国生育水平的下降主要受到计划生育政策的影响。21 世纪以来，生育水平主要受到低生育意愿的影响，宽松的生育政策对生育水平的调节空间十分有限。

第二，近年来，国家出台实施了“单独二孩”和“全面二孩”政策，但政策效果不理想，未显著提高生育率。2013 年，中国实施了“单独二孩”政策，截至 2014 年底，未出现预估的出生堆积现象，仅不到 110 万对夫妇申请二孩生育许可，妇女的再生育水平和意愿较低[13]。针对严峻的人口形势和“单独二孩”政策“遇冷”的现实情境，2016 年 1 月 1 日起国家正式实施了“全面二孩”政策。政策实施以来，政策效果仍然不显著，居民的二孩生育意愿并不强烈，“全面二孩”政策对提升生育率的作用相当微弱[5]。总之，在低生育水平和生育意愿的现实情境下，仅放开二孩对提高生育率的作用微乎其微。

第三，多方面不利于生育的因素加剧生育意愿和生育水平的降低，国家应取消生育限制，同时鼓励生育。首先，国家应取消生育限制，释放有生育三孩、四孩能力和意愿的家庭的生育潜能，缓解当前低生育水平的现状。其次，多重经济压力、生育配套服务资源缺乏、女性就业与生育失衡、子女养育缺乏男性参与等成为人们不愿生育和不敢生育的重要原因，甚至可能会进一步加剧生育意愿和生育水平的降低。国家要深化服务改革，完善生育配套衔接政策。目前，国家与省市级层面已有所行动，出台政策鼓励生育已是大势所趋。尽管国家已由严格限制生育转向间接鼓励生育，但鼓励政策还不成熟，政策暂时难以操作，鼓励生育的政策还未真正开始发挥作用。从国际经验来看，为了达到提高生育率的目的，

中国可参考国际鼓励生育的具体政策，并将政策切实细化。再次，要加大扶助力度，解决计划生育遗留问题。最后，要转变政策理念，创建生育友好型社会。

参 考 文 献

[1] Feeney G，Yuan J. Below replacement fertility in China? A close look at recent evidence[J]. Population Studies，1994，48（3）：381-394.

[2] Scharping T. Birth Control in China 1949-2000：Population Policy and Demographic Development[M]. London：Routledge Curzon，2003.

[3] 江亦曼，乔晓春，于学军，等. 中国未来人口发展与生育政策研究[J]. 人口研究，2000，（3）：18-34.

[4] Morgan S P，Guo Z，Hayford S R. China's below-replacement fertility：recent trends and future prospects[J]. Population and Development Review，2009，35（3）：605-629.

[5] Cai Y. China's new demographic reality：learning from the 2010 census[J]. Population and Development Review，2013，39（3）：371-396.

[6] 于学军. 中国进入"后人口转变"时期[J]. 中国人口科学，2000，13（2）：8-18.

[7] 王广州，张丽萍. 到底能生多少孩子？——中国人的政策生育潜力估计[J]. 社会学研究，2012，27（5）：119-140.

[8] 王广州，胡耀岭，张丽萍. 中国生育政策调整[M]. 北京：社会科学文献出版社，2013.

[9] 吴帆. 20 世纪 90 年代以来我国生育意愿研究：评述与展望[A]//顾宝昌，马小红，茅倬彦. 二孩，你会生吗？：生育意愿、生育行为和生育水平关系研究[M]. 北京：社会科学文献出版社，2014.

[10] 马小红. 趋同的城乡生育意愿对生育政策调整的启示——基于北京市城乡独生子女生育意愿的比较研究[J]. 人口与发展，2011，18（6）：80-85.

[11] 陈蓉，顾宝昌. 上海市生育意愿 30 年的演变历程[J]. 人口与社会，2014，30（1）：49-54，71.

[12] 顾宝昌. 实行生育限制的理由已不复存在[J]. 人口与社会，2015，31（2）：10-14.

[13] 周凤梅. 外媒：中国单独二孩政策遇冷，人口形势紧迫[EB/OL]. http://world.chinadaily.com.cn/2015-07/16/content_21302278.htm[2015-07-16].

[14] 吴佳佳. 全面两孩政策积极效应逐步显现[N]. 经济日报，2018-01-23（003）.

[15] 穆光宗."全面二孩"政策实施效果和前景[J]. 中国经济报告，2017，12（1）：24-26.

[16] 汪雁，慈勤英. 对生育观转变的标志的反思[J]. 人口学刊，2001，21（2）：53-57.

[17] 姜全保. 低生育背景下的二孩生育决策——以陕西省为例[J]. 贵州省党校学报，2017，33（5）：91-99.

[18] 何蕾蕾. 中国生育政策演变的正弦规律[J]. 赤峰学院学报（汉文哲学社会科学版），2015，36（8）：82-85.

[19] 陈剑. 中国生育革命纪实（1978～1991）[M]. 北京：社会科学文献出版社，2015.

[20] 李爽. 中国生育政策的演变及其发展趋势研究[D]. 吉林大学硕士学位论文，2009.

[21] 尹深，唐述权. 从人民日报历史数据看我国生育政策演变史（组图）[EB/OL]. http://politics.people.com.cn/n/2015/0729/c1001-27375674.html[2015-07-29].

[22] 朱秋莲. 建国以来党的人口生育政策变迁研究[D]. 湖南师范大学博士学位论文，2013.

[23] Gu B，Wang F，Guo Z，et al. China's local and national fertility policies at the end of the twentieth century[J]. Population and Development Review，2007，33（1）：129-147.

[24] 冯国平，郝林娜. 全国 28 个地方计划生育条例综述[J]. 人口研究，1992，15（4）：28-33.

[25] 王焕清.不同计划生育政策下的我国人口预测研究[J]. 统计与决策，2013，29（5）：9-13.

[26] 陶涛，杨凡. 计划生育政策的人口效应[J]. 人口研究，2011，35（1）：103-112.

[27] 国家卫生计生委副主任就实施全面两孩政策答记者问[EB/OL]. http://politics.people.com.cn/n/2015/1030/c1001-27758555.html[2015-10-30].

[28] 国家统计局. 中国统计年鉴[M]. 北京：中国统计出版社，2016.
[29] 王广州. 独生子女死亡总量及变化趋势研究[J]. 中国人口科学，2013，27（1）：57-65，127.
[30] 辜子寅. 我国独生子女及失独家庭规模估计——基于第六次人口普查数据的分析[J]. 常熟理工学院学报，2016，29（1）：83-89.
[31] 原新. “人口转型”后的计划生育政策走向[J]. 探索与争鸣，2014，30（4）：45-49.
[32] Jiang Q，Li Y，Sánchez-Barricarte J J. Fertility intention，son preference，and second childbirth：survey findings from Shaanxi province of China[J]. Social Indicators Research，2016，125（3）：935-953.
[33] 庄亚儿，姜玉，王志理，等. 当前我国城乡居民的生育意愿——基于2013年全国生育意愿调查[J]. 人口研究，2014，38（3）：3-13.
[34] 乔晓春. 从“单独二孩”政策执行效果看未来生育政策的选择[J]. 中国人口科学，2015，29（2）：26-33，126.
[35] Basten S，Jiang Q. China’s family planning policies：recent reforms and future prospects[J]. Studies in Family Planning，2014，45（4）：493-509.
[36] 李新玲. 各地“单独两孩”申请量低于预期[N]. 中国青年报，2015-01-12（01）.
[37] 王烨捷，周凯. “单独二孩”遇冷成政策“清醒剂”？[N]. 中国青年报，2015-02-16（06）.
[38] 翟振武，李龙. “单独二孩”政策的回顾与展望[J]. 人口与计划生育，2015，23（3）：8-10.
[39] 刘爽，王平. 对“单独二孩”政策新的认识与思考[J]. 人口研究，2015，39（2）：57-66.
[40] 马小红，顾宝昌. 单独二孩申请遇冷分析[J]. 华中师范大学学报（人文社会科学版），2015，54（2）：20-26.
[41] 陈友华，苗国. 意料之外与情理之中：单独二孩政策为何遇冷[J]. 探索与争鸣，2015，30（2）：48-53.
[42] 王羚. 单独二孩政策遇冷，专家建议全面放开二孩生育[EB/OL]. http://news.southcn.com/g/2014-12/29/content_115228545.htm?COLLCC=2484003949&COLLCC=1428476344&COLLCC=2484003949&COLLCC=1428639593&[2014-12-29].
[43] 周天. 放开二孩呼声再起，39 学者吁促生育自由[EB/OL]. http://china.caixin.com/2015-03-02/100786969.html[2015-03-02].
[44] 周苑. “单独二孩”生育意愿及其影响因素研究——基于南京市生育意愿调查[D]. 南京大学硕士学位论文，2015.
[45] 翟振武，张现苓，靳永爱. 立即全面放开二胎政策的人口学后果分析[J]. 人口研究，2014，38（2）：3-17.
[46] 翟振武，李龙. “单独二孩”与生育政策的继续调整完善[J]. 国家行政学院学报，2014，16（5）：50-56.
[47] 陆伟锋，吴鹏昆，吴园园. 单独二孩政策下的人口预测研究[J]. 统计与决策，2015，31（7）：69-73.
[48] 陈剑. 应迅速放开二胎[J]. 中国经济报告，2014，9（11）：52-55.
[49] 任远. “单独二孩”实施效果与改革策略[J]. 探索与争鸣，2015，31（2）：54-56
[50] 穆光宗. “全面二孩”政策实施效果如何[J]. 人民论坛，2018，27（14）：46-47.
[51] 张尼. 全面两孩实施一年效果如何？这些数字告诉你答案[EB/OL]. http://www.chinanews.com/gn/2017/01-23/8132680.shtml[2017-01-23].
[52] 顾宝昌，马小红，茅倬彦. 二孩，你会生吗？：生育意愿、生育行为和生育水平关系研究[M]. 北京：社会科学文献出版社，2014.
[53] 侯佳伟，黄四林，辛自强，等. 中国人口生育意愿变迁：1980—2011[J]. 中国社会科学，2014，34（4）：78-97.
[54] 乔晓春. 性别偏好、性别选择与出生性别比[J]. 中国人口科学，2004，18（1）：15-24，81.
[55] 陈胜利，张世琨. 当代择偶与生育意愿研究：2002年城乡居民生育意愿调查[M]. 北京：中国人口出版社，2003.
[56] 王军，王广州. 中国育龄人群的生育意愿及其影响估计[J]. 中国人口科学，2013，27（4）：26-35，126.

[57] 钟国琛，刘仁易. 鄂西富裕农民的生育意愿[J]. 人口与经济，1985，6（4）：18-21，42.
[58] 刘国霞. 甘肃省经济现状与妇女生育愿望[J]. 西北人口，1990，11（1）：6-8.
[59] 孙瑛. 今日妇女的生育意愿[J]. 人口学刊，1988，8（6）：3-8.
[60] 叶扬宗. 当代农民生育观念初探[J]. 人口研究，1988，12（4）：28-31，45.
[61] 陆杰华，王凤梅，何堤. 贫困地区农户经济收入水平与生育意愿分析[J]. 西北人口，1992，13（4）：38-41.
[62] 田遇春. 家庭生育意愿与生育水平[J]. 人文杂志，1993，37（6）：52-57.
[63] 周连福，关晓梅，李淑文. 生育与相关社会经济因素关系的研究[J]. 人口学刊，1997，17（5）：58-64.
[64] 赵景辉. 中国城市人口生育意愿——对哈尔滨市已婚在业人口的调查[J]. 人口研究，1997，21（3）：42-45.
[65] 郑真真. 生育意愿的测量与应用[J]. 中国人口科学，2014，28（6）：15-25.
[66] 风笑天，张青松. 二十年城乡居民生育意愿变迁研究[J]. 市场与人口分析，2002，8（5）：21-31.
[67] 陈卫，张玲玲. 中国近期生育率的再估计[J]. 人口研究，2015，39（2）：32-39.
[68] 胡浩. 我国总和生育率为 1.5%至 1.65%，并未跌入低生育率陷阱[EB/OL]. http://www.xinhuanet.com/politics/2015-07/10/c_1115886591.htm[2015-07-10].
[69] Jiang Q，Feldman M W，Li S. Marriage squeeze，never-married proportion and mean age at first marriage in China[J]. Population Research and Policy Review，2014，33（2）：189-204.
[70] Rindfuss R R，Morgan S P，Swicegood G. First Births in America：Changes in the Timing of Parenthood[M]. Berkeley：University of California Press，1988.
[71] Westoff C F，Ryder N B. The predictive validity of reproductive intentions[J]. Demography，1977，14（4）：431-453.
[72] Schoen R，Astone N M，Kim Y J，et al. Do fertility intentions affect fertility behavior？[J]. Journal of Marriage and the Family，1999，61（3）：790-799.
[73] Islam M，Bairagi R. Fertility intentions and subsequent fertility behaviour in MATLAB：do fertility intentions matter？[J]. Journal of Biosocial Science，2003，35（4）：615-619.
[74] Pritchett L H. Desired fertility and the impact of population policies[J]. Population and Development Review，1994，20（1）：1-55.
[75] Bongaarts J. Fertility and reproductive preferences in post-transitional societies[J]. Population and Development Review，2001，27：260-281.
[76] Hagewen K J，Morgan S P. Intended and ideal family size in the United States，1970-2002[J].Population and Development Review，2005，31（3）：507-527.
[77] 郑真真. 生育意愿研究及其现实意义——兼以江苏调查为例[J]. 学海，2011，22（2）：10-18.
[78] 茅倬彦，罗昊. 符合二胎政策妇女的生育意愿和生育行为差异——基于计划行为理论的实证研究[J]. 人口研究，2013，37（1）：84-93.
[79] 孙超，侯亚非，马小红. 北京市生育意愿比较与追踪研究——基于北京市东城区的调查[A]//顾宝昌，马小红，茅倬彦. 二孩，你会生吗？：生育意愿、生育行为和生育水平关系研究[M]. 北京：社会科学文献出版社，2014.
[80] 周福林. 河南育龄人口生育意愿、生育行为和生育水平关系研究[A]//顾宝昌，马小红，茅倬彦. 二孩，你会生吗？：生育意愿、生育行为和生育水平关系研究[M]. 北京：社会科学文献出版社，2014.
[81] 国家卫生和计划生育委员会计划生育基层指导司. 全国人口与计划生育形势分析报告[R]. 国家卫生和计划生育委员会，2014.
[82] 顾大男，温勇，陶勃. 江苏常熟市符合二孩生育人群的生育意愿与行为分析[J]. 南京人口管理干部学院学报，1995，11（2）：21-25.

[83] 陈彩霞，张纯元. 当代农村女性生育行为和生育意愿的实证研究[J]. 人口与经济，2003，24（5）：76-80.
[84] 王金营，徐蕾，杨江澜，等. 中国农村生育意愿和生育水平转变的考察——基于对河北承德、邯郸两地区实地调查的比较[J]. 人口研究，2008，32（5）：58-66.
[85] 宋健，陈芳. 城市青年生育意愿与行为的背离及其影响因素——来自 4 个城市的调查[J]. 中国人口科学，2010，24（5）：103-110，112.
[86] 王军，王广州. 中国低生育水平下的生育意愿与生育行为差异研究[J]. 人口学刊，2016，38（2）：5-17.
[87] 阚唯，梁颖，李成福. 国际鼓励生育政策实践对中国的启示[J]. 西北人口，2018，39（5）：47-56.
[88] 汤兆云，邓红霞. 日本、韩国和新加坡家庭支持政策的经验及其启示[J]. 国外社会科学，2018，41（2）：36-42.
[89] 王幡，刘在良. 捐赠与日本私立大学的经营管理[J]. 世界教育信息，2008，22（10）：25-29.
[90] 吕卫清，李亚芬. 日本促进女性就业经验对解决我国“全面二孩”政策下女性就业歧视的启示[J]. 湖北经济学院学报（人文社会科学版），2017，14（9）：16-18，81.
[91] 张敏杰. 德国家庭政策的回顾与探析[J]. 浙江学刊，2011，49（3）：205-212.
[92] 杨昕. 低生育水平国家或地区鼓励生育的社会政策及对我国的启示[J]. 西北人口，2016，37（1）：7-12.
[93] 总理公署全国人口和人才署. 可持续的人口，朝气蓬勃的新加坡：人口白皮书 2013[R]. 新加坡：总理公署全国人口和人才署，2013：71-73.
[94] 胡洪强，索长清，陈旭远. 日本“幼保一体化”的发展及其启示[J]. 基础教育，2015，12（6）：102-108.
[95] 马春华. 瑞典和法国家庭政策的启示[J]. 妇女研究论丛，2016，25（2）：20-23.
[96] 易君健，易行健. 房价上涨与生育率的长期下降：基于香港的实证研究[J]. 经济学（季刊），2008，7（3）：961-982.
[97] 何方竹. 中国经济生活 10 年调查：京沪房价 10 年上涨近 400%[EB/OL]. http://www.xinhuanet.com//politics/2016-03/08/c_128781197.htm[2016-03-08].
[98] 邱德胜，李诗韵，王志章. 中国农村家庭生育二孩的成本核算及分摊机制研究——基于川渝两地的实地调研[J]. 科学决策，2018，25（4）：8-35.
[99] 何欣荣，朱翃，吴振东. 负担能否降？育儿怎么办？儿科够不够？——地方两会热议“全面二孩”配套政策[EB/OL]. http://www.xinhuanet.com/politics/2016-01/26/c_1117901591.htm[2016-01-26].
[100] 景玥. 洪天慧委员：解决“入园难”关键在政府其次在投入[EB/OL]. http://lianghui.people.com.cn/2015cppcc/n/2015/0311/c393682-26678050.html[2015-03-11].
[101] 伍例，刘晓星，罗桦琳，等. 二孩报到教育医疗资源准备好了吗？[EB/OL]. http://edu.people.com.cn/n/2015/1118/c1053-27827361.html[2015-11-18].
[102] 湖北省人民政府门户网站. 湖北 10 条举措平衡城乡教育资源缓解结构性短缺[EB/OL]. http://www.hubei.gov.cn/gzhd/gzhd/201509/t20150923_722130.shtml[2015-09-23].
[103] 杨菊华. “单独两孩”政策对女性就业的潜在影响及应对思考[J]. 妇女研究论丛，2014，22（4）：49-51.
[104] Carmichael F，Charles S. The opportunity costs of informal care：dose gender matter? [J]. Journal of Health Economics，2003，22（5）：781-803.
[105] 刘岚，齐良书，董晓媛. 中国城镇中年男性和女性的家庭照料提供与劳动供给[J]. 世界经济文汇，2016，60（1）：21-35.
[106] 李金磊. 29 省份明确陪产假期限，快看看你能休多久？[EB/OL]. http://www.chinanews.com/gn/2016/10-12/8028259.shtml[2016-10-12].

[107] 李桂燕. 全面二孩政策下男性参与家庭照料的困境与路径[J]. 深圳大学学报（人文社会科学版），2018，35（3）：114-122.
[108] 任远. 中国后人口转变时期的人口战略转型[J]. 南京社会科学，2017，（1）：71-77.
[109] 任远. “全面两孩”政策的实施效果和计划生育制度的发展转型[J]. 人口与计划生育，2017，（7）：26-27.
[110] 姜全保. 中国生育水平预测与生育政策展望[J]. 公共管理学报，2010，7（4）：67-75，125-126.
[111] 习近平. 决胜全面建成小康社会 夺取新时代中国特色社会主义伟大胜利[N]. 人民日报，2017-10-28（01）.
[112] 朱荟，崔宝琛，陆杰华. 新时代生育政策配套体系建构的内涵、挑战及顶层设计探究[J]. 中共福建省委党校学报，2018，（10）：1-7.
[113] 任远. 定位和定向：我国生育政策未来[J]. 探索与争鸣，2017，（7）：77-80.

城市医联体运行现状及对策研究

——以西安市为例*

毛　瑛[①]　何荣鑫[②]　张　宁[③]　谢　涛[④]　宁　伟[⑤]

内 容 提 要

“看病难、看病贵”是当前我国紧迫的民生问题、社会问题。为破解这一难题，2015年，国家在边远地区开展医疗联合体（以下简称医联体）政策试点。在系统梳理西安市城市医联体政策后，本文以西安市城市医联体即某三级医院城市医联体作为案例，对某三级医院城市医联体发展历程、基本情况、卫生资源配置情况、分级诊疗情况、医护人员感受、患者转诊意愿等方面进行了实证研究。本文作者于2017年4月对某三级医院城市医联体内所有医疗卫生机构进行调查，对西安市卫生健康委员会、某三级医院、各社区卫生服务中心相关机构人员进行深度访谈，对某三级医院及其社区卫生服务中心门诊患者和住院患者展开问卷调查，最终共收集227份医护人员有效问卷和572份患者有效问卷。经研究发现，西安市城市医联体政策实施后，部分基层医疗卫生机构基础设施建设得以发展；基层医疗卫生机构卫生人力在岗人数增加；基层医疗卫生机构诊疗人次、双向转诊人次有所上升等，但也存在城市医联体患者分级诊疗社区首诊与首诊选择不匹配、患者下转意愿与实际下转率差距较大、城市医联体实施效果未达到预期目标等问题。城市医联体行业管理不善导致其管理机制尚有许多障碍，在运行机制上，基层医疗卫生机构服务能力不足，家庭医生签约制度难以推行，双向转诊制度并未实现；在保障机制上，财政补偿机制缺乏创新，医保支付政策不配套，基层药品管理制度不符合居民需求。针对城市医联体在管理机制、运行机制、保障机制上存在的具体问题，结合分级诊疗制度目标，本文提出包括管理机制、运行机制和保障机制在内的城市医联体基层医疗卫生机构服务能力提升措施，推动实现优质医疗人才和优质医疗资源下沉，为落实分级诊疗制度、改善城市医联体运行实施效果提供

---

* 基金项目：国家社会科学基金重大项目：预防为主的大健康格局与健康中国建设研究（项目号：17ZDA079）。

① 毛瑛，西安交通大学公共政策与管理学院教授，博士研究生导师。

② 何荣鑫，西安交通大学公共政策与管理学院博士研究生。

③ 张宁，西安交通大学公共政策与管理学院博士研究生。

④ 谢涛，西安交通大学公共政策与管理学院硕士研究生。

⑤ 宁伟，西安交通大学公共政策与管理学院硕士研究生。

政策参考。

一、引　言

“看病难、看病贵”一直是社会的热点问题，也是多年来“两会”集中关注度较高的提案。2009 年 3 月 17 日，中共中央、国务院发布《中共中央国务院关于深化医药卫生体制改革的意见》（新医改），正式启动了“看病难、看病贵”问题的深化改革。截至 2018 年，新医改实施已九年，政府各级财政累计投入超过 7 万亿元，但“看病难、看病贵”问题仍然没有得到有效缓解，大医院与基层医疗卫生机构间患者分流不协调问题愈加严重。与 2009 年相比，西安市医疗卫生机构入院人数由 2009 年的 88.03 万人上升至 2015 年的 162.60 万人，其中医院入院人数占比由 88.30%上升至 94.87%，基层医疗卫生机构入院人数由 3.09%下降至 0.68%①。西安市大医院与基层医疗卫生机构间患者分流配比不协调，仍存在“看病难、看病贵”问题，该问题于 2017 年被西安市列为民生“九难”问题之一。

分级诊疗是新医改的重要内容，是解决“看病难、看病贵”的制度创新。分级诊疗制度建设对于合理配置医疗卫生资源、促进基本医疗卫生服务均等化、建立中国特色基本医疗卫生制度具有重要意义。作为实现分级诊疗的有效载体，医联体模式逐渐受到重视。医联体建设对于构建分级医疗、急慢分治、双向转诊的诊疗模式，加强各级医疗卫生机构之间的分工协作，优化卫生资源配置，方便居民就诊具有重要意义。

为加快推动分级诊疗落实，2015 年 4 月 14 日，《西安市医疗联合体建设工作实施方案（试行）》中提出通过三级医院牵头，组建具有专科特色的城市医联体，建立各级医疗卫生机构统筹协调和分工合作机制，着力提升基层医疗卫生机构的诊疗水平和运行效率，合理分流患者，逐步建立“基层首诊、双向转诊、急慢分治、上下联动”的分级诊疗模式。

为全面分析城市医联体运行现状及分级诊疗实现情况，本文以西安市某三级医院城市医联体作为案例，对城市医联体实施背景、基本情况、卫生资源配置情况、分级诊疗情况、医护人员感受、患者转诊意愿等方面进行了实证研究。首先，本文通过对西安市区域城市医联体建设政策和实施现状研究，分析现行城市医联体实施中存在的问题及其原因，从城市医联体政策系统性、全面性、衔接性、协调性等维度分析政策制定和实施过程中存在的问题，并针对存在的问题提出改进城市医联体政策的建设性意见。其次，以某三级医院城市医联体为例，本文分析西安市城市医联体运行现状，包括基层首诊、双向转诊、急慢分治实现情况及城市医联体发展面临的阻碍，为建立基层首诊、双向转诊、分级诊疗的就医秩序，为西安市乃至全国医联体进一步改善分级诊疗制度的建设提供理论依据。最后，基层医疗卫生机构服务能力的提升关系着分级诊疗工作开展的成败，也关系着医改保基本、强基层的目标能否得以实现。基层医疗卫生机构服务能力低下是制约基层医疗卫生服务发展的瓶颈问题，因此，如何提升基层医疗卫生机构服务能力也将成为医疗改革的重点和难点。本文通过分析某三级医院城市医联体内部社区卫生服务中心

① 资料来源于《2015 年西安市卫生和计划生育统计年鉴》。

的服务能力，分析具体情况，总结经验做法，提出提升基层医疗卫生机构服务能力的政策建议。

二、西安市城市医联体政策研究

根据西安市卫生健康委员会（原西安市卫生和计划生育委员会）发布的《西安市医疗联合体建设工作实施方案（试行）》和《西安市人民政府办公厅关于印发建立分级诊疗制度实施意见的通知》（市政办发〔2015〕106 号）文件，西安市城市医联体体制机制建设主要内容包括以下三个方面：管理机制建设、运行机制建设、分级诊疗配套制度建设等。

（一）管理机制

1. 管理模式

城市医联体由三级医院牵头建设，根据自身能力组建具有专科特色的医联体，包括二级医院与基层医疗卫生机构（社区卫生服务中心、乡镇卫生院）。城市医联体所属医疗卫生机构均为独立法人单位，采取理事会治理结构。理事会委托牵头医院，定期对城市医联体内各医疗卫生机构进行综合考评监测和通报，各成员单位结合考评结果对本单位相关部门及职工给予奖惩。

2. 城市医联体责任分工

1）三级医院

承担医联体理事会筹建，负责医联体日常事务和管理运行；组织成员单位共同制定医联体章程和各项制度；负责组织医联体日常工作例会，收集和汇总工作信息；承担对下级医疗卫生机构管理指导、技术帮扶、质量控制、人员培训等；负责医联体内下级医疗卫生机构“疑难危重”疾病患者会诊、上转接收工作；完成理事会规定的其他工作。

2）各成员单位

承担常见病、多发病诊疗工作和慢性病管理，开展常规诊疗技术和康复、护理等治疗；负责医联体内上级医疗卫生机构下转的稳定期和康复期患者的接收工作；完成理事会规定的其他工作。

3）各级卫生行政部门

作为辖区医联体理事会的重要成员，履行监管职责，积极协调有关部门为医联体提供各种政策支持。

（二）运行机制

1. 人事制度

一是推进医联体内人员合理流动；二是强化基层医护人员业务指导培训；三是开展医联体人员的统一培训和考核。医联体理事会根据牵头医院的考核结果，制定相应的激励政策，实现医联体的可持续发展。

2. 双向转诊制度

一是医联体内探索开展预约诊疗、检查检验结果互认。建立一个统一的预订服务平台，以提供更方便的预订服务。在统一质量控制标准和确保医疗安全的前提下，扩大医联体内检查检验结果互认的范围，减少重复检查检验。

二是完善双向转诊制度，建立绿色通道。落实基层医生首诊负责制，制定医联体内转诊规范与流程，为基层患者建立转诊绿色通道，优先对通过基层医院转诊的患者进行诊疗。

三是促进各机构间医疗信息的衔接，推进院际协作。利用现有医疗卫生信息化资源，依托区域卫生信息平台，建设医疗合作信息系统，实现医联体内各医院与基层医疗卫生机构的医疗服务信息互通，逐步完善医联体内各成员单位之间的信息共享。

推行二级、三级医院全科医师团队到社区服务制度。全科医学人员构成分为管理团队和医疗团队。管理团队的成员兼任各基层医疗卫生机构业务主任职能，负责制订符合基层医疗卫生机构实际的个性化指导方案、培训课程及人员配置方案。为促进优势医疗资源下沉，医疗团队定期到基层医疗卫生机构服务，负责医院转诊病人的接待和分流，以及转诊病人的康复指导。

（三）分级诊疗配套制度

1. 调整医保政策

对于符合分级诊疗规范要求者，基本医疗保险采取鼓励性政策。符合转诊规范的上转者，上级医疗卫生机构执行两级医疗卫生机构起付线差额部分；康复期下转者，取消下级医疗卫生机构起付线。对于不按分级诊疗规范要求者，基本医疗保险采取约束性政策。针对在统筹区域外自行选择就诊或不规范转诊等情况采取降低报销比例的办法。

2. 保证基层合理用药

基层医疗卫生机构在全部配备使用基本药物的基础上，可在规定范围内按比例增加药物品种，满足转诊患者用药需求。各医疗卫生机构要加强药品临床使用管理，基层医疗卫生机构要加强目录外药品管理，确保合理用药。

3. 控制医药费用增长

落实中央和省制定的医疗卫生机构服务价格相关政策，理顺各级医疗卫生机构服务价格体系，引导患者分流就诊。规范基层医疗卫生机构一般诊疗费，提高区县级及以上医院使用基本药物比例，规范临床抗生素使用，实施检查检验结果互认，避免重复检查，控制各级各类医疗卫生机构门诊和住院次均费用不合理增长。

4. 加强信息系统建设

加强统筹规划区域医疗卫生信息平台功能，建立双向转诊和远程医疗服务信息系统。加快居民健康卡发行，整合医疗信息资源，实现诊疗信息跨机构、跨地区共享，推进医疗卫生机构之间医疗协同系统、远程诊断系统及远程培训系统建设，积极利用互联网等信息新技术为分级诊疗信息系统提供便捷、高效的就诊手段及信息化支撑。

三、西安市城市医联体运行现状案例研究

2015年4月，西安市卫生和计划生育委员会印发了《西安市医疗联合体建设工作实施方案（试行）》，以推进城市医联体建设，逐步建立分级诊疗模式。在每个城区都建立1～2个医联体，力争2016年实现全市基层医疗卫生机构医联体全覆盖。截至2016年12月，西安市已组建18个区域医联体、7个专科医联体，初步取得成效。

（一）某三级医院城市医联体工作概况

1. 发展历程

自2009年起，某三级医院分别与8家社区卫生服务中心建立了稳定的托管关系。2015年，其中一个社区卫生服务中心（紧密托管型医联体）正式成立，形成“医院+社区”医联体平台，遵循“五不变、三统一”基本原则，即社区卫生服务中心公益性质、功能定位、机构设置、单位建制、人员身份不变；人员、财务、业务实行统一管理。基层医疗卫生机构的服务水平得到了提升，医疗质量、公共卫生、家庭签约得到了增强。

2. 管理机制

城市医联体的建设要求医联体所属的所有医疗卫生机构都是独立的法人实体，采取理事会治理结构。某三级医院城市医联体依据医联体建设规范，形成了理事会形式的管理机制，为建立各级医疗卫生机构统筹协调和分工合作机制，着力提升基层医疗卫生机构的诊疗水平、运行效率，合理分流患者，逐步建立分级诊疗模式，提供了组织保障。

3. 运行机制

1）人员下沉

在人员下沉方面，主要以专家指导、带教，进行政策宣传等形式对基层医疗卫生机构进行技术指导和帮扶。由150名高级职称人员组成的医疗专家组负责各社区卫生服务中心基本医疗的技术指导。由258名临床医师组成的医师团队帮助各社区卫生服务中心解决基本医疗人才能力提升问题。

2）技术下沉

在技术下沉方面，创新上下级医院技术合作方式，采取专家坐诊、推广技术、在基层医疗卫生机构开展新诊疗项目、加强医务人员培训等措施。

3）资源下沉

在资源下沉方面，完善基层医疗卫生机构硬件设备配置，实现某三级医院检查检验设备与基层共享。

4. 双向转诊协作机制

1）社区卫生服务中心医疗服务能力提升

在城市医联体内，通过合理运用三级医院管理理念，建立专家坐诊和带教机制，引入新技术、新设备，培训医务人员服务能力，有效提升基层医疗服务水平。

2）双向转诊

通过制定医联体内转诊规范和流程，建立社区卫生服务中心患者双向转诊绿色通道。某三级医院成立双向转诊办公室，负责对接患者的双向转诊。建立上转患者由专门部门管理协调、优先检查、优先住院制度和下转患者信息报告制度。医院门诊设内科、外科门诊，负责对接上转患者诊疗及分流。

3）家庭医生签约

采取“1+3”服务模式，积极推进家庭医生签约服务和慢性病管理，成立了 52 个责任医师团队，指导各中心医师团队业务。

（二）城市医联体实施前后医疗卫生机构服务能力比较

1. 某三级医院

1）卫生人员配置

总体来看，2015 年城市医联体成立后，2016 年某三级医院卫生技术人员编制数较 2015 年下降 1.22%，实际在岗人数较 2015 年下降 2.62%。从卫生技术人员职称结构来看，初级职称卫生技术人员占比最大，中级职称次之，高级职称最少，见表 1。

表 1　2013～2016 年某三级医院卫生人员数量及职称结构

卫生人员数量/人	2013 年	2014 年	2015 年	2016 年
编制人员数	803	808	811	802
卫生技术人员编制数	727	734	738	729
实际在岗人数	996	1002	1067	1039
卫生技术人员数	860	868	934	906
执业（助理）医师数	198	232	256	293
注册护士数	365	385	425	490
卫生技术人员职称结构				
高级职称	128	133	144	141
中级职称	260	249	240	237
初级职称	472	486	550	528

2）服务人次和服务效率

总体来看，2015 年城市医联体成立后，2016 年门急诊人次数较 2015 年增长 10.36%，出院人数较 2015 年增长 9.93%，平均住院日较 2015 年下降 3.21%，床位利用率较 2015 年提高 6.36 个百分点，见表 2。

表 2　2013～2016 年某三级医院服务人次和服务效率

诊疗服务情况	2013 年	2014 年	2015 年	2016 年
门急诊人次数/人次	347 495	369 737	349 521	385 723
出院人数/人	21 331	23 649	23 695	26 048
平均住院日/天	10.40	9.55	9.65	9.34
床位利用率	105.64%	102.63%	103.85%	110.21%

3）医院经济收支状况

2015 年城市医联体成立后，2016 年某三级医院总收入较 2015 年增长 9.35%，总支出较 2015 年增长 9.47%，收支结余增速有所放缓，见表 3。从收入结构来看，门诊药品收入占比略有下降，医疗收入占比总体呈上升趋势，其他收入占比上下波动。

表 3　2013～2016 年某三级医院收支情况

收支情况/万元	2013 年	2014 年	2015 年	2016 年
总收入	28 077	31 859	35 832	39 181
药品收入	11 736	13 201	14 565	15 523
内：门诊药品收入	4 912	5 410	5 242	5 350
住院药品收入	6 824	7 791	9 323	10 172
医疗收入	15 880	18 430	20 425	23 254
其他收入	461	228	842	404
总支出	26 998	30 887	34 218	37 457
医疗支出	12 381	14 012	16 684	18 588
药品支出	11 068	11 419	12 705	13 526
收支结余	1 079	972	1 614	1 724

注：本表数据因进行了约分，可能存在偏差

4）某三级医院医护人员主观感受和满意度

在医务人员收入状况方面，调查显示，2016 年某三级医院在职职工人均年收入为 85 859 元，医护人员对收入满意度较低，护士对收入满意度高于医生。在医护人员工作强度方面，医生工作强度明显大于护士工作强度。在医护人员工作压力方面，83.0%的医生表示感觉工作压力很大，51.0%的护士表示感觉工作压力较大。在医护人员工作紧张程度方面，84.9%的医生表示感觉工作紧张程度高，60.4%的护士表示感觉工作紧张程度较高。在医护人员培训方面，超过一半的医务人员在近 2 年内未接受过 3 个月以上系统培训。在医患关系方面，医患冲突较为严重，且医生和患者冲突多于护士和患者冲突。多数医护人员认为城市医联体建立后医护人员工作量有所增加，医护人员收入水平没有变化，机构医疗工作条件没有变化。

5）小结

2015 年城市医联体建立后，某三级医院实际在岗人数上升，医护人员数有所增长；某三级医院诊疗人次大幅增长，年增幅高于城市医联体成立之前，服务效率有所提升；某三级医院收支结余增幅有所放缓，2016 年收支结余增加。2015 年城市医联体建立后，某三级医院医护人员工作量增加，医护人员对收入的变化感受不明显，收入满意度低，工作压力大，工作紧张度高，医患关系有待改善。

2. 基层医疗卫生机构

1）卫生人员配置

在人员编制方面，城市医联体成立后，基层医疗卫生机构全科医生与中医医师数量出现增长，2016 年样本基层医疗卫生机构全科医生数量较 2015 年上升 8.33%，中医医师数量较 2015 年上升 16.67%。在岗人员年均收入方面，城市医联体成立后，2016 年在岗人员年均收入较 2015 年上升 3.26%，见表 4。

表 4　2013～2016 年样本基层医疗卫生机构在岗人员年均收入情况（单位：万元）

机构名称	2013 年	2014 年	2015 年	2016 年
社区卫生服务中心 1	6.96	5.53	6.53	6.39

续表

机构名称	2013年	2014年	2015年	2016年
社区卫生服务中心2	3.60	4.00	4.50	4.70
社区卫生服务中心3	5.00	5.00	6.00	6.00
社区卫生服务中心4	4.95	6.10	7.10	8.20
社区卫生服务中心5	5.23	4.81	4.83	6.37
社区卫生服务中心6	8.89	9.27	10.24	8.63
社区卫生服务中心7	3.78	4.03	5.02	5.37
社区卫生服务中心8	—	—	—	—
均值	5.49	5.53	6.32	6.52

注：社区卫生服务中心8统计数据缺失，不计入均值核算

2）经济收支状况

从机构收支状况来看，城市医联体成立后，2016年样本基层医疗卫生机构平均总收入较2015年增长2.53%，见表5。从总收入结构来看，2016年样本基层医疗卫生机构平均医疗收入较2015年增长7.78%；平均药品收入较2015年增长7.78%；平均财政补助收入较2015年增长5.19%。从总支出结构来看，城市医联体成立之后，2016年基层医疗卫生机构药品支出较2015年增长10.92%；在岗人员工资福利支出较2015年增长2.80%；离退休人员支出较2015年下降0.63%。

表5　2013～2016年样本基层医疗卫生机构总收入和总支出情况（单位：万元）

机构名称	机构总收入				机构总支出			
	2013年	2014年	2015年	2016年	2013年	2014年	2015年	2016年
社区卫生服务中心1	1585.16	1060.25	1329.66	1318.52	1251.85	1060.20	1329.55	1308.58
社区卫生服务中心2	338.72	665.41	900.72	1008.59	221.82	620.17	847.49	1008.59
社区卫生服务中心3	825.69	868.70	1203.74	1066.28	824.87	794.13	1055.79	984.55
社区卫生服务中心4	1390.60	1674.50	2049.30	2303.40	1240.30	1381.00	2332.90	2123.60
社区卫生服务中心5	923.17	895.11	1036.17	1003.63	982.62	914.18	955.40	943.65
社区卫生服务中心6	935.90	875.99	1038.03	993.81	911.04	885.30	989.12	949.43
社区卫生服务中心7	756.35	1129.25	1049.87	1115.12	721.84	782.47	890.77	1150.58
社区卫生服务中心8	1516.43	1493.84	1555.32	1610.32	1515.21	1573.46	1734.14	1505.24
均值	1034.00	1082.88	1270.35	1302.46	958.69	1001.36	1266.90	1246.78

3）服务提供情况

从门急诊人次数来看，2015年城市医联体成立后，2016年样本基层医疗卫生机构总门急诊人次较2015年增长11.89%。从住院人次数来看，2016年样本基层医疗卫生机构总住院较2015年增长14.88%。从双向转诊人次数来看，2016年总上转患者人次数是2015年的4.21倍，总下转患者人次数是2015年的4.52倍，见表6。从上转患者人次占总诊疗人次比例来看，2016年上转至某三级医院患者人次占其总诊疗人次比例为2.49%。从下转患者人次占总诊疗人次比例来看，某三级医院下转患者人次占其总诊疗人次比例为1.64%。从健康档案数量来看，2016年样本基层医疗卫生机构建立健康档案数量较2015年增长4.25%。

表6　2013～2016年样本基层医疗卫生机构双向转诊情况（单位：人次）

机构名称	上转患者人次数				接受上级医院下转患者人次数			
	2013年	2014年	2015年	2016年	2013年	2014年	2015年	2016年
社区卫生服务中心1	—	200	180	192	—	—	—	—
社区卫生服务中心2	—	—	40	383	—	—	16	93

续表

机构名称	上转患者人次数				接受上级医院下转患者人次数			
	2013年	2014年	2015年	2016年	2013年	2014年	2015年	2016年
社区卫生服务中心3	791	261	1058	1869	761	52	752	1421
社区卫生服务中心4	242	193	275	4158	142	165	254	4015
社区卫生服务中心5	31	60	37	134	28	172	316	513
社区卫生服务中心6	90	125	105	98	—	—	—	—
社区卫生服务中心7	—	—	41	426	—	—	—	—
社区卫生服务中心8	—	—	58	285	—	—	—	—
总计	1154	839	1794	7545	931	389	1338	6042

4）医护人员主观感受和工作满意度

调查结果显示，在医护人员收入状况方面，医护人员对收入满意度较低，基层医疗卫生机构医生收入满意度略高于护士。在工作强度方面，基层医疗卫生机构医护人员工作强度低于某三级医院医护人员工作强度，基层医疗卫生机构医生工作强度大于护士工作强度。在工作量方面，分别有60.4%和58.3%的医生和护士认为有很多工作需要完成。在医护人员工作压力方面，分别有56.9%和41.4%的社区卫生服务中心的医生和护士表示感觉工作压力很大。在医护人员工作紧张程度方面，分别有55.2%和43.1%的社区卫生服务中心的医生和护士表示感觉工作紧张程度高。在医护人员接受培训方面，分别有52.9%和70.7%的医生和护士表示在近2年内未接受3个月以上培训。在医患关系方面，医患冲突较少，19.3%的社区卫生服务中心的医生表示曾与患者产生语言冲突，较某三级医院63.47%的医生与患者曾产生语言冲突低44.17个百分点；13.1%的社区卫生服务中心的护士表示曾与患者产生语言冲突，较某三级医院29.47%的护士曾与患者产生语言冲突低16.37个百分点。在城市医联体建立后工作感受方面，多数医护人员认为医联体建立后医护人员工作量略有增加，医护人员收入水平没有变化，自身医疗水平略有提高，机构医疗设备和技术水平略有提高，但工作条件没有变化。

5）小结

城市医联体建立后，部分基层医疗卫生机构基础设施建设得以发展；基层医疗卫生机构卫生人力在岗人数增加，但在编人数减少；各基层医疗卫生机构收支情况存在差异；基层医疗卫生机构诊疗人次有所上升，但服务效率有待提高；双向转诊人次大幅提升，但占总诊疗人次比例仍较低；基层医护人员能力有所提升。总体来看，首先，基层医疗卫生机构医护人员收入满意度低，工作压力大，工作紧张程度较大；其次，基层医疗卫生机构医患关系状况较好；再次，收入和工作能力是基层医护人员最期望改善的方面，离职意愿较高；最后，城市医联体成立后，医护人员工作量增加，基层医疗技术水平和设备有所提升。

四、西安市城市医联体运行患者行为分析

（一）门诊患者行为分析

1. 门诊患者就诊满意度

1）某三级医院门诊患者满意度

调查显示，某三级医院门诊患者对医院的医疗服务满意度的平均得分为77.3分。在门

诊患者的“就诊流程”“就诊体验”“就诊环境”“整体评价”“医患关系”五个评价维度中，“就诊体验”维度得分最高（82.1 分），“整体评价”维度得分最低（72.8 分）。在分项得分中，“乘坐电梯便捷”“本次就诊的药费可以接受”“为了创收，医生过度开药或过度检查是普遍现象”“本次就诊的检查（化验、心电、影像等）费用可以接受”得分较低。

调查显示，在某三级医院门诊患者调查中，“候诊时间”与“就诊等待检查时间”最长时间均为 180 分钟，“挂号排队时间”与“等待取药时间”最长时间分别为 120 分钟、150 分钟，而“与医生沟通时间”最长时间为 40 分钟。门诊患者“候诊时间”的平均时间最长，为 40.1 分钟；门诊患者“与医生沟通时间”的平均时间最短，为 9.5 分钟。

2）基层医疗卫生机构门诊患者满意度

调查显示，社区卫生服务中心门诊患者对医院的医疗服务满意度的平均得分为 80.4 分。在门诊患者的五个评价维度“就诊流程”“就诊体验”“就诊环境”“整体评价”“医患关系”评价得分中，“就诊体验”维度得分最高（84.9 分），“医患关系”维度得分最低（75.2 分）。在分项得分中，“为了创收，医生过度开药或过度检查是普遍现象”“我认为，近两年来医患关系正在好转”得分较低，分别为 72.6 分、70.1 分。“就诊流程”维度的分项中，体验过预约、多样缴费方式等的患者人数较少。

调查显示，在社区卫生服务中心门诊患者调查中，“就诊等待检查时间”最长时间为 180 分钟，“等待取药时间”最长时间为 150 分钟，“候诊时间”最长时间为 120 分钟，“挂号排队时间”和“与医生沟通时间”最长时间均为 40 分钟。门诊患者“就诊等待检查时间”平均时间最长，为 24.9 分钟；门诊患者“与医生沟通时间”的平均时间最短，为 8.8 分钟。

2. 门诊患者转诊意愿

1）门诊患者首诊流向

调查显示，79.2%的门诊患者赞成社区首诊，20.8%的门诊患者不赞成社区首诊。门诊患者首诊医疗卫生机构选择流向依次为“社区卫生服务中心”“药店买药”“省级医院”“市级医院”“区级医院”等，见图 1。

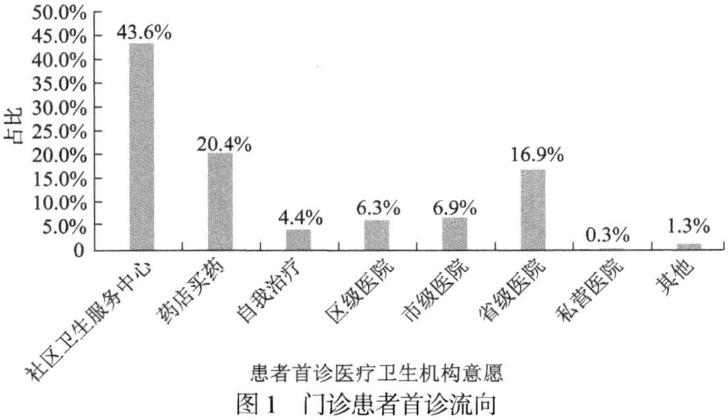

图 1　门诊患者首诊流向

本图数据因进行了约分，可能存在比例合计不等于 100%的情况

2）某三级医院门诊患者下转情况及意愿

调查显示，某三级医院门诊患者中有 16.3%的门诊患者有过从上级医院下转到社区卫

生服务中心的经历，83.7%的门诊患者没有过下转经历。在某三级医院门诊患者下转意愿调查中，58.8%的门诊患者选择了愿意下转，41.2%的门诊患者选择了不愿意下转。对于不愿意下转的患者，不愿意下转的原因主要为“不信任社区卫生服务中心医生诊疗水平”“缺少治疗必需检查设备”“就医环境差”“缺少治疗必需药品”等，见图2。

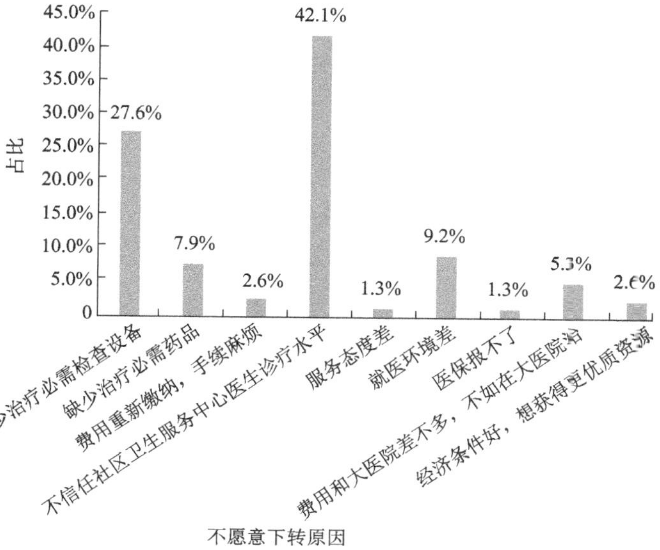

图2　某三级医院门诊患者不愿意下转原因

本图数据因进行了约分，可能存在比例合计不等于100%的情况

3）基层医疗卫生机构门诊患者上转情况及意愿

调查显示，社区卫生服务中心门诊患者中有89.0%的门诊患者没有从社区卫生服务中心上转到上级医院的经历，11.0%的门诊患者有过上转经历。在上转意愿调查中，98.3%的门诊患者选择了愿意上转，1.7%的门诊患者选择了不愿意上转。对于不愿意上转的患者，不愿意上转的原因主要为“离家太远，交通不便”“费用需要重新缴纳，很麻烦”“费用比社区卫生服务中心贵很多”等，见图3。

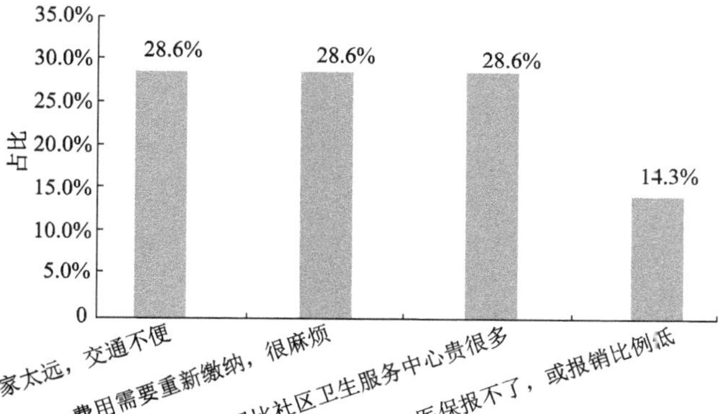

图3　基层医疗卫生机构门诊患者不愿意上转原因

本图数据因进行了约分，可能存在比例合计不等于100%的情况

3. 门诊患者对城市医联体制度的满意度

1）门诊患者城市医联体制度满意度

调查显示，对现行的城市医联体制度的满意度，18.9%的门诊患者选择了非常满意，55.7%的门诊患者选择了比较满意，16.9%的门诊患者选择了一般，8.5%的门诊患者选择了不满意。对城市医联体制度不满意的原因主要为“医疗机构之间缺乏信息共享和沟通交流”“社区卫生服务没有充分发挥作用”“感觉变化不大”“没有统一的双向转诊标准和制度”等，见图 4。

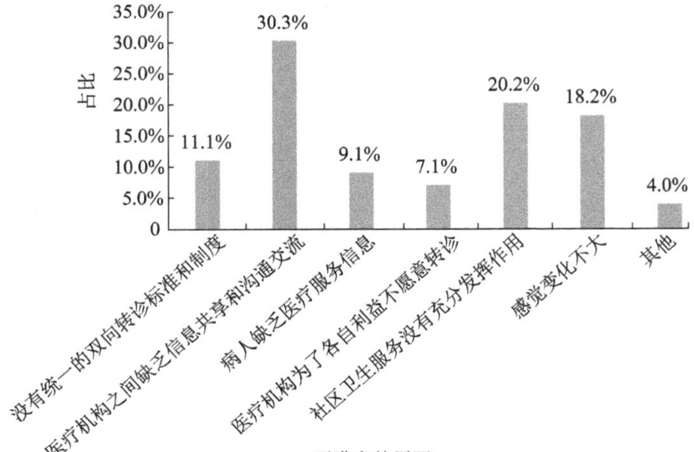

图 4　对城市医联体不满意的原因

2）转诊决定权

调查显示，门诊患者认为转诊决定权主要在于“患者”“医生”“医保机构”，见图 5。

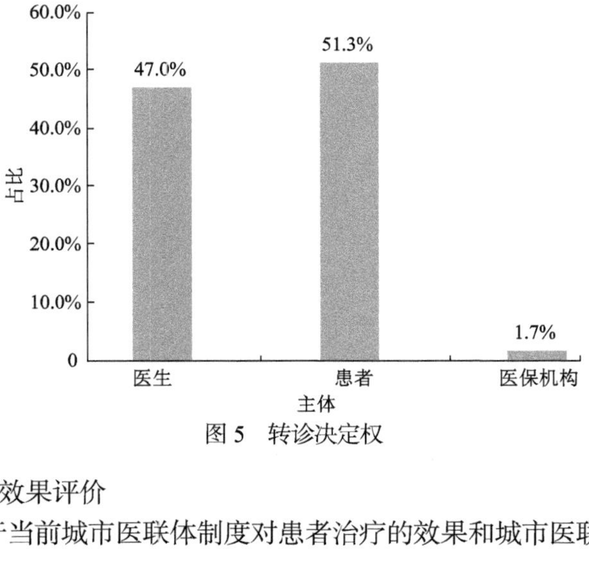

图 5　转诊决定权

3）城市医联体效果评价

调查显示，对于当前城市医联体制度对患者治疗的效果和城市医联体制度对患者经济风险保护效果，大部分门诊患者在评价中选择了“较有利”或“一般”，少数门诊患者认为“很不利”。见图6、图7。

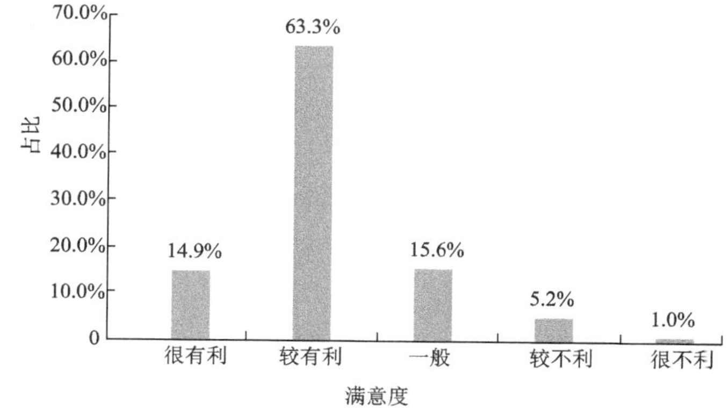

图6 对城市医联体制度的治疗效果满意度

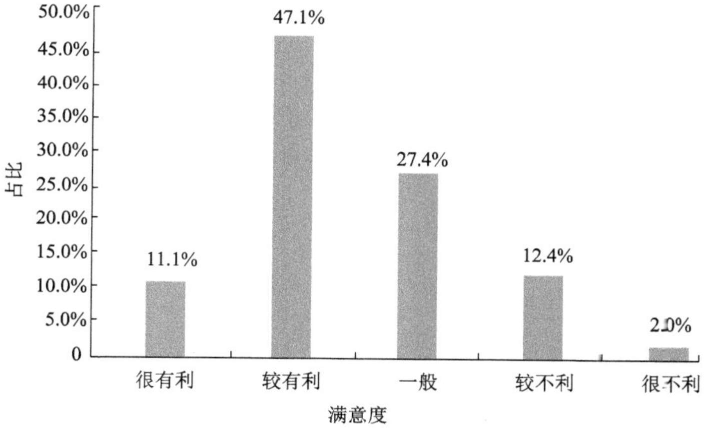

图7 对城市医联体制度节省费用满意度

4）门诊患者对社区卫生服务中心的需求

调查显示，门诊患者对社区卫生服务中心的需求主要为“提高医护人员业务水平”“加强基础设施建设”等，见图8。

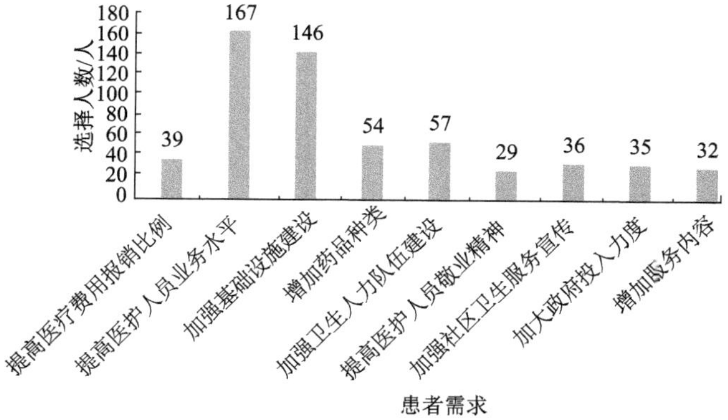

图8 门诊患者对社区卫生服务中心的需求

（二）住院患者行为分析

1. 住院患者就诊满意度

1）某三级医院住院患者满意度

调查显示，某三级医院住院患者对医院的医疗服务满意度的平均得分为 82.4 分。在住院患者的四个评价维度“就诊体验”“就诊环境”“整体评价”“医患关系”评价得分中，“就诊体验”维度得分最高（89.2 分），“整体评价”维度得分最低（75.3 分）。在分项得分中，“本次就诊的检查（化验、心电、影像等）费用可以接受”“本次就诊的药费可以接受”“卫生间清洁无异味”“本次就诊的医疗服务（挂号、处置）费用体现了医护人员的劳动价值”“本次就诊费用明白合理”得分较低。

2）基层医疗卫生机构住院患者满意度

调查显示，社区卫生服务中心住院患者对医院的医疗服务满意度的平均得分为 88.2 分。在住院患者的四个评价维度“就诊体验”“就诊环境”“整体评价”“医患关系”评价得分中，“就诊体验”维度得分最高（91.0 分），“医患关系”维度得分最低（85.2 分）。在分项得分中，“我认为，近两年来医患关系正在好转”“为了创收，医生过度开药或过度检查是普遍现象”“本次就诊的医疗服务（挂号、处置）费用体现了医护人员的劳动价值”得分较低。

2. 住院患者转诊意愿

1）住院患者首诊流向

调查显示，在住院患者首诊流向方面，73.5%的住院患者赞成社区首诊，26.5%的住院患者不赞成社区首诊。住院患者首诊医疗卫生机构选择流向主要为“社区卫生服务中心”“药店买药”“省级医院”等，见图 9。

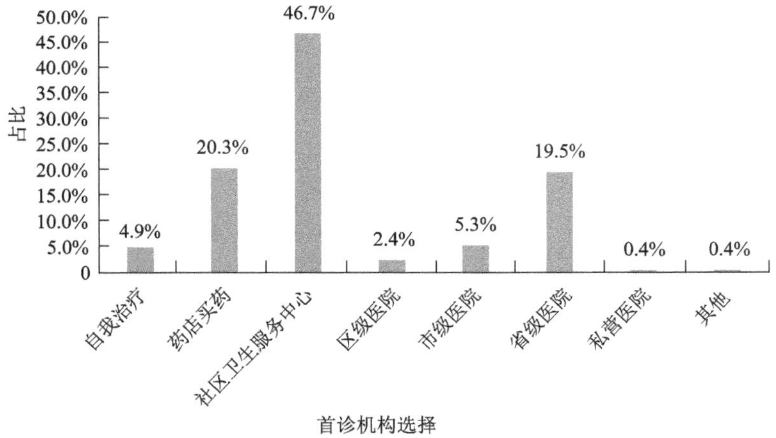

图 9　住院患者首诊机构选择

本图数据因进行了约分，可能存在比例合计不等于 100%的情况

2）某三级医院住院患者下转情况及意愿

调查显示，某三级医院住院患者中 3.4%的住院患者有过从上级医院下转到社区卫生服务中心的经历，96.6%的住院患者没有过下转经历。45.6%的住院患者选择了愿意下转，54.4%的住院患者选择了不愿意下转。患者不愿意下转主要原因为“不信任社区卫生服务中心医生诊疗水平”“缺少治疗必需检查设备”“缺少治疗必需药品”等，见图 10。

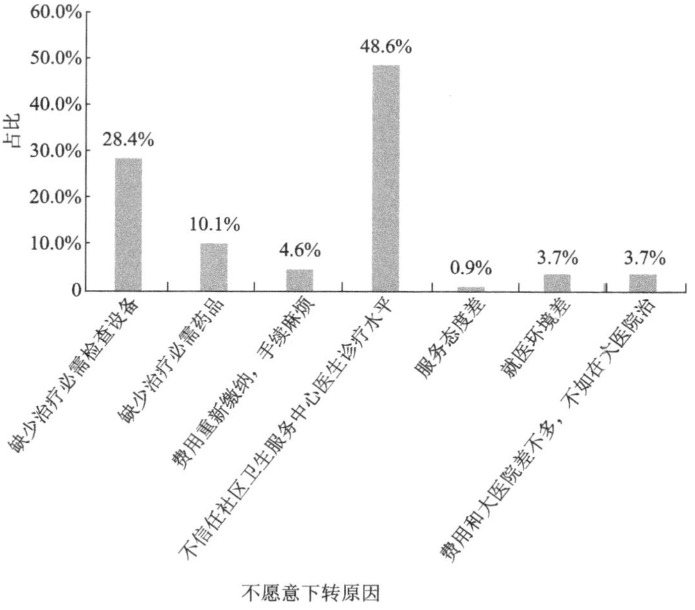

图 10　住院患者不愿意下转原因

3）基层医疗卫生机构住院患者上转情况及意愿

调查显示，社区卫生服务中心住院患者中有 81.4%的住院患者没有过从社区卫生服务中心上转到上级医院的经历，18.6%的住院患者有过上转经历。社区卫生服务中心住院患者中 93.8%选择了愿意上转，6.2%选择了不愿意上转。不愿意上转的患者只有三名，原因为“费用比社区卫生服务中心贵很多”“离家太远，交通不便”。

3. 住院患者对城市医联体制度的满意度

1）住院患者城市医联体制度满意度

调查显示，对于现行的城市医联体制度的满意度，18.8%的住院患者选择了非常满意，48.3%的患者选择了比较满意，18.8%的住院患者选择了一般，14.1%的住院患者选择了不满意。对城市医联体制度不满意的原因主要为“感觉变化不大”“医疗机构之间缺乏信息共享和沟通交流”“病人缺乏医疗服务信息”，见图 11。

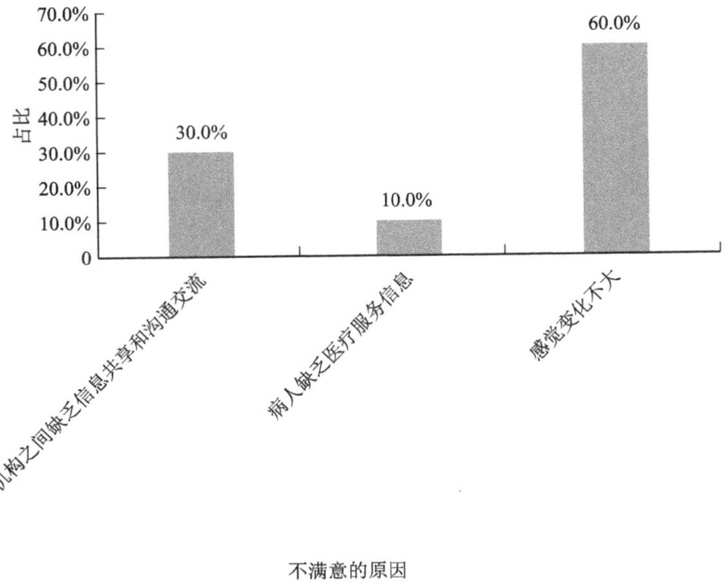

图 11　对城市医联体不满意的原因

2）转诊决定权

调查显示，住院患者认为转诊决定权主要在于“患者”“医生”“医保机构”，见图 12。

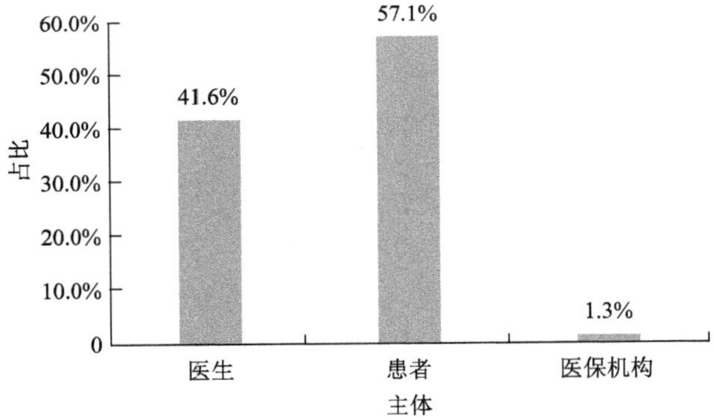

图 12　转诊决定权

3）城市医联体效果评价

调查显示，对于当前城市医联体制度对患者治疗的效果，大部分住院患者选择了“较有利”，约 1/3 的住院患者选择了“一般”。对于当前城市医联体制度对患者经济风险保护效果，大部分住院患者选择了“较有利”“一般”“很有利”。见图 13、图 14。

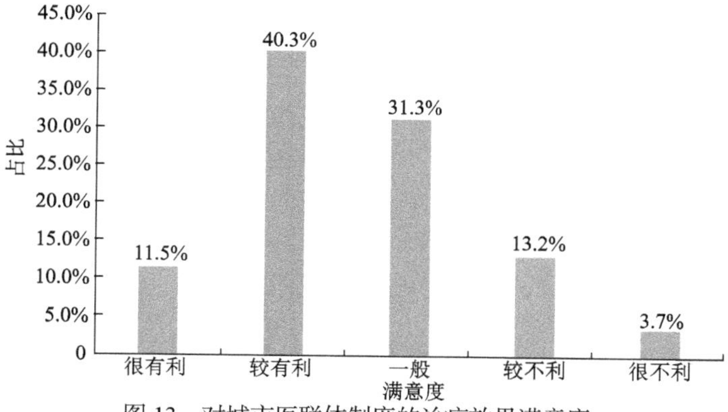

图 13　对城市医联体制度的治疗效果满意度

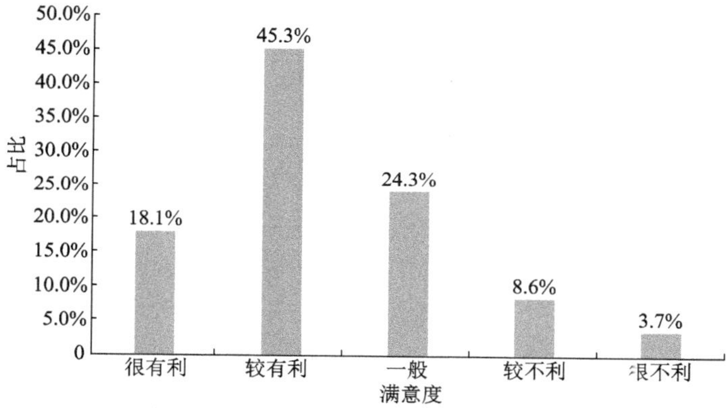

图 14　对城市医联体制度节省费用满意度

4）住院患者对社区卫生服务中心的需求

调查显示，住院患者对于社区卫生服务中心的需求主要为“加强基础设施建设”“提高医护人员业务水平”“加大政府投入力度”等，见图 15。

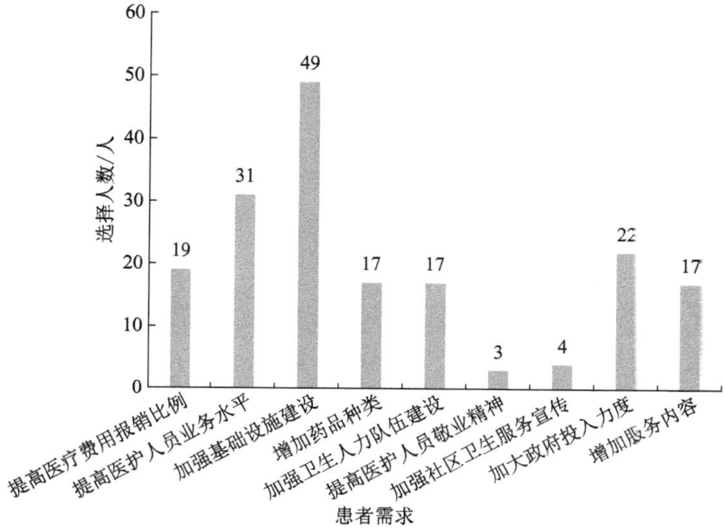

图 15　住院患者对社区卫生服务中心的需求

（三）小结

1. 分级诊疗社区首诊与首诊选择不匹配

门诊患者调查显示：79.2%的门诊患者赞成社区首诊，但只有 43.6%的门诊患者选择在“社区卫生服务中心”就医。住院患者调查显示：73.5%的住院患者赞成社区首诊，仅46.7%的住院患者选择在“社区卫生服务中心”就医。

2. 基层医疗卫生机构患者就诊满意度高于某三级医院

门诊患者调查显示：某三级医院在“就诊流程”和“医患关系”维度得分高于基层医疗卫生机构，在“就诊体验”“就诊环境”“整体评价”三个维度得分低于基层医疗卫生机构。住院患者调查显示：某三级医院住院患者满意度在“就诊体验”“就诊环境”“整体评价”“医患关系”四个评价维度得分上，均低于基层医疗卫生机构。某三级医院门诊患者和住院患者满意度均低于基层医疗卫生机构，其中医疗费用是影响某三级医院满意度的重要因素。

3. 患者下转意愿与实际下转率差距较大

某三级医院门诊患者下转意愿为 58.8%，实际下转率为 3.4%；基层医疗卫生机构门诊患者上转意愿为 98.3%，实际上转率为 13.6%。某三级医院住院患者下转意愿为 45.6%，实际下转率为 16.3%；基层医疗卫生机构住院患者上转意愿为 93.8%，实际上转率为 11.0%。转诊意愿高于实际转诊率，因“不信任社区卫生服务中心医生诊疗水平”，居民对双向转诊制度利用率不高。

4. 城市医联体实施效果未达到预期目标

调查显示，门诊患者对城市医联体制度实施非常满意的仅占 18.9%。住院患者对城市医联体制度实施非常满意的仅占 18.8%。城市医联体实施效果未达到预期目标，患者对城市医联体制度的知晓度低，转诊利用率不高，城市医联体内医疗卫生机构信息交流沟通不足，导致患者对城市医联体满意度较低。

5. 基层医疗卫生机构服务能力较弱

某三级医院城市医联体中的 28.1%的门诊患者认为应该提高医护人员的业务水平，24.5%的门诊患者认为应该加强基础设施的建设；27.37%住院患者认为应该加强基础设施的建设，17.32%住院患者认为应该提高医护人员的业务水平。说明基层医疗卫生机构技术水平较差、诊疗设备落后，基层医疗卫生机构服务能力较弱。

五、西安市城市医联体运行成效及存在问题

（一）西安市城市医联体运行成效

2015 年 4 月 14 日，《西安市医疗联合体建设工作实施方案（试行）》中提出建设城市医联体，截止到 2015 年 8 月，西安市城市医联体建设已覆盖 61 个社区，经过一段时间

的运行，已经取得初步成效。

1. 部分基层医疗卫生机构基础设施建设得以优化

城市医联体成立后，西安市部分基层医疗卫生机构基础设施建设得到优化。例如，某三级医院为社区卫生服务中心合理配置了医疗硬件，配备了全自动生化仪、数字化 X 射线摄影（digital X-ray radiography，DR）系统和彩超等先进设备，增设服务项目，原先到大医院才能检查的项目，实现了到社区就能检查，有效提升了社区卫生服务中心服务能力。同时，医院的高精尖设备作为社区卫生服务中心社区医疗的补充和发展，医院每周一、周三、周五派专车到托管社区卫生服务中心收集检验标本，并反馈二次检验结果，对需到医院做检查的患者实行免费接送。截止到 2016 年底，某三级医院城市医联体下的 8 家社区卫生服务中心基层医疗卫生机构，共接收城市医联体成员单位检验标本 8124 人次，增加了社区卫生服务中心的收入，通过扶助基层医疗卫生机构，合理配置医疗硬件，共享检查设备，建立信息共享平台，提高基层医疗卫生机构检查能力。

2. 基层医疗卫生机构卫生人力在岗人数增加

城市医联体成立后，西安市基层医疗卫生机构卫生人力有所增加。例如，2016 年，某三级医院城市医联体下的 8 家社区卫生服务中心在岗人数较 2015 年增长，从 526 人增长至 568 人，增幅为 7.98%；卫生技术人员数和执业医师数也较上一年增长，卫生技术人员数量从 409 人增长至 439 人，增幅为 7.34%，执业医师数从 165 人增长至 177 人，增幅为 7.27%。

3. 基层医疗卫生机构诊疗人次、双向转诊人次有所上升

城市医联体成立后，西安市基层医疗卫生机构诊疗人次、双向转诊人次有所上升。例如，某三级医院城市医联体下的 3 家社区卫生服务中心出院总人次由 2015 年的 2931 人次上升至 2016 年的 3367 人次，同比增长 14.88%；住院总日数由 2015 年的 28 765 日上升至 2016 年的 34 212 日，同比增长 18.94%。2016 年，莲湖区社区卫生服务中心门急诊共计 306 024 人次，出院 2970 人次，业务收入 3539.08 万元，较 2013 年分别增长 48.97%、109%和 166.7%。

（二）西安市城市医联体运行存在问题

西安市城市医联体初见成效，但在实际运行过程中仍存在诸多问题亟待解决，城市医联体运行过程中存在管理机制不完善、现有机制效果不明显、基层医疗卫生机构能力提升不足、居民对城市医联体形式认可程度不高等问题。最为明显的是“倒金字塔型”的就医格局并未改变，双向转诊实际效果不佳，大医院依旧人满为患，几家社区卫生服务中心却依旧门可罗雀。通过对某三级医院城市医联体的案例分析，西安市城市医联体运行存在以下问题。

1. 管理机制

根据城市医联体与分级诊疗相关政策，城市医联体所属医疗卫生机构均为独立法人单位，采取理事会治理结构，实现共同管理，政府部门的参与有利于协调医院与基层医疗卫

生机构的利益关系，保证了医联体政策顺利运行。但因行业管理，建立的管理机制落实尚有许多体制障碍。

2. 运行机制

根据城市医联体与分级诊疗相关政策，运行机制中包括基层医疗卫生机构服务能力建设、家庭医生签约制度和双向转诊制度等多项工作。但调研发现，运行机制政策实施效果与初衷尚有较大差距，主要存在以下问题。

1）基层医疗卫生机构服务能力不足，无法吸引患者基层就医

A. 基层医疗卫生机构人才“招不来”“留不住”“干不好”，制约基层能力提升

卫生人力是影响基层医疗卫生机构服务能力的核心要素，其数量、质量和能力决定了基层医疗卫生机构服务能力。但基层医疗卫生机构卫生人力面临“招不来”“留不住”“干不好”三大问题。

（1）“招不来”的主要原因在于招考的门槛较高，招考方式不灵活，基层医疗卫生机构缺乏招聘自主权，导致基层医疗卫生机构人才短缺。

（2）“留不住”的主要原因：无有效的激励机制，不能吸引有效骨干人才。基层医疗卫生机构医护人员工作满意度低，离职意愿高。

（3）“干不好”的主要原因：平均主义“大锅饭”考核机制；城市医联体对于解决基层医疗卫生机构人员不足、对患者吸引力低的恶性循环问题并不显著；强化公共卫生服务项目，弱化基层基本医疗服务。

B. 基层医疗卫生机构基础设施不完善，承接下转患者能力不强

（1）住院患者数量不足，存在资源浪费现象。城市医联体建立后，部分社区卫生服务中心床位有所增加，住院服务人次随之增加，但是也有一部分社区卫生服务中心住院服务人次偏低，床位利用效率不高，存在医疗资源浪费现象。

（2）基层医疗卫生机构缺少治疗必需检查设备，成为患者不愿意选择社区首诊和向下转诊的重要原因。

C. 居民对基层医疗卫生机构信任度不高，社区首诊遇冷

居民健康知识知晓率低，对疾病规律认知不够，在信息不对称的情况下，对基层医疗卫生机构医生诊疗水平缺乏信任。

2）家庭医生签约制度推行面临挑战

为落实分级诊疗制度，推进城市医联体建设，必须提升基层医疗卫生机构服务能力，家庭医生签约制度是城市医联体建设的关键环节，家庭医生签约制度存在考核机制不合理、激励机制不强、社区全科医生的服务能力和数量不足、信息化落后等问题，导致家庭医生“签而不约”，家庭医生有效服务率低，居民对基层医疗卫生机构服务的信任度低是家庭医生签约制度的最大短板。

3）双向转诊制度未实现，缓解“看病难、看病贵”目标任重道远

A. 居民对城市医联体知晓率不高

调查显示，居民对城市医联体的知晓程度和参与意愿偏低。数据显示，仅有 4%的居民“比较了解城市医联体”或者“十分了解城市医联体”，“没有听说过城市医联体”的

居民占48.5%。几乎所有受访者表示“不知道城市医联体绿色转诊通道”，绿色转诊通道未能发挥方便居民就医的作用。

B. 缺乏统一的双向转诊标准

在城市医联体内部，各医疗卫生机构的医疗技术水平参差不齐、自身定位不清晰等问题，导致患者的双向转诊随意性很大，缺乏规范性。造成缺乏统一的双向转诊标准的现象的主要原因为：城市医联体缺乏利益均衡机制；城市医联体缺乏分工协作机制；转诊机制不顺畅。

C. “孤岛”式信息系统无法实现城市医联体内信息共享

由系统技术构架、系统间衔接方式等诸多差异导致的信息化水平差距较大，短期内难以实现业务流程整合和医疗信息共享，对双向转诊绿色通道建立、患者档案交流管理、急危重症会诊、疑难疾病检查结果探讨等都造成了影响，故而建立一个城市医联体层面的信息系统平台成为亟待解决的问题。

3. 保障机制

根据城市医联体和分级诊疗政策设计，城市医联体发展涉及管理主体、财政补助、人员编制、激励机制、医保报销、考核监管等问题，调研显示：城市医联体内各级机构隶属于不同部门，有不同的行政管理部门、级别和功能定位，人员编制有限制，财政“分灶吃饭”，执行标准不同，缺乏统一、规范的政策指导，导致城市医联体内部在财务、医保、医药等方面难于衔接、统一配套，对城市医联体的发展起到了抑制作用。在财政补偿机制、医保配套政策和医药配套政策等方面存在以下问题。

1）缺乏创新的财政补偿机制

（1）虽然在行政命令下建立了城市医联体，但城市医联体内各医疗卫生机构资金补偿渠道并未发生变化，公立医疗卫生机构从相应隶属的政府部门得到财政补助。在原有财政补偿机制下，公立医疗卫生机构运行良好，对参加城市医联体的愿望和积极性不强。

（2）基层医疗卫生机构“收支两条线”的制度，一方面严重挫伤了基层医生提供医疗服务的积极性；另一方面挫伤了某三级医院帮扶基层医疗卫生机构提升服务能力的积极性。

2）医保支付政策不配套

在促进城市医联体分级诊疗过程中，现行医保政策未能提供政策管理手段，相反，医保政策不配套阻碍了城市医联体内分级诊疗。

（1）医保政策为配合城市医联体建设所设置的激励性和约束性政策力度不足。访谈中发现，对于转诊病人和直接到大医院就医的病人，在医保报销方面并无明显差异，医保的经济杠杆作用不明显，医保政策对转诊患者的实际激励效果不明显。

（2）医保转诊手续烦琐。双向转诊患者需要先办理出院手续和医保结算，再到接收医疗卫生机构办理住院手续，城市医联体内部医疗信息、医保信息未实现互联共通，流程较为烦琐。

（3）医保支付方式方面存在医保总额受限问题。医保对基层医疗卫生机构采取医保总额控制，基层医疗卫生机构在年末为了不突破总额，也不愿接受下转患者，形成“两头堵”患者的局面，给双向转诊的实施设置了障碍。

3）基层药品管理制度不符合居民需求

调研发现，基层医疗卫生机构缺少药品成为患者抵触社区首诊和向下转诊的主要原因。基层医疗卫生机构药品种类较少，这是由于国家基本药物制度，部分药品在基层药房不能供应；以及药品“三统一”政策，药品配送企业不愿配送利润低的常用药、便宜药，药品生产企业逐渐淘汰利润低的常用药、便宜药，导致基层医疗卫生机构基药供应不足。调研中部分患者反映，基层药品疗效欠佳，极大地影响了基层医疗卫生机构服务能力的发挥。

基层医疗卫生机构药品不全，给患者带来极大不便，一些级别较高的抗生素、止疼药等药物都是患者在大医院治疗之后在康复期使用的药物，但这些药基层医疗卫生机构都没有。对于一些下转患者，基层医疗卫生机构现有药品几乎无能为力。

六、完善西安市城市医联体政策建议

（一）强化城市医联体管理机制

城市医联体现有理事会管理机制设计及运行符合政策设计和规范，但应加强落实理事会管理职责，在城市医联体日常运行中发挥作用，避免流于形式。此外应设立监理会，对理事会和管理层的权力形成有效的监督与制约。

（二）完善城市医联体运行机制

应以提升基层医疗卫生机构服务能力为核心目标，以落实家庭医生签约有效服务为推进城市医联体发展的抓手，以完善双向转诊制度为重点，形成“基层首诊、双向转诊、急慢分治、上下联动”的合理有序就医局面。所以完善城市医联体运行机制具体包括以下几个方面。

1. 以提升基层医疗卫生机构服务能力为核心

1）加强基层医疗卫生机构人才队伍建设

通过“请进来”“走出去”，推进基层医疗卫生机构人事和薪酬制度改革，加强基层医疗卫生机构人才队伍建设[1]。“请进来”要求基层医疗卫生机构创新人才引进机制和完善医务人员工作的激励机制，吸引优秀人才；“走出去”要求三级医院通过城市医联体模式，破除医生多点执业障碍，通过鼓励、促进三级医院人员到基层医疗卫生机构指导、坐诊，对基层医疗卫生机构展开技术帮扶等形式，促进三级医院人员真正向基层下沉，切实提高基层医疗卫生机构服务水平。

2）完善基层医疗卫生机构床位设置，鼓励发展护理、康复床位

根据实际需要，通过适当增加基层医疗卫生机构床位数，提高基层医疗卫生机构住院服务能力，促进基层医疗卫生机构基本医疗服务能力建设，同时，要加强基层医疗卫生机构标准化、信息化、规范化建设，通过提升常见病、多发病等的诊疗能力，真正实现首诊在社区的目标。

为及时应对老龄化社会医疗卫生需求，要加强城市医联体内基层医疗卫生机构康复床位、老年护理床位建设，促进现有床位向康复床位、老年护理床位等转化，分层级、分阶段逐步建成“预防、治疗、康复”相结合的医疗卫生服务体系。

3）提高基层中医药服务能力，推广“治未病”服务

加强基层医疗卫生机构服务能力建设，应突出我国特有的中医文化特色，加强基层中医科、中药房建设，通过设置中医馆、国医堂等形式，切实发挥中医药在基层医疗卫生机构诊疗过程中的优势。同时，在老年人、儿童、孕产妇及慢性病人的健康管理过程中，要增加相关中医药内容，通过开展中医药健康管理，为社区居民提供中医药咨询、体质辨识及健康干预服务，推广、提升中医“治未病”理念和服务，从而大力提升中医药公共卫生服务能力。

4）促进就医、医保政策惠及全民，吸引居民社区首诊

在费用优惠、免费服务项目、方便群众就医等方面，要遵循“方便、实惠、优质”的原则，制定就医、医保惠民政策，并保证其真正落实，提高居民的参与度和积极性，使群众普遍受益，提升政府和医院形象。

2. 以落实家庭医生签约有效服务为抓手

家庭医生签约制度是落实分级诊疗的重要抓手[2]，让家庭医生成为居民的“健康守门人”，从治病向预防、康复转变，降低社会医疗支出，推进城市医联体制度发展，促进分级诊疗制度落地，减少患者就诊对大医院的依赖性，由家庭医生团队实现患者健康管理、社区首诊、双向转诊、基层康复，缓解“看病难、看病贵”问题。具体实施的相关措施包括应落实家庭医生签约有效服务，应让家庭医生签约与城市医联体制度相结合，采用签约服务费多方共担形式，尽快实现信息整合、联通、共享，以及建立家庭医生团队绩效考核机制。

3. 以完善双向转诊制度为重点

1）加大城市医联体、家庭医生签约制度的宣传力度，营造良好舆论氛围

第一，促进城市医联体建设，推广家庭医生签约制度，应首先加强各医疗卫生机构医务人员对城市医联体、家庭医生签约制度的了解，可通过宣传讲解、集中培训等形式，使医务人员对城市医联体、家庭医生签约制度的相关知识、运行流程形成充分认识；第二，促进城市医联体建设，推广家庭医生签约制度，要提高居民对城市医联体、家庭医生签约制度的知晓率，鼓励社区医务工作人员通过灵活多变的形式，为社区居民发放城市医联体、家庭医生签约制度的政策材料，通过宣传和讲解城市医联体、家庭医生签约制度，让更多居民了解城市医联体和家庭医生签约制度，引导居民基层首诊；第三，促进城市医联体建设，推广家庭医生签约制度，可通过举办义诊、免费体检等活动，通过网络、电视、报纸、微信、微博等形式，对城市医联体、家庭医生签约制度进行宣传。

2）完善双向转诊规范，明确分工协作机制

在城市医联体内畅通双向转诊绿色通道，有利于简化患者转诊手续，提高医疗效率。城市医联体内应尽快制定诊疗目录和诊疗规范，完善统一的双向转诊标准，制定各级医疗卫生机构的诊治范围和收治患者标准，简化转诊手续，使转诊更具规范性和可操作性[3]。

3）加强城市医联体信息一体化建设

信息化是管理现代化的必要手段。城市医联体信息化平台是基于健康档案的城市医联体卫生信息平台，在构建过程中，要注重信息系统的数据交换和共享机制的研发，促进城市医联体信息一体化建设。一方面，城市医联体应加强信息系统硬件一体化建设；另一方面，在信息系统软件建设上，不仅要实现业务流程整合、跨系统信息共享，而且要促进医生处方、检验结果互认等流程一体化建设。在建设过程中，政府、牵头医院、基层医疗卫生机构应各自承担责任，共同出资建设。

（三）完善城市医联体保障机制

城市医联体的发展，需要建立和完善财政、医保、医药等相关配套保障机制，健全城市医联体财政保障机制，发挥医保政策在城市医联体中的患者就医流向的引导作用，建立完善与城市医联体发展相适应的药物制度，解决基层药品配备不足问题[4]。完善城市医联体的措施具体包括以下几个方面。

1. 强化政府财政补偿责任

实现城市医联体可持续发展，提升城市医联体整体运行效率和服务水平，必须对城市医联体内不同层级医疗卫生机构的财政补贴机制进行调整，允许“收支两条线”的财政政策有所突破，设立相应激励机制，提高公立医院和基层医疗卫生机构积极性。首先，要强化政府的责任机制，创新财政补偿方式。其次，加大对城市医联体财政投入，建立针对三级医院的财政激励制度，对城市医联体建设建立针对三级医院的考核和奖惩制度，激发三级医院积极性。最后，针对基层医疗卫生机构给予一定政策优惠，允许“收支两条线”的财政政策有所突破。

2. 完善医保配套政策

医保制度是影响患者和各层级医院是否愿意双向转诊的重要因素。

（1）改革医保支付方式。医保支付方式对城市医联体医院下转患者、基层医疗卫生机构上转患者缺乏有效激励，应建立一个调动各级医疗卫生机构积极性的医保激励机制。

（2）改善城市医联体内部转诊便捷性。通过统一医保结算，保证患者有序就医，为双向转诊提供畅通渠道。

（3）继续扩大基层医疗卫生机构医保报销范围。鼓励基层医疗卫生机构通过签约将常见病、多发病、慢性病纳入管理并扩大相关病种医保报销范围，进一步发挥医保制度对城市医联体内防治结合的促进作用，引导患者到基层医疗卫生机构就医。

3. 扩充基层医疗卫生机构药品范围

（1）随着经济社会的发展，疾病谱、死亡谱发生重大变化，应根据目前疾病谱变化情况和相关治疗需求，及时调整基本药物目录，以满足患者用药需求[5]。在逐步统一核心医院与基层医疗卫生机构药品目录及品规前提下，城市医联体内医疗卫生机构要适度放宽基本药物目录，大医院应主动使用基本药物目录中的药品，基层医疗卫生机构应根据自身条件和居民用药需求，不断丰富基层医疗卫生机构药品库，满足居民治疗需求。

（2）实现医生处方互认，共享城市医联体药房资源。城市医联体用药一体化建设要求，城市医联体内成员单位开具的处方，都可在城市医联体内任何药房取药，同时，努力减少不同层级医疗机构药品报销差距，破除药品报销带来的分级诊疗障碍，保证社区首诊和康复转诊患者的用药需求。

参考文献

[1] 朱颖. 基层医疗机构加强卫生人才队伍建设的探索[J]. 中国卫生人才，2015，（9）：72-76.
[2] 陈岑. 家庭医生签约制度的分级诊疗效果研究——基于杭州市的调查[D]. 浙江财经大学硕士学位论文，2018.
[3] 钟艳宇，陈娟. 我国医联体中双向转诊制度的实施现状及对策[J]. 中国医药导报，2017，14（16）：154-158.
[4] 杨莉，程伟，张云，等. 区域“医疗联合体”几个机制建设问题的实践与研究[J]. 重庆医学，2015，44（24）：3450-3451.
[5] 肖爱丽，鄢琳，井春梅.《国家基本药物目录》覆盖疾病实地调研[J]. 中国药物警戒，2012，9（7）：401-409.

降低企业制度性成本的落实情况与政策建议

——以陕西省某市为例

袁 忆[①] 张 旭[②] 郭菊娥[③]

内容提要

降低企业制度性成本是中央降成本“组合拳”中的重要一环。本文通过实际调研陕西省某地级市8个县市区55家大中型企业，对基层政府降低企业制度性成本改革的落实情况进行评估和分析。在肯定现阶段改革成效的基础上，本文认为现阶段陕西省地方政府在生产要素供给、降低中小企业融资成本和基础设施建设等方面仍存在短板，并基于此提出进一步减低企业制度性成本的政策建议。

一、引 言

企业制度性成本是衡量一个地区营商环境的关键指标。降低企业制度性成本是我国宏观经济调控的主要目标和供给侧改革的重要内容，也是优化营商环境的根本举措[1]。2016年以来，中央和省相继出台了一系列降低企业成本的政策文件，并将降低制度性成本作为其中重要举措之一。随后各地市政府根据中央和省政策文件精神出台了相应改革政策，从制度层面为企业减负，激发企业活力。本文选择陕西省某市降低企业制度性成本改革落实情况为研究对象，通过对该市 8 个县市区 55 家大中型企业开展实地调研，了解基层政府职能部门对中央和省降成本政策措施，特别是市一级政府出台的降低企业制度性成本政策措施的落实情况，分析企业在经营过程中存在的制度性阻碍，最后围绕降低企业制度性成本政策落实过程中存在的问题，提出进一步降低企业制度性成本的对策建议。

① 袁忆，西安交通大学管理学院博士研究生。

② 张旭，西安交通大学管理学院副研究员，博士。

③ 郭菊娥，西安交通大学管理学院教授，博士。

二、评估依据及指标选择

本文在总结现有学者对企业制度性成本研究的基础上，结合中央、省、市各级降低企业制度性成本的相关政策文件，建立评估量表，并通过半结构化访谈、问卷调研、座谈讨论、文本挖掘、关键事件分析及对比分析等调研与研究方法展开调研和分析。

1. 制度性成本

制度性成本又称制度性交易成本，其概念来源于新制度经济学中交易成本的概念。交易成本的概念最初由 Coase[2]在论述企业的本质时提出，认为企业通过价格机制进行资源配置的活动本身存在费用，这个费用即交易成本。Arrow[3]在 Coase 的基础上指出交易成本的本质是维持“一个经济体系运行”的成本。Cheung[4]也将 Coase 的概念进行了延伸，认为“交易成本就是一系列制度成本，包括信息、谈判、起草和实施合约、界定和行使产权、监督管理的成本及改变制度安排的成本”。周其仁[5]用“体制成本”概括描述一系列制度带来的费用，认为人们所从事的一切经济活动都离不开制度的约束，其中既包括正式制度，如各种成文的法律、法规、政策、规章、契约等，也包括非正式制度，如价值道德规范、风俗文化习惯、意识形态等。换言之，制度性成本即企业作为一个经济体系中的微观主体承担的不受自身控制而是由所在制度环境产生的额外成本[6]。

制度性成本对研究企业成本具有重要意义[7]。对于企业制度性成本的具体构成，不同学者和专家提出了不同看法。世界银行和中国社会科学院财政与贸易经济研究所 2008 年选取开设新企业、备案产权、办理贷款及法院执行四个指标对当年中国营商环境进行评估，指出中国沿海地区企业制度性成本较低，营商环境较内地省区市更为宽松，其中上海位居世界第二[8]。李炳堃[9]认为制度性成本有宏观、微观之分，并从经济发展水平、政府转轨程度、劳动力受教育水平、信息获取便利性四个维度对我国 1997～2014 年宏观制度性成本进行了实证分析，指出降低企业成本应着眼于降低微观制度性成本。徐玨江[10]将企业制度性成本具体分解为社保成本、资金成本、税费成本、中介服务成本及要素成本，在此基础上对西北某省 20 家大中型企业进行了调研，并给出相应改革建议。

2. 评估指标的建立

2015 年 12 月 18 日召开的中央经济工作会议把“降成本”列为 2016 年我国经济工作五大任务之一，并将降低制度性交易成本作为企业减负的重要内容。2016 年 8 月 8 日，国务院印发《国务院关于印发降低实体经济企业成本工作方案的通知》（国发〔2016〕48 号）。2016 年 9 月 9 日，陕西省人民政府印发《陕西省人民政府关于印发供给侧结构性改革降成本行动计划的通知》（陕政发〔2016〕38 号）。2016 年 10 月，陕西省某市委全面深化改革领导小组第十七次会议原则通过了《关于加快推进供给侧结构性改革的实施意见》。2018 年 2 月陕西省某市政府第十八次常务会议和陕西省某市委全面深化改革领导小组会议研究审定了《深入推进“放管服”改革积极开展“营商环境提升年”和“行政效能提升年”工作实施方案》和《优化提升营商环境“10+3”行动方案》。

在解读中央及地方“降成本”政策文件精神和归纳总结学者关于企业制度性成本研究

的基础上，本文认为评估制度性成本对企业的影响需要同时考虑由中央和地方政策及规划直接决定的宏观制度性成本，以及经营生产过程中不受企业控制的非市场行为因素，即微观制度性成本。基于此，本文构建了企业制度性成本评估指标体系，具体包括宏观制度性成本和微观制度性成本 2 个维度，6 个一级指标，18 个二级指标，具体如表 1 所示。

表 1　企业制度性成本评估指标

评估维度	一级指标	二级指标
宏观制度性成本	制度环境	行政审批制度改革落实情况
		商事制度改革落实情况
		补贴政策
	经济环境	基础设施建设
		市场准入门槛
		市场公平性
	税费环境	税金支出
		行政事业性收费和政府性基金支出
		社保支出
微观制度性成本	融资环境	直接融资成本
		间接融资成本
		国企和民企融资成本差异
	要素环境	人工成本
		用能成本
		原材料成本
	行政服务	办事效率
		执法公正性
		信息公开程度

三、改革成效

根据调研结果，陕西省某市近年来降低企业制度性成本的系列政策措施正在逐步落实，成效开始显现。其中企业获得感最为明显的是行政审批改革后企业办理各项业务时效率明显提升，切实降低了企业的时间成本。改革措施落实后地区营商环境不断优化，企业投资意愿和投资信心明显增强。

1. 降成本政策效能得到企业认可

从实地调研情况看，企业税费、融资、人工、用能、用地、物流六大成本上升势头均得到不同程度的减缓，对促进企业转型升级等发挥了重要作用。在走访调研中，83.3%的企业认为降低行政审批成本政策有效，66.7%的企业认为降低融资成本和企业税费政策有效，55.6%企业认为降低人工成本政策有效，61.1%的企业认为降低生产要素成本政策有效，77.8%的企业认为降低物流运输成本政策有效。

随着各项改革措施的落地，该市在陕西省营商环境监测评价中的排名不断前移，综合排名由 2017 年的第 8 位上升到 2018 年前三季度的第 6 位，在 31 项考核指标中有 24 项好于全省平均水平，其中用水报装办理环节数、申请材料数量、获得电力申请材料数量、用气报装办理环节数、申请材料件数量、不动产登记办理成本 6 项指标为全省最优。

2. 行政审批改革效果明显

政府职能“错位”、“越位”和“缺位”是造成企业高制度性成本的重要原因。推进行政审批制度改革，理顺政府与企业、市场、社会的关系是从根源上降低企业制度性成本的重要举措。该市强力推进简政放权，促进政府职能转变，优化提升行政效能，积极开展行政审批制度改革、“三集中三到位”改革、“最多跑一次”改革、“减证便民”专项行动等多项改革。通过开通企业登记网上办理系统，在市政务服务中心设立“证照分离”登记窗口，实现所有企业登记业务网上办理。同时，该市自主取消行政审批事项 229 项，下放 146 项，群众和企业到市级部门办事最多跑一次或者不见面即可办结的事项由 2017 年的 413 项增加到 2018 年的 558 项，占到市级部门面向群众办理事项的三成以上，明确凡省市级重点项目即报即批，其他项目一律缩短至两个工作日内办结。“一枚印章管审批”改革试点扩展到 8 个县市区。

3. 营商环境得到明显改善

一系列“降成本”改革措施相继实施后，该市营商环境得到明显改善，企业投资意愿显著增强，2018 年前 10 个月全市新增各类市场主体 34 281 户，超出上年全年数量。首先，小微企业融资环境和税负成本得到改善。截至 2018 年 6 月末，单户授信总额 1000 万元（含）以下的小微企业贷款余额为 170.92 亿元，同比增速为 5.33%；有贷款余额 32 424 户，较上年同期增多 1387 户；为小微企业减免增值税及所得税 6600 余万元。涉企收费和中介服务费用明显下调，取消雷击风险评估费、防雷设计技术评价费、防雷随工和竣工检测费 3 项涉企收费，每年减轻企业负担 600 多万元，清理房屋转让手续费、设备监理单位资格评审费、产品质量监督检验费等 19 项实行行政事业性收费管理的行政审批中介服务收费，每年减轻企业负担 2200 多万元，降低税控系统产品及维护服务费价格，每年减轻企业负担 325.87 万元。其次，企业用能成本有所降低，2017 年全市规模以上工业增加值能耗为 0.6477 吨标准煤/万元，同比下降 7.95%，为历年来最大降幅。最后，物流成本得到管控，该市政府将物流用地的“净地”供应时间原则上控制在 3 个月以内，2018 年 5 月 1 日至 2019 年 12 月 31 日，对物流企业承租的大宗商品仓储设施用地减半征收城镇土地使用税；2018 年 7 月 1 日至 2021 年 6 月 30 日，对挂车减半征收车辆购置税。

四、存在的问题

降低企业制度性成本牵涉方面众多，容易受到企业内外多种因素的影响制约。在充分肯定基层政府为降低企业制度性成本所做的工作的同时，本文认为目前企业在制度性成本方面仍面临多方面问题和困难。

1. 行政审批成本有待进一步降低

大部分企业表示尽管近年来行政审批效率提升明显，审批程序更加透明，但行政审批总体成本有待进一步降低。行政审批成本包括行政审批的管理流程、审批进度、中介服务和商事制度等给企业带来的时间、人工与资金成本。调研表明，部分企业对降低行政审批成本改革的“获得感”较弱，少数企业提出部分审批中介仍以“隐蔽”方式继续存在，部分涉企事项审批流程和时间仍然较长。

首先，行政审批改革部分设计存在缺陷导致企业成本增加。部分涉企审批事项在委托下放过程中未能充分考虑企业运营实际，导致企业在“办事”过程中“来回跑”，增加了时间和资金支出。例如，有药店连锁企业反映，药品行政许可下放前，在市一级部门统一办理，下放至县市区后，由于企业门店众多需要多地办理，工作量明显增加。再如，由于该市县一级部门没有办理出口退税、结汇和外汇等业务的权力，进出口企业需要为办理如支付出口海运费等事项，频繁往返于市县之间，增加了企业的时间、人工和资金成本。

其次，部分审批事项的办理效率有待提升。尽管审批制度改革后，政府部门办理审批事项的效率较之前有了大幅度提升，但部分事项的审批效率和企业的实际需求仍有差距，有待进一步提升，且部分常规项目的办理效率明显存在人为降速问题。例如，有企业表示目前办理施工许可证的审批环节较多，最快需要一个月时间，慢的时候直到项目施工结束才能拿到许可证，致使企业施工队进场后面临直接施工违法，等待许可证将产生窝工浪费的尴尬局面。

最后，财政补贴与资金扶持管理流程有待优化。目前项目资金财政补贴兑现流程长、时间久，扶持补贴与无息贷款审批过程不透明，企业获得政府扶持政策信息渠道不畅等问题仍然存在。例如，有企业反映，企业项目申请属地化管理后，原来可以直接申报陕西省的项目，现在必须按区、市、省层层上报，项目获批后扶持资金再层层下拨，导致流程长且难以追踪进度。还有企业反映，在扶持资金上，政府在不同时期会偏向不同类型的企业，但是申报企业无处获取政策信息，容易盲目申请，浪费精力或错失扶持资金的申请机会。

2. 税费减负的改革效能尚未充分释放

调研表明，营改增、费改税等税费改革政策实行后，企业总体税费负担下降，但是部分政策在具体执行过程中规范性不足，人为因素影响改革效能。

首先，部分涉企行政收费缺乏明确标准。例如，有企业表示其所在园区未设生活区，基本没有生活垃圾，地方政府依然按照企业员工数量和占地面积，以当地标准收取生活垃圾处理费用，企业每月需缴纳3万元左右。还有企业表示，建设期间政府要求缴纳的押金在工厂建成之后一直未退还，后又将押金变更为费用，但开具的仅是一张收据，不是收费发票，导致企业难以入账销账。

其次，企业社保负担增长过快。几乎所有企业表示，社会在岗职工年平均工资（以下简称社平工资）向上调整太频繁且不符合当地经济实际水平，各项社保缴纳成为企业沉重负担。特别是对劳动密集型企业，由于当地工资普遍低于社保最低缴纳标准（社平工资的60%），按照该标准缴纳后将为企业带来巨大负担，导致企业陷入亏损。调研发现，陕西省社平工资（2017年度陕西省社平工资为67433元）比浙江省（2017年度浙江省社平工资为61099元）还高。受访企业表示，该市各县市区的社保参照标准远超当地平均收入，如某县社保参照标准中医疗依照市社平工资标准，养老依照省社平工资标准，工伤依照省社平工资标准，失业依照省社平工资标准，均高于当地人均收入。

最后，检验检测与中介评估费用居高难下。尽管政府通过市场化、取缔“红顶中介”和发布费用清单等手段对检验检测及中介评估市场进行了规范。但客观上企业检验检测和中介评估等费用仍然较高，甚至存在隐形费用支出。例如，有企业表示，食品行业检测费用成本较高，同样产品的不同包装规格都要检测，超过 2 万元。生产设备、水质和产品每一个季度都需检测一次，且检测人员需企业接送，检测隐形费用高。环保部门废水、废气每周固定检测且随机抽查，第三方检测报告一年 4 次，一次费用为 22 000 元。

3. 地方生产要素供应仍有短板增加了企业成本

生产要素是企业进行经营活动时所需要的各种重要社会资源，包括劳动力、自然资源、资本和能源等。受访企业表示，人才短缺已经成为掣肘企业发展的重要制约因素。在能源方面，2018 年基础用能价格与以前相比没有变化，保持在每度电 0.70 元左右，天然气每立方米 2.30 元左右，但当地在能源供给上存在短板。生产要素供应短板具体表现在以下三个方面。

首先，人才供给难以满足企业需求。目前县级地区人才总量仍然偏少，层次结构不优，长期存在急需紧缺的高层次人才引进难、留住难、培养难、作用发挥难的问题。由于县级地区工资、教育和医疗等资源供给水平都相对低于城市地区，县域人才外流现象较为明显。有企业表示，所在县域严重缺乏技术人员，只能从外地招聘，不仅成本高且难以长期留住人才。还有企业表示，当地员工职业素质明显低于城市地区，工作态度随意性大，不遵守公司章程，增加了企业的运营和管理成本。事实上，随着各县市区招商引资政策的落实和企业数量的增加，未来人才缺口会更加明显。

其次，电力供应质量不稳定增加了企业成本。工业企业对电力供应依赖程度较高，县一级地区电网建设多为民用电网，电压不稳定。工业专用电网建设速度难以满足企业对高质量供电的需求，特别是部分工业园区没有专用电网，供电质量不稳定导致的突然断电影响了企业的正常生产经营，增加了企业的设备维护维修成本。有企业表示，所在地区供电质量不稳定，故障较多，一年平均突发 3～4 次停电无通知事件，除影响生产活动外，还会引起线路板损坏，客观上增加了企业成本。另外，直供电政策方面，目前由于直供电环节复杂，设备首次建设成本高，但节省的电费成本较少，占比不足千分之三，效果欠佳。

最后，煤改气后天然气供给不足影响企业生产。煤改气后该市存在天然气供应紧张的问题。特别是冬季期间因政府需要全力确保居民供暖，导致企业因缺少天然气供应无法正常生产，严重影响生产活动。企业表示，每年 11 月至次年 2 月天然气明显供应不足。2017 年最坏的情况为每天仅能生产 4 小时，冬季生产设备平均每天闲置 12 小时，企业需高价买配送气或罐装气，价格较高（比平时贵 5 元多），导致其冬季成本急剧增加，严重影响生产利润。

4. 中小企业融资难、融资贵问题突出

融资成本是指企业从银行等金融机构贷款过程中发生的时间、人工与资金成本，包括评估、审计和法律服务等融资服务中介机构收取的管理费用。总体上中小企业的融资环境正在朝良性方向发展，但融资政策的具体落实过程依然存在改进空间。

首先，银行贷款程序复杂增加间接成本。企业从银行贷款存在银行指定评估单位的现象。市场上取得评估资质的评估机构有很多，但部分银行以无法在网络内查到为由，拒绝承认部分由资质评估单位出具的评估结果。另外，银行要求必须通过第三方担保贷款，不能直接抵押。有企业反映，目前银行流动资金贷款转贷的手续烦琐，流动资金贷款期限比较短。还有企业表示，银行贷款流程不规范，公司贷款需要董事长的私人财产作担保，并要求董事长及其家属到场签字、照相，甚至在放款时会要求企业先支付利息才会发放贷款。

其次，民营企业通过银行贷款融资的利率高。大部分民营企业表示，不能在利率较低的四大国有银行贷款，只能选择成本较高的信用合作社等地方银行融资，导致融资成本较高。有企业反映，从地方性商业银行（如秦农银行和西安银行）贷款，利率是 7%～8%，且需额外支付 5%的第三方担保费用，总共加起来利率高达 12%～13%。

最后，民营企业的抵押物范围小、贷款额度低。民营企业表示向银行贷款时，只能质押房产和土地，其他如信用、专利、库存、设备等无法作为质押物，只有国企可以通过抵押应收账款进行贷款。难以从银行获取贷款的问题在科技型企业，特别是新创科技型中小企业身上尤为突出。一方面，科技型企业以设备和知识产权作为抵押物通常估值较低，难以贷款；另一方面，银行评估主要看固定资产，科技型企业很多设备不是通用设备，设备实际价值较高，但估值和抵押率较低。

5. 其他政府性因素导致企业成本上升

除上述问题外，还存在因地方政府行为，特别是非政策引起的人为因素导致企业成本增加的现象。

首先，存在招商引资对企业承诺未及时兑现现象。调研中招商引资企业表示，政府在招商引资时承诺的各项税收及土地费用返还政策兑现过程十分缓慢，很多政策已经过去多年都还未兑现，特别是在政府部门领导换届后，税收及土地费用返还政策更加难以落实。有企业反映，地方新上任政府领导往往不承认前任领导在招商引资时承诺的税收政策优惠，导致企业需要补缴税款。另外，部分地区政府领导存在企业建成后闭口不谈引进企业时承诺的优惠政策。

其次，环保执法过程存在规范性不足且缺乏柔性问题。有企业表示，在检查过程中环保部门只指出企业环保不达标，要求停产整改，但并未给出具体的达标标准及整改建议，企业主动请教环保部门，却被告知自己去查国家标准并寻找专家咨询解决。还有企业表示，环保监管过程中存在执法“一刀切”现象，执法人员不考虑企业意外情况，如某企业因设备故障造成当天烟尘排放超标，被省环保部门罚款 20 万元，该处罚导致企业三年内不再享受增值税减半政策优惠。

最后，园区配套管理落后增加了企业成本。目前各地方政府都在兴办工业园区，发布招商引资政策，吸引企业入驻，带动地方经济发展。但部分地区政府仅以吸引企业数量作为主要指标，忽视园区的配套设施建设和后期服务建设，导致部分园区基础设施建设落后，水、电、气及排污等设施不到位，缺少园区配套服务，造成企业的额外支出，甚至导致部分企业外迁。受访企业表示，虽然招商引资政策对吸引企业入驻有积极推动作用，但从长期经营角度考虑，企业更看重园区的设施建设和配套服务。

五、进一步降低企业制度性成本的建议

降低企业制度性成本与营商环境密切相关。在国家层面，营商环境建设是创新驱动发展、调整经济增长动力的重要举措。在区域层面，良好的营商环境有利于招商引资、增加就业、提高收入、推进民生。切实做好服务型政府，才能有效营造好的营商环境，改善区域经济结构与产业布局，为区域带来更多的就业与投资机会，拉动区域现代服务业的快速增长，增加政府税收，使政府与企业形成良好的互动关系，共同促进区域繁荣与稳定发展。因此，降低企业制度性成本、改善营商环境对地方经济发展至关重要。针对调研发现的问题，本文提出以下建议。

1. 进一步深化“放管服”改革

基层政府需要通过定期调研和定点跟踪方式，摸清当地各个行业目前发展中存在的障碍因素，提前研究当地未来产业布局中可能遇到的政策瓶颈，及时响应企业在人才引进、生产要素供给、基础设施建设及产业配套能力完善等方面的改革需求，在政策制定、落实和完善方面与企业开展有效互动，形成具有活力和创新性的营商环境管理体系。

同时，政府需要加快建设企业了解政策制度的信息平台，开发政策信息速递、政策内涵讲解、惠企项目申报、政策建议反馈等多项在线功能，帮助企业及时了解各类扶持政策和政府项目信息。通过信息化方式倒逼涉企行政管理与服务机构制度化改革，明确内部工作流程和时间节点，提高管理效率和反馈速度。

各地基层政府必须严肃对待招商引资过程中对企业做出的税费与土地价格承诺，坚守契约精神，维护政府信誉。本届领导做不到的事情不承诺；本届领导能够做到的事情，在充分研究惠企政策长期执行可能性的前提下，慎重承诺，绝对不给未来工作“丢摊子，出难题”；如果以往政策执行的社会条件确实已经发生重大变化，致使本届领导难以继续执行上届领导承诺的惠企政策，首先应该获得企业的理解和支持，如果政策调整给企业生产经营活动带来严重影响，政府应与企业共同将负面影响降低到可接受范围，避免通过“一纸废令”单方面、无沟通地解决政策调整问题。

2. 加强成本控制管理指导

针对内容较为复杂、表述较为概括的中央、省、市涉企政策，相关部门要将政策解读作为日常工作内容之一，通过举办各类讲座、答疑会和研讨会，解答企业落实政策过程中存在的认知困惑，大力提升企业对政策内容的理解程度，增强政府政策落实部门与企业群体的互动质量和效果，营造实事求是、严谨规范、深入细致的营商政策宣讲氛围，使企业群体面对改革政策时不再因难以理解而产生畏惧和逃避心理。

针对能够直接影响企业运营状态、成本结构乃至行业格局的政策，相关部门要站在企业立场，积极研究政策文本的操作性方案，为企业答疑解惑，寻求化解之道。以环保政策落实为例，相关部门在根据中央、省、市要求关停和整改污染类企业时，应积极帮助企业出谋划策，通过优化管理和增添设备等方式提高企业环保水平，增加满足国家环保质量要求的企业数量，确保当地企业的运营活力和竞争实力。

针对与企业生产经营和人力资源等密切相关，需要企业调整管理方式的政策，相关部门要深入研究政策应用的情况类别与操作过程，组织相关领域专家为企业家群体开展应用讲座，宣讲政策应用的常见误区，降低企业学习成本，提高企业应对能力。对于政策应用需求更为强烈和复杂，对落实效果要求更高的大型企业，相关部门可联合社会第三方机构，为大型企业提供具有针对性的政策咨询服务。

3. 构建系统管理工作体系

降低企业制度性成本需要结合机构改革，打破涉企管理与服务机构的条块分割局面，构建针对企业生命周期的全方位制度性成本管理集成平台。在企业准入阶段，通过进一步规范线上和线下企业开办流程，降低开办过程时间成本，杜绝“代办比自办好用”的现象。在企业发展阶段，开展“降成本”和“抵成本”两条路径的工作。在“降成本”路径，一方面严格按照法律法规和政策文件规范税收、人工、环保、融资、能源等方面的审批程序，另一方面通过鼓励第三方咨询服务机构参与平台服务，为企业提供合理降低税收、人工、环保、融资、能源等方面成本的管理建议与操作方案；在“抵成本”路径，引入科技服务与咨询业，为生产制造型企业尤其是科技型企业提供申请政府技术创新项目，建设扶持资金、低息或者无息贷款，申报高新技术企业的方案建议与智力支撑。

在企业转型升级和突破发展阶段，政府相关部门积极与高校及科研院所开展合作对接，提取产业共性关键问题，搭建与撮合产学研合作创新平台，充分发挥地区科教资源对企业创新发展的助推作用，同时积极带领企业团体“走出去”，构建产业生态，完善产业布局，优化产业整体成本水平。在企业注销阶段，整合涉及工商部门、食品药品监督管理部门、粮食部门、卫生健康部门、文体部门、民政部门、人力资源和社会保障部门、教育部门、财政部门等多部门的涉企证照，在符合简易注销条件下，允许企业自主选择申请涉企证照联合简易注销，实现市场主体整体退出，进一步减少企业办事跑路次数，降低办事制度成本。

4. 完善持续优化、改进机制

建议完善制定目标和方案的工作机制。未来伴随降低企业制度性成本政策的逐步落实，本文发现的企业制度性成本问题将得到有效解决，但同时因为社会经济环境的动态变化、产业引导政策重点的迁跃，又将出现新的企业制度性成本障碍因素。因此，要加强涉企管理与服务机构的协调配合，进一步完善决策过程，不断调整阶段时间内建设营商环境的目标与方案，确保目标和方案在计划层面与区域产业发展及企业成长需求能够产生“共振效应”。

完善发现问题的工作机制。要发挥“智慧城市”的建设优势，搭建企业政策咨询与审批服务的一站式在线平台，开发具有相似功能的APP，为企业了解涉企政策，咨询审批事项，掌握审批进程，“点评式”反馈政策建议提供便捷化通道，最终实现行政机构与企业、政府与市场之间快速有效的良性互动，使更多的涉企问题能够在萌芽状态被解决，降低因政策制度调整滞后市场需求带来的对整个商业环境和企业成本的影响。

完善动态调整“降成本”策略的工作机制。对于中央、省颁布的“降成本”政策，市一级相关部门必须在规定工作日内向县市区一级政府传递，县市区相关部门在规定工作日内拟定相关工作落实方案。对于企业有关“降成本”的强烈诉求，县市区一级政府能够做出决策的，规定工作日内必须予以答复；县市区一级政府无权做出决策的，规定工作日内必须上报市一级相关部门，市一级相关部门必须在规定工作日内做出决策或者提供答复。

参考文献

[1] 宋清辉. 经济学家宋清辉：什么是制度性交易成本？[EB/OL]. http://www.sohu.com/a/122529528_112589[2018-12-23].

[2] Coase R H. The nature of the firm[J]. Economica，1937，4（16）：386-405

[3] Arrow K J. The organization of economic activity：issues pertinent to the choice of market versus nonmarket allocation[J]. The Analysis and Evaluation of Public Expenditure：The PPB System，1969，1：59-73.

[4] Cheung S N S. Economic Organization and Transaction Costs[M]. London：Palgrave Macmillan，1989：7-82.

[5] 周其仁. 体制成本与中国经济[J]. 经济学（季刊），2017，16（3）：859-876.

[6] 常耀中. 企业制度性交易成本的内涵与实证分析[J]. 现代经济探讨，2016，（8）：48-52.

[7] 彭向刚，周雪峰. 企业制度性交易成本：概念谱系的分析[J]. 学术研究，2017，（8）：37-42，177.

[8] 世界银行集团. 2008 中国营商环境报告[M]. 北京：社会科学文献出版社，2008：45-49.

[9] 李炳堃. 制度性交易成本、宏观交易费用与政府改革目标[J]. 山西财经大学学报，2018，40（6）：15-29.

[10] 徐田江. 着力降低企业制度性成本——基于陕西大中型企业的调查[J]. 宏观经济管理，2016，（9）：80-83.

家庭医生签约服务背景下老年人健康知识和健康行为研究*

崔小芬[①] 孙璐鑫[②] 方 芸[③] 薛秦香[④]

内 容 提 要

随着老龄化社会的推进和疾病模式的变化，以家庭医生签约服务为主要手段的社区卫生服务模式成为保证老年人生命质量和健康状况的重要依托，因此调查老年人家庭医生签约和服务利用现状，以及了解老年人健康知识和健康行为水平，对指导下一步家庭医生签约服务工作的落实具有十分重要的意义。

本文通过回顾梳理了国内外家庭医生签约服务及老年人健康知识和健康行为的相关研究文献，采用自行设计的调研问卷，先后对安康市778名已确定签约家庭医生的老年人及西安市812名老年人进行现场调研，问卷主要包括老年人的基本信息情况、家庭医生签约及服务利用情况、健康知识和健康行为三大部分内容。

研究结果显示，老年人对家庭医生签约服务的了解和实际利用较少；老年人健康知识认知水平较低，健康行为表现良好。针对这些问题，本文提出几点建议：其一，在改善家庭医生签约及服务利用方面，要多角度广泛宣传引导，提高居民签约主动性；要多途径激发家庭医生履约积极性，培养、留住人才，吸引优秀人才，加强家庭医生队伍建设。其二，在强化签约老年人健康知识教育方面，要鼓励签约老年人自主参与健康知识教育活动；要促进家庭医生积极开展健康知识教育。其三，在增加对签约老年人的健康行为干预方面，要对老年人群进行分类管理与干预；要建立起健康行为干预“规划—诊断—实施—评估”机制。

一、引 言

目前我国已经进入老龄化社会，成为世界上老年人口最多、老龄化发展最快的国家之

* 基金项目：教育部人文社会科学基金项目（15YJA630081）。

① 崔小芬，西安交通大学公共政策与管理学院硕士研究生。

② 孙璐鑫，西安交通大学公共政策与管理学院硕士研究生。

③ 方芸，西安交通大学医学部硕士研究生。

④ 薛秦香，西安交通大学公共政策与管理学院副教授，通讯作者。

一。随着老龄化进程的不断加快，老年人口的健康问题日渐凸显，尤其疾病模式的转变使得慢性病患病成为威胁人类健康的头号杀手，老年人口作为慢性病患病的主要人群，其生命质量和健康状况的研究也因此成为当前应对老龄化危机、解决社会问题的一项重大课题。

家庭医生是以家庭医疗保健服务为主要任务，提供长期性、连续性和综合性的预防、保健、治疗、康复、健康教育服务和指导的全科大夫。家庭医生签约服务以家庭医生为核心，通过与社区居民签订合约，根据合约内容为其提供包括建立健康档案、健康体检、健康教育培训、健康生活方式指导等在内的基本公共卫生服务和一些个性化医疗卫生服务。家庭医生签约服务以提供长期、连续的基本健康照顾为前提，是当前进行人群健康管理的一大趋势，对于改善老年人健康状况具有重要意义。

自 2016 年国务院医改办等七部委联合印发《关于推进家庭医生签约服务的指导意见》以来，作为公立医院综合改革试点城市，截止到目前，西安市所有社区医疗卫生机构都开展了家庭医生签约服务。其中，老年人口作为家庭医生签约服务优先覆盖的重点人群之一，其健康知识、健康行为的调查研究对于指导家庭医生签约服务工作落实具有现实指导意义。

二、研 究 现 状

（一）国内外家庭医生签约服务发展现状

家庭医生制度最早源自 19 世纪的英国，随后，美国、古巴等国家纷纷开始了家庭医生服务模式的探索，如今经过上百年的实践发展，推行家庭医生制度的国家和地区已经增至 50 多个，家庭医生签约模式成为时代主流，已经发展成为比较成熟和固定的模式。

1948 年，英国建立了提供全面免费健康服务的国民医疗卫生服务体系（national health services，NHS），以家庭医生签约为核心的社区首诊制是其中的主体内容[1]，在英国的基本卫生保健中发挥着极其重要的作用。英国的家庭医生制度较为严格，家庭医生是居民健康的“守门人”，每一位居民都要签约一名家庭医生，必须首先通过家庭医生获取医疗卫生服务，只有经过家庭医生转诊，患者才能去专科医院进一步诊治。专科医生诊治结束后，患者仍需回到家庭医生处进行后续的复健和观察。同时英国的家庭医生必须具有专业的精英式医学教育背景，受过严格规范的职业培训，通过全国统一高水平的资质认证[2]。英国政府每年按照家庭医生签约人头数向家庭医生支付其所提供的社区卫生服务产生的费用，家庭医生对于这部分经费的使用具有绝对的自主权。

与英国相比，美国的家庭医生制度更具有经济色彩[3]。美国的家庭医生签约服务是以其现行的商业医疗保险（管理型医疗保健）为依托，通过家庭医生团队的形式进行的。家庭医生团队以家庭医生为核心，包括护理人员、药剂人员、心理医师、社工人员、财务人员等在内[4]。在管理型医疗保健下，每位参保人可以自主选择或被动分配至一个家庭医生团队，保险公司按照人头数预付给家庭医生团队一定的保费。家庭医生为参保人提供诊疗服务和健康管理，负责病人的转诊审核[4]。同时，保险公司对家庭医生行为有监管责任，对于费用控制好的家庭医生，保险公司会给予经济奖励。另外，除了严格的家庭医学教育、规范化培训、家庭医生资格考试之外，执业注册的家庭医生必须通过每六年一次的家庭医生资格再认证后才能继续执业[5]。

古巴家庭医生制度开始于 1984 年，作为初级医疗服务网的主要载体，为签约居民提供最基本的医疗卫生服务。古巴的家庭医生是依据综合诊所辖区内的人口数量和分布情况而定的，每个街道或乡村都配有足量的家庭医生，每个家庭医生配有 1 名护士协助，且拥有一间设在居民区的独立的诊所[6]。一般而言，每个家庭医生负责 120 个家庭的 600～800 名居民的健康管理，具体内容包括建立家庭卫生档案、举办健康教育讲座、开展居民医疗保健及治疗普通常见的疾病，必要时临近的几个家庭医生可对有需要的患者进行会诊，对于家庭医生无法确诊或解决不了的疾病，由家庭医生陪同患者去上级医院进一步治疗[6]。古巴政府对于家庭医生的培养较为重视，古巴的医学教育由国家统一管理，并按照计划招收，医学生上学免费但毕业后要去基层单位至少工作 2～3 年，接受为期两年的家庭医生业务培训，通过专业化考试后方可成为家庭医生，在职的家庭医生和护士每周有半天的时间去综合诊所学习培训[1]。

国内的家庭医生制度起步较晚，2006 年才开始以试点的形式从经济发展较好的上海、深圳、北京等城市慢慢探索、循序推广，形成国内几种具有代表性的模式。首先是上海“1+1+1”模式，居民以家庭为单位，与“1 家社区卫生服务中心、1 家区级医院、1 家市级医院”医疗机构组合进行签约，家庭医生为签约居民建立电子健康档案，定期对其进行健康评估和分类管理，并提供个性化健康医疗服务。有转诊需要时，家庭医生负责将患者移交给已签约的区级医院进一步治疗[7]。其次是深圳“分片包干、团队合作”的社区卫生服务模式，是依托社区健康服务中心，通过家庭医生团队，向社区内的签约居民及其家庭成员提供基本医疗、预防保健、预约就诊转诊等服务。最后是北京家庭医生式服务模式，原则上每一家社区卫生服务中心根据其辖区内的家庭户数及本机构的医疗资源配置，成立由 1 名家庭医生、1 名社区护士和 1 名防保人员组成的家庭医生团队，每个家庭医生团队负责 600～800 个家庭，为签约居民提供基本公共卫生服务、基本医疗服务及一些个性化健康服务[8]。

（二）老年人健康知识和健康行为研究现状

国内学者关于老年人健康知识和健康行为的研究多从以下几个方面入手。

其一是对老年人健康知识和健康行为现状及其影响因素的研究。戚春玲和郝桂荣[9]两位学者调查了辽宁省锦州市老年人的健康知识及健康行为现状，认为老年人的健康知识普及还有待进一步提升，同时通过影响因素分析得到老年人的健康知识与相关行为受到性别、文化程度和经济水平的影响。郭振友等[10]对广西壮族自治区桂林市老年人健康知识认知进行了分析，认为应发挥社区功能，重点加强对老年人的健康教育，尤其是文化程度较低、无业、经济状况较低、没有参加医疗保险、独居的老年人。李冬梅和曹梅娟[11]对浙江省农村老年人健康行为进行了调查，发现老年人健康行为履行情况总体较差，不习惯、不喜欢和缺乏经济能力是阻碍健康行为履行的主要因素，并指出社区应从排除阻碍因素出发，有针对性地组织健康促进活动，以提高农村老年人的健康质量。纵蒙蒙等[12]通过对南京市老年人自我健康管理现状进行研究，认为要有针对性地对老年人的健康管理进行干预。王楠等[13]探讨并肯定了连续护理对老年慢性病患者健康知识掌握程度的有效性。

其二是对老年人健康知识和健康行为现状及双方间相关关系的研究。于虹[14]的研究显示老年人口腔健康知识水平和口腔健康信念水平呈正相关，口腔健康知识、口腔健康信念是影响口腔健康行为的主要因素。关淑芬等[15]对240名老年胃肠疾病患者进行了健康知识、态度和行为的调查，得出知识、态度和行为两两呈正相关，指出患者对于胃肠道疾病相关知识的掌握程度较低，对待疾病的态度和行为有待提高。董传利[16]对150名老年2型糖尿病患者的口腔健康知识及行为展开调查，分析得出老年2型糖尿病患者对口腔健康知识的认知较少，口腔健康行为的执行较差，并且口腔健康知识认知不同的患者，其口腔健康行为差异具有统计学意义。李林芬[17]对汕头市社区老年人的骨健康知识、态度、行为现状进行调查，发现被调查人群关于骨健康相关知识的认知缺乏，防治骨质疏松的态度不积极，行动也不足；且发现态度与行为的不良表现与骨健康相关知识缺乏有较大的关系。

其三是对老年人健康知识和健康行为与健康状况间关系的研究。鲁娟和史冬梅[18]对银川市200名老年人口腔健康知识和口腔健康状况进行了探析，指出老年人对于口腔健康知识认知和重视程度较低，且口腔健康状况较差。孙丹等[19]对郑州市400名老年人关于心血管疾病预防知识及相关健康评分进行问卷调查，研究得出多数老年人对心血管疾病知识的掌握处于中、低水平，且心血管疾病预防知识可有效促进老年人的心血管健康行为和健康状况的形成。李玄[20]通过对206名农村老年人的调查，分析了农村老年人对健康知识的了解程度，探讨了其健康知识认知水平与健康生活质量之间的关系。结果显示，农村老年人对健康知识的掌握较少，尤其是对心理健康知识的掌握更少，而健康知识的掌握程度与健康生活质量呈正相关关系。

三、研究设计

本文先后于2017年6月、2018年7月分别对安康市2家社区卫生服务中心及西安市2家社区卫生服务中心辖区内60岁及以上老年人进行了问卷调查。问卷内容包括老年人的基本信息情况、家庭医生签约及服务利用情况、健康知识和健康行为三大部分。两次调查采用的都是自行设计的问卷，所不同的是，对西安市老年人进行调查所采用的问卷是在综合考量安康市调研效率和效果及西安市社区卫生服务实际情况之后，对安康市老年人调查问卷进行增删所得的。

四、调查数据分析

（一）安康市调查数据分析

1. 被调查人群的基本情况

在被调查的778名老年人中，男女占比为39.3%和60.7%。在年龄构成上，被调查者的年龄大多为 85 岁以下，集中在 65～69 岁（31.4%）、70～74 岁（26.9%）、75～79 岁（20.7%）三个年龄段。从婚姻状况看，有配偶占比最大，为 74.0%。从文化程度看，初中及以下文化程度的被调查者占比超过了 70%。从职业状况看，退休老年人占比 74.3%，无业占比 21.9%，在业占比 3.8%。从收入情况看，月平均收入主要分布在 1000～1999 元、2000～2999 元，分别占比 25.9%和 31.3%。从参保类型看，城镇职工医疗保险占比 61.0%，城镇居民医疗保险占比 28.2%，新型农村合作医疗保险占比 7.7%，自费占比 2.2%，商业保险占比 0.9%。从慢性病患病情况看，有超过 80%的老年人患有慢性病。慢性病患病占比前三位分别为高血压（51.9%）、心脑血管疾病（34.0%）、糖尿病（20.1%）。健康自评得分在 60 分以上的老年人占比 69.7%。

2. 被调查人群家庭医生签约及服务利用情况

从签约时间来看，被调查老年人家庭医生签约时间较为统一，安康市这 2 家社区卫生服务中心绝大多数被调查老年人签约时间都在 2014 年 1 月 1 日，而在其他时间签约的被调查老年人只占很小比例，分别为 7.45%和 0.75%。

从签约的主动性来看，有 82.0%的被调查签约老年人都属于被动签约，老年人对家庭医生服务的主动签约率较低，只有 18%。

从签约服务利用来看，在 778 名被调查者中，有 492 人（63.2%）表示建立了健康档案并及时更新，30.6%的老年人表示不清楚自己是否建立了健康档案；有 699 人（89.8%）接受过健康体检服务，1.6%的老年人表示不清楚；有 331 人（42.5%）参加过社区卫生服务中心举办的健康教育培训或讲座；576 人（74.0%）接受过来自家庭医生的慢性病规范管理，但有 44 人（5.7%）表示并不清楚；561 人（72.1%）接受过来自家庭医生的健康管理服务；仅有较少部分老年人享受过家庭医生提供的预约就诊和双向转诊服务，占到样本人群的 16.5%。另外，69.7%的被调查老年人在近一年内接受过家庭医生的电话访问，其中接到电话访问 1 次、2 次、3 次、4 次的被调查老年人占比分别为 15.9%、16.6%、12.3%和 11.6%，接到 4 次以上电话访问的占到样本人群的 13.3%。近一年内接受过家庭医生主动上门服务的老年人占到 45.1%，接受上门服务 1 次、2 次、3 次、4 次、4 次以上的老年人占比分别为 13.9%、12.5%、7.4%、4.6%、6.7%。近一年内接受过健康教育培训或讲座的老年人占比 42.5%，参加健康教育培训 1 次、2 次、3 次、4 次、4 次以上的老年人占比分别为 15.8%、12.7%、5.6%、3.5%和 4.9%。整体看来，被调查老年人接受到的家庭医生签约服务还比较薄弱，服务利用率较低。

3. 被调查人群健康知识及健康行为现状

1）被调查人群健康知识知晓现状

通过调查问卷中 15 项健康知识问题的数据分析结果来了解老年人健康知识知晓情况，具体问题的设置及被调查老年人的回答情况见表 1。除第 5 道题和第 6 道题回答正确率较低，分别为 70.61%和 74.00%外，被调查老年人对其他问题的回答正确率普遍较高，均在 80%以上。被调查老年人健康知识掌握程度整体较高。详见表 1[21]。

表 1　安康市样本人群健康知识回答情况

序号	健康知识问题	回答人数/名	正确人数/名	正确率
1	健康不单是指身体强壮，还包括精神心理没有疾病	777	754	97.04%
2	人每天吃最多的食物应该是肉类	778	679	87.28%
3	戒烟越早越好	778	751	96.53%
4	母乳比奶粉营养更丰富、更全面	776	738	95.10%
5	献血对健康有害	769	543	70.61%
6	保健食品可以代替药品治病	777	575	74.00%
7	成人腋下正常的温度是 36～37 摄氏度	778	748	96.14%
8	消炎药应该在医生的指导下使用	777	756	97.30%
9	接种疫苗是预防乙肝最经济、有效的办法	770	693	90.00%
10	打针不一定比吃药好得快，生病了不能首选打针	773	648	83.29%
11	缺碘最主要的危害是影响智力和生长发育	771	696	90.27%
12	每人每天食盐的摄入量要少于 6 克	777	752	96.78%
13	患糖尿病的症状表现为“三多一少”——“多食、多饮、多尿和体重减少”	771	684	88.72%
14	正常的血压值要小于 140/90 毫米汞柱	776	682	87.89%
15	预防高血压的方法有饮食清淡，坚持适度体育锻炼，保证充足的睡眠	777	763	98.20%

对老年人健康知识回答情况进行评分，每道题回答正确记 1 分，回答错误或不清楚记 0 分，将 15 道题得分加总，得到每名被调查老年人的健康知识得分（0～15 分）。对健康知识得分进行统计，得出健康知识最低得分为 7 分，最高得分为 15 分，均值为 13.446 分，中位数为 14 分。图 1 所示为健康知识得分分布情况，可见得分 12 分及以上占比为 90.6%，被调查老年人的健康知识得分整体水平较高。

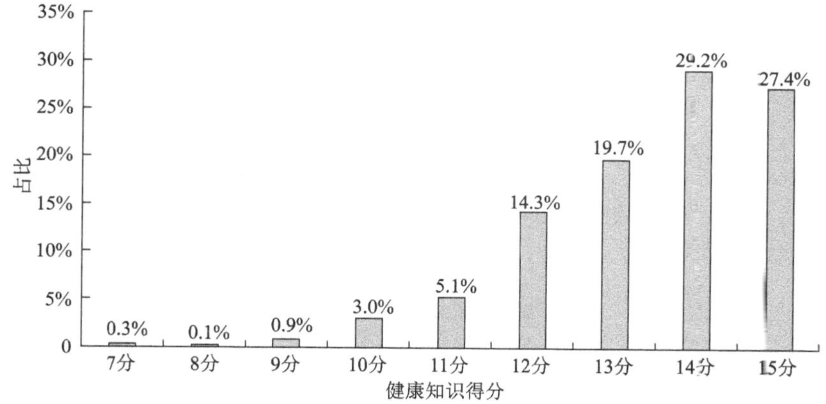

图 1　安康市样本人群健康知识得分分布

2）被调查人群健康行为形成现状

针对老年人健康行为表现的问题设置及回答情况如表 2 所示，10 个健康行为中，有 3 个健康行为形成率超过了 90%；仅有一个健康行为问题“您是否不与家人合用毛巾”表现形成率不足 80%，但也已经达到 75.93%，样本人群健康行为表现形成率普遍较高。详见表 2[21]。

表 2　安康市样本人群健康行为形成情况

序号	健康行为问题	回答人数/名	形成人数/名	形成率
1	您是否能做到每年进行一次健康体检	778	722	92.80%
2	您是否能做到饭前便后洗手	778	750	96.40%
3	您是否不与家人合用毛巾	777	590	75.93%
4	您是否能做到不吸烟或者少吸烟	777	692	89.06%
5	您是否能适量饮酒（每天小于 1 两[1)]），不酗酒	778	677	87.02%
6	您是否能每天坚持锻炼	778	697	89.59%
7	您是否能做到经常食用奶类、豆类及其制品	777	622	80.05%
8	您是否能按时起床，按时睡眠	778	695	89.33%
9	您是否能做到房间经常通风换气	778	752	96.66%
10	您是否能做到感冒及时就医，不乱用消炎药	778	651	83.68%

1）1 两=50 克

同样，对老年人健康行为进行评分，行为表现正确记 1 分，错误或不清楚记 0 分，将 10 道题得分加总，得到每一位被调查老年人的健康行为得分（0～10 分），经统计分析得，老年人健康行为得分最高为 10 分，最低为 2 分，均值为 8.802 分，中位数为 9 分，样本人群健康行为形成率整体较高。根据健康形为得分分布（图 2[21]），有 97.2%的被调查老年人健康行为得分在 6 分及以上，其中比较集中分布在 9 分和 10 分两个分数上，占比分别为 32.9%和 35.7%，老年人的健康行为习惯整体较好。

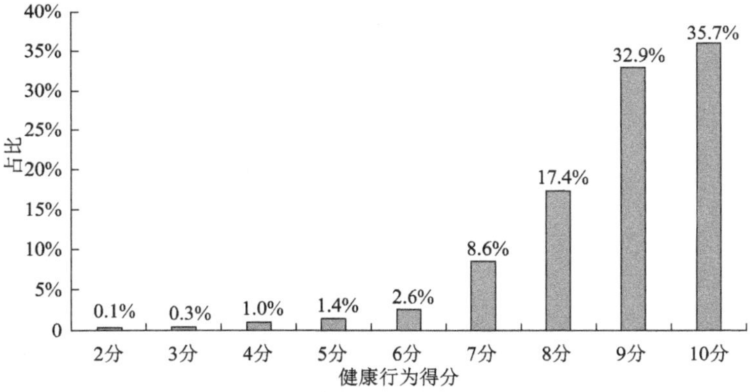

图 2　安康市样本人群健康行为得分分布

（二）西安市调查数据分析

1. 被调查人群的基本情况

在被调查的 812 名老年人中，男性有 349 人，女性 463 人，男女比例分别为 43%和 57%。在年龄构成上，有 80%以上被调查老年人的年龄不到 80 岁，集中在 65～69 岁（26.5%）、70～74 岁（23.5%）两个年龄段。从婚姻状况来看，被调查老年人多数有配偶，占全部被调查老年人的 74%，其次是丧偶，占 22.1%。从受教育程度来看，有 60%的被调查老年人是初中及以下文化程度，高中文化程度占比 26.5%，文化程度普遍不高。从就业状况来看，被调查老年人中有 680 人是离退休人员，占比 83.7%，有 5.6%的被调查老年人目前仍在就业中。从收入情况来看，被调查老年人的月平均收入在2000元以下、2000～3999元、4000～5999元、6000元及以上的占比分别为27.2%、59.4%、12.3%、1.1%。

结果显示：有56.8%的老年人居住在社区卫生服务中心500米服务半径内；有5.2%的被调查老年人距离最近的社区卫生服务中心至少有2000米的距离，这部分人群到基层医疗机构的就医可及性较差。从参保类型来看，城镇职工医疗保险占69.3%，城镇居民医疗保险占比17.9%，新型农村合作医疗保险占比10.2%，另有1.6%的老年人未参保，0.5%的老年人参加的是商业保险。通过对身体质量指数①的测算，大部分被调查老年人体型正常，占68.8%，6.0%的被调查老年人偏瘦，有24.5%的被调查老年人偏胖，肥胖的老年人仅占总调查人数的0.7%，总体看来样本人群的身体质量指数普遍较好。至于慢性病患病情况，有65.5%的被调查老年人患有慢性病，按照患病率从高到低排序，高血压、冠心病和脑血管疾病居于前三位，分别为31.0%、18.6%和14.7%。自评健康得分（0～100分）在60分及以上的占93.1%，主要集中在80～89分，占比34.9%，而70～79分、90～100分占比基本持平，分别为24.5%和23.6%，自评健康得分为60～69分的老年人占比10.1%，说明绝大多数老年人对自己的健康状况较为满意。

2. 被调查人群家庭医生签约及服务利用情况

统计结果显示，有425人对于“是否签约家庭医生”做出了肯定回答，明确表示自己未签约的老年人占比19.0%，有28.7%的老年人表示并不清楚自己是否签约了家庭医生，说明老年人对家庭医生签约服务了解不够，也从侧面反映了家庭医生签约服务对老百姓的宣传不到位。通过老年人对家庭医生签约服务利用类问题的回答可以判断出：425名回答已签约的老年人都至少利用了一项签约服务；表示未签约的154名老年人中没有一人利用过家庭医生签约服务；而在回答不清楚自己是否签约的233名老年人中有至少164人真正享受过家庭医生签约服务，说明包括425名明确表示已签约的老年人在内，在被调查的812名老年人中至少有589人已签约家庭医生（为了提高签约率计算的准确性，本文将这部分不清楚是否签约但利用过家庭医生服务的老年人也纳入到已签约家庭医生的人群中），即老年人中家庭医生签约率达72.5%，见表3。

表3 被调查人群家庭医生签约及服务利用情况（单位：名）

是否利用家庭医生签约服务	是否签约家庭医生			总计（占比）
	已签约（占比）	未签约（占比）	不清楚（占比）	
利用	425（52.3%）	0	164（20.2%）	589（72.5%）
未利用	0	154（19.0%）	69（8.5%）	223（27.5%）
总计	425（52.3%）	154（19.0%）	233（28.7%）	812（100%）

① 计算公式：身体质量指数BMI（body mass index）=体重（千克）÷身高^2（米）。若BMI<18.5，偏瘦；若18.5≤BMI<25，正常；若25≤BMI<30，偏胖；若BMI≥30，肥胖。

在 589 名已签约家庭医生的老年人中，有 560 人在所属社区卫生服务中心建立了健康档案，占到签约人群的 95.1%；有 494 人享受过健康体检，175 人参加过社区卫生服务中心举办的健康讲堂等健康知识普及活动，175 人接受过来自家庭医生的慢性病规范管理，170 人受到来自家庭医生的健康生活方式指导，各占签约人群的 83.9%、29.7%、29.7%和 28.9%；仅有较少部分老年人享受过家庭医生提供的预约就诊和双向转诊服务，占比分别为 10.2%和 2.5%。

3. 被调查人群健康知识及健康行为现状

1）被调查人群健康知识知晓现状

通过调查问卷中 10 项健康知识问题的数据分析结果来了解老年人健康知识知晓情况，具体问题的设置及被调查老年人的回答情况见表 4。除了第 1 道题回答正确率为 95.8%，被调查老年人对其他问题的回答正确率普遍偏低，均在 80%以下。且对于每一道题，都有一部分被调查老年人回答不清楚，被调查老年人对于基本健康知识的知晓水平较低。

表 4　西安市样本人群健康知识回答情况

序号	健康知识问题	回答		
		正确	错误	不清楚
1	健康就是躯体的、精神的及社会适应上的完好状态	95.8%	1.7%	2.5%
2	健康的生活方式就是："合理膳食、适量运动、戒烟限酒、心理平衡、多吃保健品、多睡觉"	36.3%	60.5%	3.2%
3	补钙可通过多吃豆类、乳类等含钙丰富的食物，经常接受阳光照射或服用市场上销售的钙制剂，越多越好	48.8%	46.2%	5.0%
4	健康成年人每日食盐不超过 6 克	79.2%	5.9%	14.9%
5	一个人的收缩压大于 140 毫米汞柱或舒张压大于 90 毫米汞柱时就叫高血压或血压升高	76.1%	15.4%	8.5%
6	正常人空腹（除饮水外，至少 8 小时未进食）血糖不能高于 7.0 毫摩尔每升	61.9%	11.9%	26.2%
7	糖尿病的典型症状是："三多一少"——"多食、多饮、多尿和体重减少"	51.0%	30.4%	18.6%
8	如果您头晕、头痛、心悸、失眠，可能是血压升高了	65.8%	22.3%	11.9%
9	高血压患者要注意：定期测血压、劳逸结合、多食瘦肉、禁止饮酒和吸烟、禁食辛辣和精细食物	18.0%	73.8%	8.2%
10	糖尿病患者要注意：定期测血糖、按时服药、少食少餐、任何水果皆可食用、防备低血糖	47.4%	42.5%	10.1%

对老年人健康知识回答情况进行评分，每道题回答正确记 1 分，回答错误或不清楚记 0 分，将 10 道题得分加总，得到每位被调查老年人的健康知识得分（0～10 分）。对健康知识得分进行统计，得出健康知识最低得分为 0 分，最高得分为 10 分，均值为 5.81 分，中位数为 6 分，说明被调查老年人的健康知识得分整体水平不高。另外，如图 3 所示健康知识得分分布情况，可见得分在 6 分及以上占比 54.5%，有近 50%的老年人对基本的健康知识不是很了解，健康知识知晓情况总体一般。

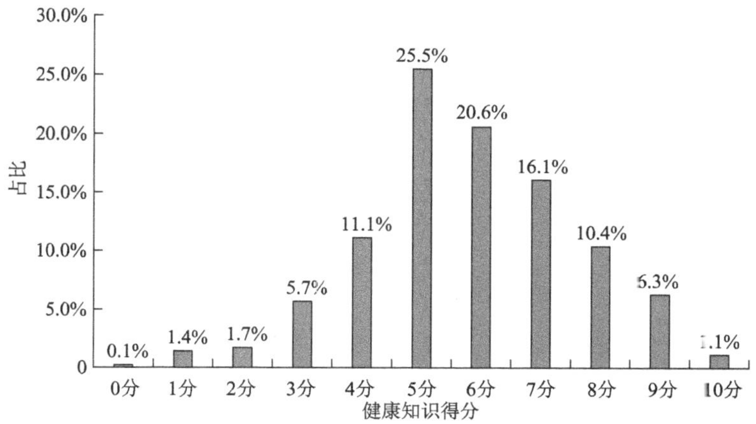

图 3 西安市样本人群健康知识得分分布

2）被调查人群健康行为形成现状

健康行为问题设置及回答情况如表 5 所示，大部分被调查老年人从不吸烟，且每天吸烟的老年人占比较小；有 91.2%的被调查老年人平均每周饮酒不到 1 次；超过 80%的老年人在过去 6 个月平均每周锻炼 6 次及以上；70.7%被调查老年人在近 12 个月内进行了体检；95.8%被调查老年人每天刷牙。总体看来，该调查区域老年人较为关注自身健康，健康行为形成率普遍较高。

表 5 西安市样本人群健康行为形成情况

健康行为	形成人数/名	形成率
吸烟情况		
每天吸	83	10.2%
不是每天都吸	18	2.2%
过去吸，现在不吸	65	8.0%
从不吸烟	646	79.6%
平均每周饮酒频次		
至少 3 次	40	4.9%
1～2 次	32	3.9%
不到 1 次	740	91.1 %
过去 6 个月平均每周锻炼频次		
6 次及以上	683	84.1%
2～5 次	63	7.8%
1～2 次	32	3.9%
不到 1 次	34	4.2%
近 12 个月内是否体检		
是	574	70.7%
否	238	29.3%
平均每天刷牙次数		
2 次及以上	468	57.6%
1 次	310	38.2%
不到 1 次	34	4.2%

注：本表数据因进行了约分，可能存在比例合计不等于 100%的情况

同样，对老年人健康行为进行评分，吸烟情况的回答按选项顺序依次记为 1 分、2 分、3 分、4 分；饮酒频次的回答按选项顺序依次记为 1 分、2 分、3 分。锻炼、体检、刷牙保护类因素的回答按选项倒序依次记分，将 5 项问题得分加总，得到每位被调查老年人的健康行为得分（5～16 分）。统计健康行为得分，健康行为得分最低为 5 分，最高为 16 分，均值为 12.672 分，中位数为 13 分，被调查老年人的健康行为得分整体较高。被调查老年人的健康行为得分集中在 13 分、14 分，说明绝大多数老年人健康行为习惯较好，总体上健康行为形成率较高，见图 4。

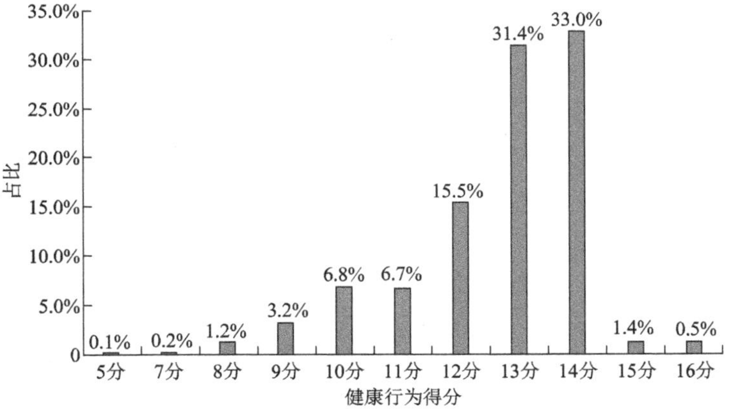

图 4　西安市样本人群健康行为得分分布

五、讨　　论

（一）被调查人群家庭医生签约及服务利用情况

调查研究显示，西安市样本人群中未签约家庭医生的老年人达到 27.5%，安康市被调查老年人虽已实现家庭医生签约，但主动签约率较低，不足 20.0%；且这两类被调查老年人对家庭医生签约服务内容也都不是很了解，已签约的老年人对家庭医生签约服务的利用程度较低。

首先，根据西安市卫生健康委员会官方数据，自 2013 年正式启动社区卫生服务机构家庭医生签约服务以来，截止到 2017 年底，西安市普通人群签约率达 41.8%，重点人群签约率达 66.02%[22]。到 2018 年，虽然家庭医生签约服务工作还在进一步推进实施中，但签约覆盖率显然已不再是追求的核心指标，公布在外的具体签约率等官方数据较少。此次调查所统计的数据（表 3）显示，被调查人群中至少有 72.5%的老年人已经签约了家庭医生，虽然较 2017 年底重点人群覆盖率有所提高，但距国家关于到 2020 年实现家庭医生全人群覆盖①的目标还有很大差距。

① 《解读〈关于印发推进家庭医生签约服务的指导意见的通知〉》. http://www.nhc.gov.cn/tigs/s3578/201606/21e172eaa7764407a06b9f4e82805a7c.shtml，2016 年 6 月 6 日。

其次，被调查老年人对家庭医生签约服务的了解较少。一方面，在对西安市老年人口的调查中，表示并不清楚自己是否已签约家庭医生的老年人占到了28.7%，说明家庭医生签约服务对这部分重点人群的宣传还不到位；另一方面，在对安康市签约老年人的调查中，有30.6%的老年人并不清楚自己是否已经建立了健康档案，1.6%的老年人不清楚是否接受过健康体检，5.7%的老年人不清楚是否接受过来自家庭医生的慢性病规范管理，说明家庭医生缺乏与签约老年人的沟通交流，这些因素都会直接导致老年人对签约服务的了解程度低，继而影响老年人签约家庭医生的积极性和配合度，也会造成签约老年人在具体签约服务利用过程中的困惑和不便，从而不利于家庭医生签约制度的有效推行和落实。

最后，已签约老年人对家庭医生服务的实际利用不够。根据国家卫生健康委员会对家庭医生签约政策的解读，社区家庭医生签约服务一般包括建立健康档案、健康生活方式指导、预约就诊随诊、双向转诊等具体内容[①]，然而根据西安市的调查结果，除了建立健康档案、健康体检两项服务基本覆盖到签约老年人的80%以上外，慢性病规范管理、健康生活方式指导等其他服务的实际利用率均不到30%，其中，预约就诊随诊、双向转诊两项服务的利用率最低，分别只占到10.2%和2.5%。另外，安康市的调查结果显示，有57.5%的被调查老年人未参加过家庭医生组织的健康教育培训或讲座，表明社区家庭医生对老年人健康知识宣传普及工作不到位，也表明社区家庭医生对签约老年人提供健康服务的主动性和持续性不强，直接影响了老年人签约服务的实际利用程度，制约了家庭医生签约制度的实施效果。

（二）被调查人群健康知识知晓现状

首先，西安市被调查老年人健康知识知晓水平整体不高，有45.5%的老年人健康知识得分不足6分。尤其在所设置的10道健康知识问题中，补钙方式、高血压和糖尿病患者的注意事项回答正确率较低，说明老年人对骨质疏松、高血压、糖尿病等常见老年慢性病的认识不多，老年保健预防意识不强。

其次，与西安市老年人健康知识知晓现状不同，安康市老年人的健康知识得分较高，满分15分，分数在12分及以上的被调查老年人就占到了全部样本人群的90.6%，全部被调查老年人的健康知识得分基本都在9分（及格线）及以上。在所设置的15道健康知识问题中，“献血对健康有害”回答正确率最低，占70.61%；“保健食品可以代替药品治病”回答正确率次低，占74.00%。其他问题的回答正确率都高于80%。说明老年人对献血和保健食品的认识不足，具有一定的片面性，同时也说明部分老年人缺乏对相关基础健康知识的学习和了解。

最后，两次调查中关于健康的定义的回答正确率都比较高，达95%以上，说明除了身体健康，当前老年人群也开始认识到心理健康的重要性；另外，从成人每天食盐的摄入量要少于6克和糖尿病的典型症状为三多一少的回答正确率来看，虽然两者都较高，但安康市的调查结果（96.78%、88.72%）都要明显高于西安市的调查结果（79.2%、51.0%），

① 《解读〈关于印发推进家庭医生签约服务的指导意见的通知〉》. http://www.nhc.gov.cn/tigs/s3578/201606/21e172eaa7764407a06b9f4e82805a7c. shtml, 2016年6月6日。

且前一问题较后一问题回答正确率更高，说明被调查老年人对食盐摄入量知识的掌握程度比对糖尿病症状的掌握程度更高。

（三）被调查人群健康行为形成现状

首先，在前后两次调查中，被调查老年人健康行为形成率整体都较高。在对西安市的老年人口调查中，有高达 64.4%的被调查者健康行为得分在 13 分、14 分。其中，从不吸烟、平均每周饮酒不到 1 次、过去 6 个月平均每周锻炼 6 次及以上、近 12 个月内体检、平均每天刷牙 1 次及以上的老年人分别占到全部样本人群的 79.6%、91.2%、84.1%、70.7%及 95.8%。在对安康市的老年人口调查中，满分 10 分，健康行为得分在 6 分及以上的被调查老年人达到了 97.2%。其中，除了“您是否不与家人合用毛巾”表现正确率为 75.93%，“您是否能做到每年进行一次健康体检”“您是否能做到饭前便后洗手”等其他 9 道健康行为表现正确率均超过了 80%。说明被调查老年人对健康行为的履行情况普遍较好。

其次，对两次调查中健康行为问题回答正确率进行比较，可以得出：前后两次健康行为调查中都涉及对吸烟、饮酒、锻炼、健康体检四方面的问题，且健康行为表现正确率也都基本一致：在安康市的调查中，能做到不吸烟或少吸烟的被调查老年人占到 89.06%；能做到适量饮酒的占到 87.02%；能做到坚持每天锻炼的占到 89.59%；能做到每年一次体检的占到 92.80%。说明被调查老年人比较注意追求健康的生活方式，健康习惯较好。

六、建　议

老年人群的身体素质较一般人群低，患病风险更高，一直以来都是家庭医生签约服务要优先覆盖的重点人群之一。尤其是在经济水平差异大、医疗保险尚未完全覆盖的当前社会，如何提高老年人的健康知识及行为水平进而有效改善老年人健康状况成为家庭医生签约制度关注的核心重点问题之一。

（一）建立健全家庭医生签约服务制度

1. 多角度提高居民签约主动性，聚焦重点人群进行宣传和覆盖

社区居民对家庭医生理念和模式的不了解甚至是误解，会阻碍家庭医生签约制度的有效推行。例如，部分居民简单地将家庭医生看作私人医生，希望家庭医生能尽其所能为自己提供所需要的便利服务，如上门服务；甚至有一些居民根本没有听说过家庭医生，更不清楚自己是否签约了家庭医生。因此要加深居民对家庭医生的了解，树立居民对家庭医生的正确观念，帮助居民转变传统的就医观念，需要政府、社会各方通过多种形式的宣传和推广，帮助居民厘清对家庭医生签约双方权利和义务的理解，促使居民提高签约意愿，主动参与并配合自己的家庭医生维系好长期稳定的“契约关系”[23]，进而提高家庭医生签约服务的实际利用率和推行效果。

除此之外，居民的签约主动性和持续性也更多受到家庭医生的诊疗水平、社区卫生服务资源配备等因素的影响。可以通过加强家庭医生技能培训，培养内部医学人才，完

善家庭医生激励奖励机制，吸引外部医学人才的方式全面提高岗位家庭医生的技术水平和诊疗质量；也可以通过增加基层医疗机构的资金投入来改善其医疗设备配备情况，合理调整完善基层医疗机构药品采购和供给制度，以增加其药品供应种类和数量，完善基层医疗机构信息化建设等方式，增加社区基层医疗机构的硬实力和软实力，吸引社区居民主动签约。

同时，对家庭医生签约服务的宣传要有针对性，尤其应结合我国当前基层医疗机构设备配备有限、家庭医生缺乏等现实问题的考量，家庭医生签约对全人群的覆盖更应该循序渐进、有所侧重。相较普通健康人群而言，包括老年人群、慢性病人群等在内的六类重点人群对全面、持续、稳定的医疗卫生服务的需求更为迫切，这六类重点人群应该是家庭医生宣传、签约和教育的优先目标与重点对象，家庭医生签约要首先覆盖这部分重点人群，侧重在就医便捷性、降低医疗费用、防治疾病等方面进行宣传，以慢慢赢得居民的广泛认可和信任。

2. 多途径激发家庭医生履约积极性，吸引优秀人才加入家庭医生队伍

目前国内家庭医生签约服务普遍存在签而不约的现象，除了社区居民的签约意愿不高这一方面的原因，主要还在于家庭医生的履约主动性不够。对国内的家庭医生而言，低的薪酬待遇、低的社会认可度与高的职业压力、高的工作风险不相匹配，尤其是我国的基层社区家庭医生数量一般较为匮乏，而且要承担辖区内全部居民的基本公共卫生服务，不仅工作量繁重，对签约居民的服务供给分身乏术，一般也难获得满足感，工作积极性往往不高。

导致家庭医生工资待遇差、社会认可度不高的主要原因在于：当前我国尚缺乏对基层家庭医生岗位职责的明确规定，导致社会大众对家庭医生岗位职责的认识模糊、存在偏差。而在欧美发达国家，家庭医生是一个热门职业，不仅收入可观，还具有较高的社会地位，广受尊敬和认可。这与当下我国全科医生的境遇形成鲜明的对比。此外，在学科地位方面，全科医学自 2012 年就已经被正式列入临床医学二级学科目录当中，与内科学、外科学同列，然而几年过去，全科医学依旧没有得到足够多的重视。在医学专业选报上，内科学和外科学还是主流选择，医学教育发展中，全科医学仍是踽踽前行。因此，为了家庭医生制度能够更好地推行下去，需要进一步完善家庭医生签约服务相关政策，包括明确家庭医生岗位职责、完善家庭医生薪酬激励机制、培养建立家庭医生执业信心和工作满足感，以激发家庭医生工作积极性，进一步明晰家庭医生职业发展方向[24]。

另外，对于国内家庭医生缺乏这一现实问题的解决，需要加强建设全科医生队伍，重视发展全科医学，完善全科医生专业教育和规范化培训路径，侧重对文凭高、技术精、掌握尖端科学知识和技术的全科人才的培养与招纳。家庭医生是推动签约服务真正落实的第一原动力，要真正实现“签一户，约一户”，就必须首先保证社区家庭医生的数量和质量。

（二）强化对签约老年人的健康知识教育

健康知识教育是目前国内家庭医生签约服务的一项重要内容，是提高社区老年人健康知识的直接重要手段。老年人参与社区健康知识教育是一个双向互动的过程，既需要老年

人自身的重视，也需要家庭医生的努力，只有在双方共同合作互动下，才可以让家庭医生健康知识教育真正做到为签约人民服务，通过提高老年人的健康知识，从而对其健康行为起到潜移默化的作用，最终提高其健康水平和生命质量。因此，为了促进老年人多多参与家庭医生健康知识教育活动，可以分别从签约协议的委托方和代理方入手。

1. 鼓励签约老年人自主参与健康知识教育活动

签约老年人作为家庭医生签约协议的委托方，在对家庭医生签约服务足够了解的基础上，应该自主提高健康保健与疾病预防意识；合理安排空闲时间进行健康知识学习与拓展；主动联系家庭医生，咨询健康相关问题，表达健康相关需求。而往往造成老年人不参加社区健康知识教育活动的原因在于其固有的“生病才就医”的传统观念。因此，为了激发老年人参与健康知识教育活动的自主性，需要首先改变其传统的就医观念，通过各种方式强化其健康保健与疾病预防意识：可以多在社区开展免费体检、义诊活动；也可以在居民区或社区卫生服务中心各处张贴健康小便条，开展健康系列讲座；还可以通过增加与居民之间的良性互动，建立长期、稳定的信任亲密关系，在平时的相处中向其说明健康知识的重要性，以在潜移默化中提升老年人的健康保健意识，促使签约老年人更加积极主动地参与到健康知识教育活动中来。

2. 促进家庭医生积极开展健康知识教育

家庭医生作为签约协议的代理方，在社区卫生服务中心设备等各方面资源配备良好及工作环境、待遇改善的情况下，通过大众传统媒体、互联网络、手机信息平台等宣传工具，树立社区健康典型，转变居民保守传统的健康观念，以老年人容易接受的方式积极开展形式丰富、内容实用的社区健康知识教育活动，并满足不同层次老年人的需求，尤其需要有侧重性地关注老年人群体中健康知识知晓水平偏低的部分群体，一般是文化水平不高，或经济负担较重，或没有医保覆盖，或无业，或独居的老年人。也可通过提高健康知识教育活动的专业权威性、信誉度与仪式感，通过鼓励签约老年人参与到健康知识教育活动方案设计当中来，提升老年人的主人翁意识，以形成家庭医生和老年人互相尊重、彼此合作的友好“契约关系”，从而实现家庭医生健康知识教育的持续稳定性发展[25]。

（三）增加对签约老年人的健康行为干预

随着时代的进步，现代医学的局限性已经越来越多地被人们所认识，有计划的、系统性的、规范化的健康行为干预是改善老年人健康行为，促进老年人身心健康发展的重要途径。国内目前家庭医生签约服务内容中针对老年人的健康行为干预一般包括每年一次健康体检、健康评估与个性化健康指导、经常了解血压血糖给予用药或生活方式指导等慢性病规范管理等内容。家庭医生对签约老年人进行的这些健康行为干预要结合自身及社区卫生服务中心的现实情况，更要注重方式方法的选择。

1. 对老年人群进行分类管理，实施有针对性的健康行为干预

为了切实保障实施效果，健康行为干预应该具有针对性。可以将签约老年人进行分类，通常的做法是按照其身体健康状况分普通健康人群、高危风险人群和疾病患病人群，再分

别实施有针对性的干预行为[25]。对于普通健康人群，应该以基本的健康教育为主，促进其良好健康行为习惯的养成，远离烟酒等致病危险因素，增强健康体质，延长寿命。对于高危风险人群，除进行基本健康教育外，还要辅之以适量的药物干预，以降低患病风险，延缓疾病发生。例如，血压、血糖较高但尚未出现高血压、糖尿病症状的老年人，可以通过合理饮食、适当运动等健康生活习惯的培养，同时注意尽早服用降压、降糖药来控制疾病的发生。对于疾病患病人群，要同时注意经常性的身体检查和症状监测，定期进行个性化用药和生活方式的指导，帮助其减轻病痛，直至恢复健康。

2. 建立健全健康行为干预“规划—诊断—实施—评估”机制

首先，家庭医生对于签约居民的健康行为干预需要进行统一、系统的规划，确保健康行为干预计划的完整性与针对性；其次，健康行为干预还需要一套科学规范的诊断标准来对签约老年人进行分类；再次，无论是综合性的健康行为干预措施还是有针对性的健康行为干预方案，其具体实施必须要落实到位；最后，要形成系统的效果评估机制，对已经开展了的健康行为干预项目进行长期与短期的评估、定性和定量的分析[26]，以推动健康行为干预事业的可持续发展。

另外，由于社会动员是健康促进最基本也是最核心的策略，即以社区为基础的疾病防治、健康促进活动能最有效地动员社会资源，对于老年人的健康行为干预要以社区为基础开展，而就我国目前绝大多数地区而言，社区卫生服务中心家庭医生的签约服务范围都是以社区为单位划分的，且通过建立健康档案，家庭医生可以较为方便地了解到每一位签约居民及其家庭的健康资料，进而更有效地制订出真正适合签约居民的、规范化的、系统性的健康行为干预计划，有效改善签约居民的健康行为。

参考文献

[1] 唐圆圆，魏晓瑶，高东平. 国外家庭医生服务模式[J]. 中国初级卫生保健，2015，（2）：9-11.

[2] 黄海红，郑宁. 英国家庭医生制度对我国分级诊疗模式的启示[J]. 解放军医院管理杂志，2016，23（3）：296-298.

[3] 安华. 英美全科医生对我国医疗保险费用控制的启示[J]. 北京市工会干部学院学报，2005，20（4）：38-42.

[4] 杨华，祝墡珠. 中英美全科医学运行模式的比较[J]. 全科医学临床与教育，2006，4（3）：177-180.

[5] 孟群. 国外全科医学发展与我国全科医学教育面临的问题及思考[J]. 中国全科医学，2001，4（3）：169-171.

[6] 王承就. 古巴的家庭医生制度及对中国农村医改的启示[J]. 社会科学家，2008，（7）：40-42.

[7] 鲍勇，杜学礼，张安，等. 基于社区健康管理的上海市家庭医生制度发展战略与策略（待续）[J]. 中华全科医学，2012，10（7）：997-998.

[8] 李军，富丽慧，茅颜祺，等. 我国家庭医生制度发展状况及优化建议[J]. 药品评价，2015，12（22）：14-17，47.

[9] 戚春玲，郝桂荣. 锦州市老年居民健康知识和健康行为现状[J]. 中国老年学杂志，2013，33（15）：3772-3773.

[10] 郭振友，石武祥，黄情，等. 广西桂林市社区老年人健康知识认知与需求分析[J]. 中国健康教育，2014，30（6）：531-535.

[11] 李冬梅，曹梅娟. 中国农村老年人健康行为阻碍因素[J]. 中国老年学杂志，2014，34（5）：1336-1338.

[12] 纵蒙蒙，徐辉，巢健茜，等. 南京市老年人健康自我管理现状[J]. 中国老年学杂志，2015，（14）：4002-4004.
[13] 王楠，韩颖，亓恒美，等. 连续护理对老年慢性病患者健康知识掌握程度和自理能力改善程度的影响[J]. 中华现代护理杂志，2016，22（27）：3968-3971.
[14] 于虹. 社区老年人口腔健康知识、信念、行为现状的调查研究[D]. 河北医科大学硕士学位论文，2008.
[15] 关淑芬，郑春丽，陈焕霞，等. 老年胃肠疾病患者健康知识态度行为及相关影响因素[J]. 中国老年学杂志，2014，34（7）：1920-1921.
[16] 董传利. 老年 2 型糖尿病患者口腔健康知识及行为调查结果分析[J]. 双足与保健，2017，26（21）：58，60.
[17] 李林芬. 汕头市社区中老年人群骨健康状况及知识、态度、行为现状调查[D]. 汕头大学硕士学位论文，2016.
[18] 鲁娟，史冬梅. 社区中老年人口腔健康状况与口腔知识掌握情况调查[J]. 养生保健指南，2017，（43）：69.
[19] 孙丹，孟雨姗，余珍，等. 心血管病预防知识水平与老年人心血管健康的相关性[J]. 中国康复理论与实践，2017，23（6）：714-719.
[20] 李玄. 60～80 岁庄河农村老年人健康知识知晓度与其健康相关生活质量的关系研究[D]. 大连医科大学硕士学位论文，2010.
[21] 方芸. 家庭医生签约服务模式下老年人健康知识及健康行为分析——以安康市汉滨区为例[D]. 西安交通大学硕士学位论文，2017.
[22] 西安市卫生健康委员会. 市卫计委召开家庭医生签约服务工作现场推进会[EB/OL]. http://xawjw.xa.gov.cn/ptl/def/def/index_937_7660_ci_trid_2708546.html[2018-01-02].
[23] 扈静，陈榕，蒋雪花，等. 社区开展家庭医生服务签约现状及影响因素分析[J]. 山西医药杂志，2017，（7）：764-767.
[24] 刘璐璐. 重庆市全科医生执业现状分析与对策研究[D]. 重庆医科大学硕士学位论文，2017.
[25] 陈曼曼. 老年人参与社区健康教育研究——以苏州工业园区加城社区为个案[D]. 苏州大学硕士学位论文，2015.
[26] 赵莉娟. 人口老龄化背景下的老年人健康干预研究——以上海市为例[D]. 上海交通大学硕士学位论文，2008.

教育管理篇

高校服务地方经济发展的模式创新研究
——以中国西部科技创新港为例

裴云龙[1]　郭菊娥[2]　李彦昭[3]

内 容 提 要

服务地方经济社会发展既是高校的重要使命，也是高校生存的基础和活力源泉。本文以中国西部科技创新港为例，通过诠释其创新驱动发展的“大平台+小前端”模式与产教融合一体化人才培养模式的运作体制，揭示该模式解决当前高校服务地方经济发展的痛点和难点的深层机理，为管理实践提供一个切实可行的参考模式。

当前高校服务地方主要通过创办大学科技园促进科研成果转化，然而目前的大学科技园市场化程度较低、功能单一。为了整合官、产、学、研、资、介、贸各方优势与力量，必须开展高校服务地方经济的模式创新，才能有效地整合高校的思想、成果、技术和人才，社会的资金、市场、信息，以及政府的土地、政策等优势，为学校和地方经济发展提供持续的增长点。本文将基于中国西部科技创新港的实践探索，从创新驱动发展的“大平台+小前端”模式与产教融合一体化人才培养模式两个方面分析高校服务地方经济发展的模式创新。

一、中国西部科技创新港

中国西部科技创新港（以下简称创新港）是教育部和陕西省人民政府共同建设的国家级项目，是陕西省和西安交通大学（以下简称西安交大）落实“一带一路”倡议、创新驱动发展战略与西部大开发战略的重要平台，由西安交大和西咸新区联合建设，落户于西咸新区沣西新城。创新港由核心区与产业区构成，从功能上分为四大板块，即科研板块、教育板块、转孵化板块和综合服务配套板块。核心区约 5000 亩[4]，其中科研板块和教育板块约 2100 亩，建成理、工、医、社科四大方向多个研究院。根据创新港“十三五”发展规

① 裴云龙，中国管理问题研究中心博士，助理研究员，主要研究方向为：技术创新与知识管理。

② 郭菊娥，中国管理问题研究中心博士，教授，博士生导师，主要研究方向为：高等教育与人才培养。

③ 李彦昭，中国管理问题研究中心博士研究生，主要研究方向为：投融资决策与科技成果转化。

④ 1 亩≈666.67 平方米。

划，2016～2018年为科研板块和教育板块主要建设期，为西安交大师生提供基本的学习、科研和生活环境；2018～2020年以转孵化板块和综合服务配套板块建设为主，全面建成创新港。

针对当前高校服务地方经济存在的弊端，创新港不仅是未来研究型大学创新平台的改革试点，也是西安交大开拓创新、服务国家战略和地方发展的重要机遇，将主要通过科技成果转化和创新人才培养两个途径服务地方经济发展。在科技成果转化方面，创新港将采用全新的发展理念和体制机制，通过吸引和整合政府、企业与高校的创新资源，构建并完善官、产、学、研、资、介、贸创新体系，结合社会实际需求有针对性地立项并攻关科研难题，重塑高校服务地方经济的角色，充分发挥核心区的成果转孵化作用，产业区的资源聚集与放大作用，实现科学研究、实验开发和推广应用的无缝对接，推动科技成果产业化和市场化。在创新人才培养方面，创新港将全面深化高等教育体制改革，以引导学生在"真实环境"中运用和检验理论知识、解决实际问题为培养导向，通过鼓励师生到企业参加实习或参与合作研究，着力在创新港营造一种积极探索、自主创新与成果转化的文化氛围，进而深度影响创新港各类人才的工作思想，增强将知识转变为现实生产力的价值认同感与行动参与度。

二、创新驱动发展的"大平台+小前端"模式

移动互联技术引发的管理革命使部分行业中的组织从传统的科层制逐渐向开放性平台模式转变，由创意个体组成的相对独立的工作团队成为平台型组织创新发展的关键动力和重要资源。"大平台+小前端"的"大平台"以坚实的管理或服务云平台支持前端的灵活创新，"小前端"则实现与"个性化需求"的有效对接。例如，滴滴出行科技有限公司建立大型云平台（即"大平台"），私家车司机作为"小前端"为用户提供豪华车、专车、快车和顺风车等多种个性化出行服务。这种新型的组织形态已经在实业界引起了巨大变革，我们认为创新港作为平台化组织，也应借鉴并创新"大平台+小前端"模式，以期开展高校服务地方经济发展的模式创新。

（一）创新港科技创新服务地方经济发展的"大平台"

依据"互联网+"战略，创新港服务地方经济发展的"大平台"可以分为线下服务平台和线上服务平台。创新港的线上服务平台与线下服务平台相互支撑，协同为服务地方经济发展做出贡献。

1. 线下服务平台

1）科研平台

按照体现科研产出组织发展目标、管理机制、资源配置和组织方式的差异原则，创新港将研究院分为以下四大类别，即政府批建类、自主批建类、联合共建类及股份共建类。

政府批建类研究院包括国家和省部委依托学校建立的政府系列重点科研机构，以及具有国家认可资质的科技服务机构，根据国家和省部对科研机构的战略发展需求而建立，受

到国家科技政策扶持，科技资源充足，是组织重大科研活动、产生重大科研成果的平台。例如，2015 年 11 月 18 日，陕西省人民政府依托西安交大优势学科和特色学科，重点围绕陕西省未来科技和产业的发展需求积极布局，一次性新建了 29 个陕西省重点实验室和工程技术研究中心。

西安交大自主批建类研究院包括：国家和地方政府、部门及其直属机构委托该校建立的科研机构（委托类）；根据学校战略发展需求设立的科研机构（发展类）；两个及以上院系联合设立的交叉学科科研机构（交叉类）；学校为筹备政府批建科研机构而先期建立的科研机构（筹备类）。西安交大自主批建类研究院的建立重点旨在构建跨院系的科研合作平台，推动学科交叉融合，深化学校科研合作体制和机制改革。

联合共建类研究院包括学校以协议形式与校外独立法人单位联合建立（联合共建）的科研机构，与国内企事业单位或国（或境）外企业合作建立的联合科研机构（企事业共建类），以及与国（或境）外大学、研究机构或组织合作建立的联合科研机构（一流大学共建类）。合作双方本着友好合作、共同发展、优势互补、互惠互利的双赢原则，在共同关注的相关领域，充分结合双方优势，合作开展科学技术研究，从而推动学校科研可持续发展，支持创新人才培养，促进原始创新、集成创新和消化吸收先进技术再创新，提高学校科研及学术国际影响力。例如，西安米兰理工联合创新中心、3M 中国西北研发中心、LG 联合研究机构、西安交通大学利物浦创新研究院，以及牛津大学-西安交通大学联合国际技术转移中心等机构均已确定落户创新港。

股份共建类研究院包括校企合作的股份制独立法人公司性质（股份共建）的科研机构，可以被视为企业集团研发性质的子公司，强化企业作为创新主体的技术能力，在研究项目立项之初就充分考虑成果转化的问题。股份制的本质规定之一是产权关系明晰。股份制不仅可以吸纳研究院建设和研究开发、中试生产的资金，使投资多元化，而且能较好地理顺与依托高校及其投资者企业的产权关系，从而使研究院有独立研究开发、中试生产即自主经营的条件，有利于科技成果的研究、开发、转化和研究院的自我发展。

2）科技服务机构

科技服务机构分为科技处和社科处。科技处的主要职责包括：①结合国家未来科学技术发展的总体战略和奋斗目标，进一步加强学校有关科技发展规划和科技政策的研究与制定，不断推进科技体制创新，从而为学校的科研事业发展提供有力的政策支持和保障。②根据科技体制改革的需要，制定和修订科研管理办法，组织实施有关学校科技激励和制约措施，使科研管理逐步走上规范化、制度化。③根据国家目标，结合学校优势，全力争取各类科研任务，积极策划和争取各级、各类重大和重点项目及重大成果，力求最大限度地为学校争取到更多的资源和“闪光点”，并同时做好各类项目的中后期管理工作。④积极策划和争取国家级、省部级和重点科研基地，对学校在建的各类国家重点实验室、专项实验室和开放实验室及国家工程研究中心进行管理与服务，促进这些学科科研工作的发展，积极争取项目经费，使之为多出、快出成果创造条件。⑤积极参与技术市场，争取大型企业集团和部分省、市的各类科研任务，做好科技成果转化和高技术产业化工作。⑥加强国内外学术交流，推进国际科研合作，扩大学校的国际影响力。⑦承担科学技术协会和校学术委员会秘书工作。⑧负责其他档案合同管理、法律事务咨询、科技论文管理、学术交流、科技信息宣传、科技统计等工作。⑨负责校内各单位科研秘书的培训和业务指导工作。⑩负责知识产权和专利管理工作。

社科处的主要职责包括：①根据国家方针政策和学校事业发展规划目标，制订学校人文社科科研发展规划和相应行动计划，形成政策措施并组织实施。②负责学校文科重点研究机构、智库建设，并配合有关部门促进人文社科学科建设；负责文科科研管理工作，组织各级各类项目、优秀成果奖的策划、申报及管理工作。③负责人文社科国际和横向科研合作、成果推广转化、科研协作组织交流及社会服务。④负责科研经费财务预决算。⑤负责人文社科名家推进、各种宣传、编写简报通信，各类数据统计分析和信息化建设。

3）科技中心

科技中心服务功能包括协助申报国家、省、市各类科技计划项目，培育和孵化具有市场潜力的科技成果；开展共性技术的推广扩散，推进校企合作，联合企业共同承担国家重点技术创新项目，参与行业共性、关键技术的开发和转移；开展成果推广、技术转移和技术资本运作，管理创新港技术成果所形成的知识产权；促进科技成果在企业进行孵化、转移及转化；负责对接希望与创新港合作的外部科技性投资机构等；为企业提供技术、人力资源和信息、咨询、法律、管理、培训等综合服务；与各地地方政府共建技术转移服务平台。

2. 线上服务平台

目前我国高校几乎很少有自主建立面向社会的科技服务平台，由此造成严重的信息不对称问题，科研人员不了解市场，难以找到合适的承接企业，企业个性化需求太多，缺乏直接和科研人员沟通的机会。当前科研人员参与科技成果转化流程复杂，风险太大，由此导致科研人员对成果转化的抵触。创新港各类研究院成立的目的是让科学研究更轻松，就是要最大限度地为科研人员提供便利，同时保障他们的利益。通过“线上+线下”的模式，减少不必要的高校和企业中间环节，让信息对等化，使整个行业加速运转。创新港服务地方经济发展的线上平台应该提供信息对接、科技评估、信用评价和支付结算、后勤保障和教育培训等功能模块。

1）信息对接模块

信息对接分为线上和线下两种方式，科研服务组织通过定期举办线下的科技成果对接会、洽谈会等集中有效地促进成果供需双方的接触和合作。最主要的是利用线上平台实现成果供需双方的信息互通。首先要对科技成果信息进行全面的统计和识别，从科技成果的属性和产权两个角度进行分类，为成果转化的可行性和转化方向进行初步判定。其次组织相关部门对科技成果进行严格的评估，评估内容包括技术成熟度、成果的经济价值和预期收益等。最后利用大数据智能匹配的方式精准对接企业，从而增加科技成果转化的时效性。

2）科技评估模块

科技成果完成信息对接过程后，需要评估科技成果以下几方面内容：①评估现有阶段的研究成果是否达到转化条件，如何进行孵化以达到转化条件；②评估孵化条件和孵化需求；③对拟转化企业的能力和条件进行考察评估；④对可转化科技成果的经济价值和预期收益进行评估；⑤对科技成果进行价值评估。经过以上系统性评估后对科技成果匹配最优的孵化条件、金融机构及投融资模式和转化企业。

3）信用评价和支付结算模块

当前产学研活动普遍缺乏对科研人员的评价，企业一般不会贸然寻求高校科研人员的技术支持。此外当前科技成果转化通常是“一事一例”，支付结算手续复杂，给科研人员和企业均造成不便。创新港的科技服务平台通过提供成果信息匹配、交易价格评估、项目落地追踪等一条龙服务，形成了集成信用评价和支付结算功能的客观条件。从而解决了企业难以选择科研人员和支付手续繁杂的问题。

4）后勤保障和教育培训模块

科技服务组织提供的后勤保障包括场地、商务设施等物理空间及成果供需双方洽谈的接待服务等，保证科研人员能全身心地投入科技成果转化过程。创新港占地面积 23 平方公里①，不仅拥有大量的办公空间可供大、中、小、微各种创新创业企业运行，还可以提供大量高质量的共享空间（如共享会议室、报告厅等）。当前科研人员普遍缺乏科技成果转化教育培训，对成果转化的流程和手续、与企业谈判的注意事项及技术合同的要点都不甚了解，往往在科技成果转化后续的商业活动中不能保障应有利益，创新港线上服务平台将提供系统的商业知识培训和规范的成果转化流程培训，为科研人员的利益保驾护航。

（二）创新港科技创新服务地方经济发展的“小前端”

创新港科技创新服务地方经济发展的“小前端”为各类服务团队和组织，包括科研团队、创业团队、中介服务组织、转孵化组织、投融资组织、科技码头等。这些团队和组织并不一定源自西安交大，它们在创新港“大平台”上作为“小前端”为地方经济发展提供多元化服务。根据与创新港的距离远近，可以将“小前端”分为“近端”和“远端”。

1. 服务地方经济发展的“近端”

“近端”包括创新港科技处、社科处、科技中心、西交科创基金、西交种子基金、西交材料基金等总规模 7 亿元人民币的创投基金，以及创新港的研究院和科研团队。这些西安交大的组织和团队，以及外围的孵化器和加速器，依托创新港平台，接受统一的科技服务培训和后勤保障，在信息对接的基础上为地方经济发展提供多元化服务。

2. 服务地方经济发展的“远端”

创新港平台可以整合政府、企业与其他高校的创新资源，形成服务地方经济发展的“远端”机构，即各类社会化的科技服务组织和团队，包括联合研究院、产业园、外部企业、社会化投融资机构等，统称“科研码头”“科研飞地”。例如，依托西安交大与陕西省各地市签署的校地战略合作协议，成立校地合作实体机构，为地市经济结构调整和产业升级提供科技服务，推动科技成果转化向各地市转移。

总之，创新港充分发挥“港”的特点，通过“大平台+小前端”模式，做好科技成果

① 1 公里=1 千米。

转化的收集者、存储者、传输者和服务者。同时，创新港立足于中国西部，放眼全国乃至世界，不但可以将本地、本校的科技成果在本地建立联系及进行孵化、转化，还可以将不同定位的或者不易在本地转化的科技成果送往全国乃至全世界进行转化，有效联系对接外地企业的科技需求，同时提供好相关服务；反之，创新港也可以将外地科技成果引入本地对口企业进行转化，提高本地硬实力的同时，增加就业岗位、提高地区生产总值、增加税收等。

三、创新港产教融合一体化人才培养模式

（一）研究生教育

一般研究型大学的教育是从简单的知识传授扩展到通过参加研究获得知识，包括学习获取知识的方法、对现存知识的重新解释及对新知识的探索[1]。现在，教学活动又受到第二次冲击，创新港的人才培养模式要求必须让学生在“真实环境”中运用和检验他们的学术知识，以解决实际问题为内容的教学成为创业型大学的重要课程特色。创新港的教学倡导科学主义与人文主义相互交融，基础研究与应用研究紧密结合，大学与产业界相得益彰，鼓励师生到企业参加实习或参与合作研究，并试图在校园中营造一种自主创业的文化氛围，以影响、改造人们的思想，使他们对自主创业产生认同感，激励他们朝着共同的目标努力。

（二）非学位教育

1953 年斯坦福大学成立了大学荣誉合作研究项目，为硅谷的工程师提供全职工作之余接受高等继续教育的机会，这个计划使企业的工程师得以保持技术优势，也进一步增强了企业和学校之间的联系，为斯坦福大学带动地方经济的发展奠定了坚实的基础[2]。

创新港的管理学院、教育学院、继续教育学院可以为区域社会公众提供大量的职业和短期培训课程、夜校课程和远程教育课程等课程。创新港可以创办专门开展培训工作的“培训中心”，与管理学院和技术中心紧密联系，面向园区企业员工开设大量短期的管理和技术培训课程，同时提供一定额度的奖学金。创新港通过发展非学位教育，不仅能够提升区域人力资源水平，而且能够给创新港带来一定的收入。

（三）“双创”教育

1. 依托创新创业教育特色课程体系，培养学生的创新创业精神

创新创业精神是创新港“双创”教育过程的“心脏”，也是学生需要培养的核心目标之一。创新港利用自身的师资力量，通过校内外各类资源搭建课程资源平台，为学生开设多样化的创新创业教育课程体系，建立了较为完善的创新创业教育课程体系，在课程体系构建中坚持文科和理科结合，教学和科研结合，文化教育与职业教育结合。

2. 与产业建立良好的生态关系，促进创新创业教育

创新创业无法脱离产业独立进行，创新创业教育实施也无法回避与产业的联系，只有将创新创业教育与产业有效连接起来，方可为创新创业教育提供发展的“沃土”[3]。与产业紧密联系是精英大学全球性的特征，创新港要与知名企业建立紧密的科研、生产、教育和经济联系，为科研成果尽快应用于教学、应用于实践提供外围保障，使研究生都可以从事应用性的研究和学习，从而使其能够在毕业后得以轻松地融入工作环境。

3. 基于跨学科学术组织变革，构建创新创业教育生态系统

创新港的定位为中国西部创新中心，需要整合学校和社会力量，在自然科学和工业创新等方面整合多学科力量，开展知识协同创新。创新港要在跨学科学术组织的基础上对创新创业人才培养进行变革，注重学生创业精神、国际视野、学科协同等素质的培养，从而为创新创业活动的成功奠定良好的基础。建立跨学科学术组织的治理结构，以跨学科合作研究和国际化合作研究为主要特色，旨在通过以项目研究为重点的研究生教育促进跨学科合作及校企合作，推进创新创业教育发展。

参考文献

[1] 陈霞玲，马陆亭. MIT 与沃里克大学：创业型大学运行模式的比较与启示[J]. 高等工程教育研究，2012，（2）：113-120.

[2] 董美玲. “斯坦福-硅谷”高校企业协同发展模式研究[J]. 科技管理研究. 2011，（18）：64-68.

[3] 秦斐，温珂. 构建有效的高校创新创业生态系统——制度安排与动力机制[J]. 科学学研究，2018，36（4）：601-608.

2008～2017 年大学新生的心理健康状况变迁研究

——以某“双一流”大学数据为例

闫 琼[①] 尚玉钒[②] 姚 斌[③]

内 容 提 要

在当代复杂多变的社会背景下，刚入校的大学新生面临诸多学习、生活等新环境的适应问题，其健康成长引起全社会的普遍关注。大学新生的心理健康状况对其顺利度过大学生活及成为合格的社会建设者具有重要意义。本文采用横断历史研究和元分析方法，分析随机抽取2008～2017年某“双一流”大学新生在《中国大学生心理健康量表》（“Chinese College Students Mental Health Scale”，CCSMHS）上的得分，考察其变化趋势及新生心理健康状况的差异。数据分析发现，这批大学新生在2008～2017年心理健康状况的趋势趋于好转，而在强迫和精神病倾向这两个因子上的症状略有加重，同时还发现了他们在不同类别方面（如性别、是否是独生子女等）的差异。最后，本文提出改善大学新生的心理健康状况是一个系统工程，需要国家、学校、个体三者的相互配合来发挥作用。在国家层面，政府应提供政策支持、营造良好氛围；在学校层面，可开设提升心理健康的普遍性课程，也要针对不同类别的学生开展专项的研究及教育；在个体层面，学生应发挥自主能动性，掌握灵活的心理调节方法。

一、引　　言

目前，我国正处在改革的极速转型过程中，科技进步不断加快、网络信息日益更新、多种文化与思潮不断地碰撞，伴随着经济的飞速发展，给身处其中的所有人带来了巨大的

① 闫琼，西安交通大学管理学院在读博士生，西安交通大学学生处大学生心理健康教育与咨询中心教师。

② 尚玉钒，西安交通大学管理学院组织管理系教授，博士生导师。

③ 姚斌，西安交通大学学生处大学生心理健康教育与咨询中心主任。

个人生存、发展压力。作为刚进入高校开启新生活的大学新生，正处在整合自我同一性，确定自己未来发展方向和目标的过程中，他们更会承受较大的压力，可能会出现迷茫、恐惧、担心等情绪。面临诸多生活环境、生活方式的变化，如不及时调整，就会呈现出各种各样的心理问题，更严重者，会产生休学、退学等后果。因此，忽视大学新生的心理健康状况会产生一系列不良后果[1]。

自 20 世纪 90 年代起，政府对大学生心理健康教育工作日益重视，出台了一系列的相关政策和指导性文件。尤其最近两年，连续发布文件：2017 年 12 月，中共教育部党组发布《高校思想政治工作质量提升工程实施纲要》，2018 年 7 月，中共教育部党组印发了《高等学校学生心理健康教育指导纲要》（教党〔2018〕41 号），政府与国家一系列的举措充分肯定了心理健康教育在高校教育中的重要性，如何引导并帮助大学生顺利度过大学阶段，提高他们的心理调适能力，已成为当今教育界和国家共同关注的焦点问题。

本文旨在通过分析 2008～2017 年的社会变迁下的大学新生心理变化趋势，发现大学新生的心理发展规律，以便采用针对性的方式从多视角来应对大学新生出现的心理困扰，提高大学新生的心理健康水平。

二、中国大学新生心理健康状况的研究状况

（一）大学生心理健康的定义

目前对于大学生心理健康的定义是结合了大学生的生理、心理状态，给出的具有大学生特点的定义。肖静怡[2]认为应从四方面判断大学生心理健康：①人际关系方面。个体的心理健康经常体现在人际关系和谐的状态，以及调控人际关系的能力。②情绪情感方面。如果大学生个体具有稳定愉快的情绪体验，同时具有适应能力，那么个体的心理健康状况就有可能更为良好。③适应水平方面。良好的适应能力是在新的环境中，个体有能较快地从不舒服转变成舒服状态的能力。④自我认知方面。自我认知对个体的心理健康状况有非常重要的作用，个体自我认知协调，悦纳自我时，心理状态也会更为良好。此外，还有一些学者提到了智力、道德、社会公德等方面。本文结合肖静怡给出的多维度诊断大学生心理健康的定义，将大学新生的心理健康状况定义为：大学新生心理健康状况是大学新生自己感知与自我、环境是否协调一致的状态，是否适应环境、社会等的状态。

（二）大学新生心理健康状况的研究状况

大学新生作为社会的未来建造者和创造者，其心理健康状况非常重要，这关系到我们国家建设的进程和方向。如何成就一个良好的开始，是大学新生的主要任务，也是国内外研究的重点[3,4]。

1. 横断面研究的大学新生心理健康状况

纵观文献，目前关于大学新生的心理健康状况的研究大多采用横断面研究，主要集中于

具体某一年的大学新生的心理问题的呈现，或进行理论探讨，或通过数据分析，试图发现大学新生心理健康状况的普遍水平及在不同类别上的差异（如性别、是否是独生子女等）。但众多研究并没有统一结论。

一方面，有些研究者认为大学新生心理健康状况良好。曹莹和赵鹏[5]对西安某高校的大学新生进行研究，结果显示：2008 年大学新生心理健康总体状况良好。张录全和肖建伟[6]对 2013 年的大学新生进行调查，发现大学新生的整体心理健康状况良好。

另一方面，一些研究者的研究又得出相反结论：认为大学新生心理健康状况堪忧，如刘秀菊[7]对某高校 2007 年大学新生进行调查，发现大学新生心理障碍检出率较高，大学新生存在多种心理问题。耿艳和敬丹萤[8]对 2009～2012 年的大学新生的心理健康状况进行研究，认为大学新生的心理健康状况不佳。

这类研究虽能很好地呈现当年大学新生的心理状态情况，但并不能形成统一的结论，即目前大学生的心理健康状况究竟如何，是日趋严重还是有所减轻？由于研究结论互相矛盾，无法根据这些结论对大学新生进行精准定位，从而也就无法进行合理教育，容易造成无效干预，甚至是资源浪费。

2. 纵向研究的大学新生心理健康状况

为了更好地透过现象发现内在蕴含的规律，本文采用两种研究方法：一种是元分析方法。“元分析是一种数据再分析的方法，它是对关于同一问题的多项独立的定量研究结果进行再分析，进而得出更具普适性的结论”[9]，它由美国教育学家 Glass 于 1976 年引入教育领域。毛良斌和郑全全[10]将元分析的方法引入中国心理学领域，通过整合不同研究设计、不同时期的研究资料[11]，对研究结果进行综合统计分析，发现其中的趋势及规律。鉴于它可以考查不同的趋势在不同类别（如年龄、性别等）上的变化，非常适合研究大学新生的整体趋势这一问题。

另一种为横断历史研究，这种方法由美国学者 Twenge[12-14]提出，通过将一系列针对同一问题的研究按照时间顺序进行排序，并将研究当作在不同历史阶段进行的横断取样，对跨越一段历史时间段的相关差异或变异进行元分析研究。这种研究重视历史时间段即不同年份中个体的心理变化，重点讨论社会环境对个体心理的影响作用。因此，采用横断历史研究的方法探讨连续几年的大学新生心理健康状况的变化规律非常合适，目前已有一些研究进行了相关的尝试和探索[15-20]。

（三）大学新生心理健康常用普查问卷

目前，大学新生心理健康常用普查问卷有：症状自评量表（symptom checklist 90，SCL-90）和大学生人格问卷（university personality inventory，UPI），以及 CCSMHS。这三种心理健康量表各有特点。本文对新生心理普查选用的是 CCSMHS。CCSMHS 是 2005 年教育部基于心理健康的不同分类组织编制的，其中有十个分类来探查大学生的心理健康状况。自面世后，得到众多高校心理健康普查工作的认可，有研究者[21]通过对比研究，发现 CCSMHS 更适用于新生心理普查。

三、2008～2017 年大学新生的心理健康状况的调查与分析

（一）对象与方法

（1）对象：某“双一流”大学 2008～2017 年本科新生，按 10%[22]的比例抽取出新生 3740 人，其中，男生 2068 名，女生 1672 名；汉族为 3363 人，其他民族为 377 人；独生子女为 2249 人，非独生子女为 1491 人；理工科专业 2374 人，文科专业 790 人，艺术类专业 576 人；大城市 926 人，中小城市 1164 人，小城镇 693 人，农村 957 人。

（2）工具：CCSMHS。该量表由教育部《大学生心理健康测评系统》课题组等[23]于 2005 年编制，共包括 104 个题目，可以分为 12 个维度，分别为躯体化、焦虑、抑郁、自卑、社交退缩、社交攻击、性心理障碍、偏执、强迫、依赖、冲动、精神病倾向。量表采用 Likert5 点计分法，1 分（没有）～5 分（总是），本量表各分量表的内部一致性信度在 0.7330～0.8552，重测信度在 0.352～0.804。

（3）调研过程：培训辅导员作主试，以班级为单位，进行集体施测、个别补测的办法，尽量做到全面测试。

（4）统计方法：使用《中国大学生心理健康测评系统》配套软件进行数据录入、问题倾向新生筛选，并使用 SPSS 19.0 统计软件进行统计分析。

（二）结果与分析

1. 2008～2017 年大学新生的心理变化情况

将 2008～2017 年的年份作为虚拟变量，赋值为 0～9，将年份与各心理健康因子做相关分析，发现（表 1）：躯体化、抑郁、自卑、社交攻击、偏执、依赖、冲动因子与年份呈显著负相关，即大学新生在这些因子上的症状随着年份的增加而不断好转。其他因子与年份没有显著相关性。若只考察整体的趋势，会忽略如性别、是否是独生子女等不同类别下的趋势和差异，从而将这些类别的影响模糊化，造成识别不出规律的情况。因此，将性别、是否是独生子女等不同类别分别考察，探索在不同类别下年份与各因子的关系。

表 1 年份与各心理健康因子的相关

变量	躯体化	焦虑	抑郁	自卑	社交退缩	社交攻击	性心理障碍	偏执	强迫	依赖	冲动	精神病倾向
年份	−0.040*	−0.015	−0.111**	−0.058**	−0.023	−0.091**	−0.001	−0.082**	0.032	−0.040*	−0.038*	−0.016

*p<0.05，**p<0.01

2. 不同类别下的大学新生心理健康状况的变化情况

本文采用横断历史研究进行分析，试图发现不同类别的大学新生在 2008～2017 年 10 年间的变化情况。在横断历史研究中，横断历史研究分析的重点是不同年代心理健康各因子的均值 $\overline{X}$ 的变化趋势，主要通过效果量 d 来衡量，研究的平均标准差 S 通过将所有研究的标准差求平均而得。效果量 d 或解释率 r^2 的统计主要是基于不同类别的大学新生的心理健康各因子与年份的相关程度，相关程度显著的因子会进一步进行横断历史研究的统计，

从而进一步探索不同类别的大学新生心理健康状况随着年份的具体变化趋势。

对不同性别大学新生的心理健康各因子与年份做相关统计，结果显示（表 2）：男性大学新生的躯体化、抑郁、自卑、社交攻击、偏执因子随着年份的增加而逐渐下降。女性大学新生的抑郁、自卑、社交攻击、偏执、冲动因子随着年份的增加逐渐下降。

表 2　不同性别大学新生心理健康各因子与年份相关状况

性别	躯体化	焦虑	抑郁	自卑	社交退缩	社交攻击
男	–0.059**	–0.028	–0.118**	–0.053**	–0.038	–0.081**
女	–0.019	0.000	–0.100**	–0.064**	–0.004	–0.106**
性别	性心理障碍	偏执	强迫	依赖	冲动	精神病倾向
男	0.000	–0.085**	0.025	–0.042	–0.012	–0.032
女	0.009	–0.077**	0.040	–0.039	–0.070**	0.005

$*p<0.05$，$**p<0.01$

进一步对不同性别的大学新生做横断历史研究，还发现（表 3 和表 4）：2008～2017 年，男性大学新生在躯体化、抑郁、自卑、社交攻击、偏执因子上有所好转；女性大学新生在抑郁、自卑、社交攻击、偏执、冲动因子上有所好转。

表 3　男性大学新生心理健康各因子的变化量

因子	$\overline{X}_{2017}$	$\overline{X}_{2008}$	$X_{变化}$	S	$\overline{d}$	r^2
躯体化	46.22	47.94	–1.72	8.84	–0.19	0.009
抑郁	45.72	47.44	–1.72	9.18	–0.19	0.009
自卑	46.16	46.31	–0.14	9.68	–0.02	0.000
社交攻击	45.02	46.62	–1.60	9.04	–0.18	0.008
偏执	45.89	46.82	–0.93	9.29	–0.01	0.002

注：$\overline{X}_{2017}$ 为 2017 年心理健康各因子的均值；$\overline{X}_{2008}$ 为 2008 年心理健康各因子的均值；$X_{变化}$ 为 2017 年与 2008 年同一心理健康因子得分的差异；S 为 2017 年和 2008 年同一心理健康因子的平均标准差；$\overline{d}$ 为平均效果量；r^2 为解释率

表 4　女性大学新生心理健康各因子的变化量

因子	$\overline{X}_{2017}$	$\overline{X}_{2008}$	$X_{变化}$	S	$\overline{d}$	r^2
抑郁	45.56	48.31	–2.74	8.88	–0.31	0.023
自卑	45.71	48.79	–3.08	9.05	–0.34	0.028
社交攻击	45.24	47.74	–2.50	8.76	–0.28	0.020
偏执	45.22	47.55	–2.33	8.63	–0.27	0.017
冲动	46.69	48.52	–1.84	9.00	–0.20	0.010

对不同民族的大学新生心理健康各因子与年份做相关统计，结果显示（表 5）：汉族大学新生在抑郁、自卑、社交攻击、偏执因子上的得分随着年份增加而不断下降，而在强迫因子上的得分随着年份增加而不断上升。少数民族大学新生在躯体化、焦虑、抑郁、自卑、社交退缩、社交攻击、偏执、强迫、依赖、精神病倾向因子上的得分随着年份增加而不断下降。

表 5　不同民族大学新生心理健康各因子与年份相关状况

民族	躯体化	焦虑	抑郁	自卑	社交退缩	社交攻击
汉族	–0.026	0.001	–0.101**	–0.045**	–0.010	–0.810**
少数民族	–0.160**	–0.132*	–0.185**	–0.147**	–0.131*	–0.164**

续表

民族	性心理障碍	偏执	强迫	依赖	冲动	精神病倾向
汉族	0.008	–0.068**	0.055**	–0.026	–0.030	0.000
少数民族	–0.054	–0.185**	–0.127*	–0.175**	–0.059	–0.131*

*p<0.05，**p<0.01

对不同民族的大学新生的心理健康状况进行横断历史研究发现（表略）：2008～2017 年汉族大学新生在抑郁、自卑、社交攻击、偏执因子上显著好转，而在强迫因子上更为严重。2008～2017 年少数民族大学新生在躯体化、焦虑、抑郁、自卑、社交退缩、社交攻击、偏执、强迫、依赖、精神病倾向因子上均显著好转。

对是否是独生子女的大学新生心理健康各因子与年份做相关统计，结果显示（表 6）：独生子女大学新生在躯体化、焦虑、抑郁、自卑、社交退缩、社交攻击、偏执、依赖因子上的得分随着年份增加而不断下降，而在强迫、精神病倾向因子上的得分随着年份增加而不断上升；非独生子女大学新生在抑郁、自卑、社交攻击、偏执因子上的得分随着年份增加而不断下降。

表 6　是否是独生子女大学新生心理健康各因子与年份相关状况

类别	躯体化	焦虑	抑郁	自卑	社交退缩	社交攻击
独生子女	–0.160**	–0.132*	–0.185**	–0.147**	–0.131*	–0.164**
非独生子女	–0.014	–0.008	–0.093**	–0.060*	–0.050	–0.082**
类别	性心理障碍	偏执	强迫	依赖	冲动	精神病倾向
独生子女	–0.054	–0.185**	0.127*	–0.175**	–0.059	0.131*
非独生子女	–0.010	–0.078**	0.006	–0.019	–0.034	–0.027

*p<0.05，**p<0.01

对是否是独生子女的大学新生的心理健康状况进行横断历史研究发现（表略）：2008～2017 年独生子女大学新生在躯体化、焦虑、抑郁、自卑、社交退缩、社交攻击、偏执、依赖因子上均显著好转，而在强迫、精神病因子上更为严重。非独生子女在抑郁、自卑、社交攻击、偏执因子上均显著好转。

对不同家庭所在地的大学新生心理健康各因子与年份做相关统计，结果显示（表 7）：来自大城市的大学新生在抑郁因子上的得分随着年份增加不断下降，而在强迫因子上的得分随着年份增加而不断上升；来自中小城市的大学新生在抑郁、社交攻击、偏执因子上的得分随着年份的增加不断下降；来自城镇的大学新生在抑郁、自卑、社交攻击、偏执、依赖、冲动因子上的得分随着年份增加而不断下降；来自农村的大学新生在躯体化、抑郁、社交攻击因子上的得分随着年份增加而不断下降。

表 7　不同家庭所在地的大学新生心理健康各因子与年份相关

类别	躯体化	焦虑	抑郁	自卑	社交退缩	社交攻击
大城市	–0.007	0.045	–0.071*	–0.010	0.025	–0.055
中小城市	–0.015	–0.020	–0.093**	–0.027	0.003	–0.080**
城镇	–0.060	–0.074	–0.156**	–0.118**	–0.054	–0.141**
农村	–0.067*	–0.011	–0.094**	–0.061	–0.024	–0.120**
类别	性心理障碍	偏执	强迫	依赖	冲动	精神病倾向
大城市	0.031	–0.064	0.081*	–0.025	–0.002	0.042

续表

类别	性心理障碍	偏执	强迫	依赖	冲动	精神病倾向
中小城市	0.012	−0.069*	0.037	−0.013	−0.040	−0.024
城镇	−0.040	−0.112**	−0.018	−0.086*	−0.097*	−0.022
农村	0.025	−0.102	−0.017	−0.017	−0.055	−0.046

*p<0.05，**p<0.01

对不同家庭所在地的大学新生的心理健康状况进行横断历史研究发现（表略）：2008～2017 年来自大城市的大学新生在抑郁因子上显著好转，而在强迫因子上显著加重；来自中小城市的大学新生在抑郁、社交攻击、偏执因子上均显著好转；来自城镇的大学新生在抑郁、自卑、社交攻击、偏执、依赖、冲动因子上均显著好转；来自农村的大学新生在躯体化、抑郁、社交攻击因子上均显著好转。

对不同专业的大学新生心理健康各因子与年份做相关统计，结果显示（表 8）：理工科大学新生在抑郁、社交攻击、偏执因子上的得分随着年份增加而不断下降，在强迫因子上的得分随着年份增加而不断上升；文科大学新生在抑郁、自卑、社交攻击、偏执、依赖、冲动因子上的得分随着年份增加而不断下降；艺术类的大学新生在焦虑、抑郁、自卑、社交攻击、偏执、冲动因子上的得分随着年份增加而不断下降。

表 8　不同专业大学新生心理健康各因子与年份相关状况

类别	躯体化	焦虑	抑郁	自卑	社交退缩	社交攻击
理工科	−0.033	0.013	−0.081**	−0.029	−0.003	−0.057**
文科	−0.049	−0.027	−0.134**	−0.094**	−0.037	−0.129**
艺术类	−0.060	−0.088*	−0.192**	−0.106*	−0.049	−0.161**

类别	性心理障碍	偏执	强迫	依赖	冲动	精神病倾向
理工科	0.029	−0.058**	0.065**	−0.019	0.010	0.008
文科	−0.041	−0.096**	−0.012	−0.090*	−0.109**	−0.036
艺术类	−0.005	−0.129**	−0.019	−0.041	−0.108**	−0.062

*p<0.05，**p<0.01

对不同专业的大学新生心理健康状况进行横断历史研究发现（表略）：2008～2017 年理工科大学新生在抑郁、社交攻击、偏执因子上均显著好转，而在强迫因子上则日趋严重。文科大学新生在抑郁、自卑、社交攻击、偏执、依赖、冲动因子上均显著好转。艺术类大学新生在焦虑、抑郁、自卑、社交攻击、偏执、冲动因子上均显著好转。

因此，根据相关结果及进一步的横断历史研究检验，我们发现汉族大学新生、独生子女大学新生、大城市大学新生、理工科大学新生在强迫因子上随着年份的增加呈现日益严重的趋势，而少数民族大学新生，非独生子女大学新生，中小城市、城镇、农村大学新生，文科、艺术类大学新生在心理健康其他因子上随着年份的增加均呈现逐渐好转的趋势。

3. 不同类别的大学新生 2008～2017 年心理健康水平的差异比较

为探索不同类别的大学新生随年份的变化趋势是否一致，采用元分析的方法将不同类别的大学新生 2008～2017 年的变化趋势进行对比，从而发现类别间随年份变化而呈现出的差异趋势，为大学新生的心理状况的调整和改善提供更有针对性、更具体的对策与建议。

元分析方法的步骤如下。首先进行异质性检验，判断各项因子的异质性是否存在统计学差异，若异质性显著则用随机效应模型，若异质性不显著，则选用固定效应模型。然后计算各因子的平均效果量和95%的置信区间（confidence interval，CI）。平均效果量是否存在显著差异主要是通过平均效果量的 CI 进行判断：在统计分析中，如果 95%的 CI 包括了 0 则等价于 $p>0.05$，即不存在显著差异；若 95%的 CI 不包含 0（均大于 0 或均小于 0）则等价于 $p<0.05$，即存在显著差异。以下研究均基于此方法计算各因子的平均效应量和 CI，从而判断大学新生 2008～2017 年心理健康状况在不同类别上的差异变化。

为了解不同性别大学新生 2008～2017 年心理健康水平的差异大小，进行元分析统计，结果发现（表 9）：男生在躯体化因子上的得分显著低于女生，即女生的在该因子上症状较男生明显；男生在性心理障碍与偏执因子上的得分显著高于女生，即男生的该症状较女生明显。

表 9　不同性别大学新生的心理健康状况差异的平均效应量

因子	平均效应量	95%的 CI		因子	平均效应量	95%的 CI	
		下限	上限			下限	上限
躯体化	−0.078	−0.147	−0.009	性心理障碍	0.159	0.093	0.225
焦虑	−0.024	−0.091	0.042	偏执	0.090	0.023	0.157
抑郁	0.065	−0.001	0.132	强迫	−0.038	−0.104	0.029
自卑	0.060	−0.007	0.127	依赖	−0.060	−0.127	0.007
社交退缩	−0.016	−0.083	0.051	冲动	0.001	−0.066	0.067
社交攻击	0.009	−0.057	0.076	精神病倾向	0.026	−0.038	0.091

为了解是否是独生子女的大学新生 2008～2017 年心理健康水平的差异大小，进行元分析统计，结果发现（表 10）：独生子女大学新生在焦虑、抑郁、自卑、社交退缩、性心理障碍、依赖这些因子上得分显著低于非独生子女大学新生，即非独生子女大学新生在这些因子上的症状较独生子女大学新生明显。

表 10　是否是独生子女大学新生的心理健康状况差异的平均效应量

因子	平均效应量	95%的 CI		因子	平均效应量	95%的 CI	
		下限	上限			下限	上限
躯体化	−0.053	−0.120	0.014	性心理障碍	−0.158	−0.225	−0.091
焦虑	−0.071	−0.138	−0.004	偏执	−0.021	−0.088	0.046
抑郁	−0.156	−0.223	−0.089	强迫	−0.000	−0.067	0.067
自卑	−0.172	−0.240	−0.106	依赖	−0.171	−0.238	−0.104
社交退缩	−0.202	−0.269	−0.135	冲动	0.035	−0.032	0.102
社交攻击	0.037	−0.030	0.104	精神病倾向	−0.062	−0.129	0.005

为了解不同民族的大学新生 2008～2017 年心理健康水平的差异大小，进行元分析统计，结果发现（表略）：不同民族的新生在这 10 年间在心理健康各因子上不存在显著差异。

为了解不同专业的大学新生 2008～2017 年心理健康水平的差异大小，进行元分析统计，结果发现（表略）：理工科大学新生在躯体化因子上的得分显著低于文科大学新生，即文科大学新生在该因子上的症状较理工科大学新生明显；理工科大学新生在躯体化、依赖因子上的得分显著低于艺术类大学新生，即艺术类大学新生在该因子上的症状较理工科大学新生明显；理工科大学新生在性心理障碍、偏执因子上的得分显著高于于艺术类大学新生，即理工科大学新生在该因子上的症状较艺术类大学新生明显。文科和艺术类大学新生这 10 年间在心理健康各因子上不存在显著差异。

为了解不同家庭所在地的大学新生 2008～2017 年心理健康水平的差异大小，进行元分析统计，结果发现（表略）：来自大城市的大学新生在社交退缩因子上的得分显著低于来自中小城市的大学新生，即来自中小城市的大学新生在社交退缩因子上的症状较来自大城市的大学新生明显；来自大城市的大学新生在抑郁、自卑、社交退缩、依赖因子上的得分显著低于来自城镇的大学新生，即来自城镇的大学新生在这些因子上的症状较来自大城市的大学新生明显；来自大城市的大学新生在抑郁、自卑、社交退缩、性心理障碍因子上的得分显著低于来自农村的大学新生，即来自农村的大学新生在这些因子上的症状较来自大城市的大学新生明显；同时，来自大城市的大学新生在社交攻击、强迫、冲动因子上的得分显著高于来自农村的大学新生，即来自大城市的大学新生在这些因子上的症状较来自农村的大学新生明显；来自中小城市和城镇的大学新生这 10 年间在心理健康各因子上不存在显著差异；来自中小城市的大学新生在自卑、社交退缩、性心理障碍、依赖因子上的得分显著低于来自农村的大学新生，即来自农村的大学新生在这些因子上的症状较来自中小城市的大学新生明显；同时，来自中小城市的大学新生在社交攻击、冲动因子上的得分显著高于来自农村的大学新生，即来自中小城市的大学新生在这些因子上的症状较来自农村的大学新生明显；来自城镇的大学新生在社交退缩、性心理障碍因子上的得分显著低于来自农村的大学新生，即来自农村的大学新生在这些因子上的症状较来自城镇的大学新生明显；同时，来自城镇的大学新生在冲动因子上的得分显著高于来自农村的大学新生，即来自城镇的大学新生在冲动因子上的症状较来自农村的大学新生明显。

四、大学新生的心理健康状况的主要问题

通过对 2008～2017 年的数据分析，我们可以看到，我国大学新生的总体心理健康形势较好，这与廖友国[24]、陈喆和胡莹[25]的研究结果基本一致。但仍然存在一些问题及潜在的风险。

（一）我国大学新生的强迫状况普遍日趋严重

在本文中，根据横断历史研究进行分析发现：在汉族、独生子女、大城市、理工科类别上，均出现了强迫状态随着年份的增加逐渐上升的趋势。这表明随着年份的不断变化，强迫症状成为一种较为普遍性的情况，且日趋严重。

强迫症状目前是大学新生的主要心理问题。强迫症状[26]是指个体在某些情况下会表现出一些明知没必要，却无法摆脱的想法或行为，而这些想法或行为又会被个体评估为无意义。有强迫症状的个体往往会表现出强迫与反强迫的同时存在，正是因为这种矛盾的状态，使其感受到痛苦，想要摆脱但无力摆脱，从而影响个体正常的生活、工作和学习，严重者甚至会产生自我放弃的想法和行为。

强迫症状产生究其原因有三方面：首先，从社会环境来说，人的心理状态受环境的影响，中国社会正处在快速发展变化的过程中，辛自强等[17]指出，中国城市化的加速发展影响了个体的强迫症状等各项心理健康指标。中国社会竞争激烈，不论是学习还是工作，都是高度紧张的环境和氛围，使得个体的生理和心理负担越来越重，身处其中的个体都经受着巨大的心理压力。这就要求他们及时地进行自我调整，以便适应新的社会生活环境。同时，大学新生经历了从由老师、家长管控的中学生活到要求其自主安排学习、生活的大学生活，他们的任务已经由如何被动地等待老师安排任务转变为自己设定并主动完成目标这一过程，这对大学新生来说是全新的挑战，使其处于未知的恐惧中，这很有可能成为新生强迫症状检出率高的主要原因。

其次，从家庭环境来说，家庭中的父母感受到了来自外部环境的压力，因此为了让孩子能适应不断变化的社会，也在有意无意地对青少年的强迫症产生重要影响[26]。訾非[27]研究发现：因为社会不断变化，身处在城镇中产阶级家庭的父母迫切地想让孩子处在社会的较高阶层，所传达出强迫的思维或者行为成为孩子模仿的榜样，因此，家庭文化的强迫性也会致使青少年强迫症状的出现。

最后，从大学新生自身来说，他们正处于世界观、人生观的形成期，往往会形成高标准的理想自我，他们会根据理想自我的设定，对自己高标准、严要求，但当理想与现实发生冲突或者发现理想无法实现时，会质疑自己的能力，呈现出一些片面化、主观化的错误自我认知，并引发焦虑，而当他们为了摆脱焦虑状态时，就有可能表现出强迫症状。同时，大学新生由于其发展的特殊性，生理和心理处于不稳定的阶段，情绪波动较大，更容易钻牛角尖，出现“摆脱不了毫无意义的想法”的状态。此外，大学新生为了保持自己的成绩优势，也在有意无意地形成一种刻板的性格，表现出类似强迫的症状，如过度的延迟满足、完美主义等[28]。

（二）非独生子女大学新生的心理健康状况欠佳

本文发现，非独生子女大学新生的心理健康状况比独生子女大学新生差。这一结果与一些研究结果一致。王强等[29]、刘振红等[30]的研究表明：独生子女的心理健康水平在总体上是要高于非独生子女的。詹启生等[31]通过研究发现在躯体化、焦虑、抑郁、自卑、社交退缩、性心理障碍、强迫、依赖与精神病倾向方面，独生子女大学生心理健康水平明显偏高；而在冲动方面，非独生子女大学生的心理健康水平明显偏高。

独生子女政策法规是中国在特定时代下为了社会发展，采取特定政策产生的特殊情况，独生子女大学新生的心理健康状况优于非独生子女大学新生的心理健康状况的原因，可能与家庭所在地及与父母的关系有关。因为中国的政策倾斜，农村比城市出现了更多非独生子女的情况，同时，农村与城市的经济状况有一定的差距。有研究发现[32]：个体的身体健康、心理健康均与社会经济地位存在正相关。当独生子女的家庭经济状况较好，父母文化水平较高，有优越的生活环境和成长环境时，父母关注的焦点不只在生存，还会更重视子女的发展，从而有更多的关心、照顾、沟通、交流，尤其当子女遇到困难或问题时，父母会及时察觉他们的状态，并伸出援手。因此，他们遭遇的心理矛盾冲突会减少，更易表现为心理健康的状态。相比之下，非独生子女的个体多数来自农村，经济条件也相对较差，父母因为受到很大的生存压力，对子女的教育和关注相对较少，有些父母长期不在子女身边，并且非独生子女的父母大多在农村，所受教育有限，缺乏一些良好的沟通方式，更容易让孩子感受到孤独，即使求助，也可能得不到想要的关心或帮助。同时，非独生子女的家庭中，因为不止一个孩子，父母对孩子的关注会平均到每一个孩子身上，这样相比独生子女，非独生子女得到的关注就会较少，使得父母可能不能及时发现孩子的问题，长此以往，当遇到的问题不能及时排解时，非独生子女更易产生一种孤独感，甚至是自卑感，从而出现人际关系敏感、抑郁、焦虑等症状，表现出心理健康状况不好的状态。

（三）不同性别及专业的大学新生呈现特定心理问题

本文发现，在数据区间内：男性大学新生在躯体化因子上的得分显著低于女性大学新生，即女性大学新生的躯体症状较男性大学新生明显，男性大学新生在性心理障碍与偏执因子上的得分显著高于女性大学新生，即男性大学新生的症状较女性大学新生明显。大多数研究认为：男女生因为性别的原因在心理健康上存在一些差异。辛自强等[17]的研究发现：男女生的心理健康发展有不同的轨迹。在本文中，发现男生更容易在性心理障碍上出问题，究其原因，在于男生与女生的性心理发育规律不一致[33]。王军和罗文萍[34]对四川大学生的性焦虑进行调查，发现男生在性知识缺乏和性心理上的焦虑水平显著高于女生。而在偏执方面，传统文化认为，男性应该更富有成就感，更加具有果敢、坚强、进取、竞争等特点；同时，中国文化中所特有的面子文化，又加强了男生的自我塑造和自我期待，使得男生更容易产生固执、偏执的情况。在躯体化方面，由于女生心理、生理的特点，对情绪较为敏感，传统文化认为女性应该温柔、体贴等，女生更容易以被动忍受的方式面对冲突，此外，当今文化强调的完美女性的形象影响了女生的方方面面，女生非常关注自己身体的变化，更容易因身体发育而产生负面情绪，因此，在躯体化的因子上显著高于男生。

专业作为一种环境，会使在不同专业学习的学生或多或少都带有专业自身的特点，学习和训练的不同会对不同专业的学生产生巨大的影响。本文发现：理工科大学新生在躯体化因子上的得分显著低于文科大学新生，即文科大学新生在该因子上的症状较理工科大学新生明显；理工科大学新生在躯体化、依赖因子上的得分显著低于艺术类大学新生，即艺术类大学新生在该因子上的症状较理工科大学新生明显；理工科大学新生在性心理障碍、偏执因子上的得分显著高于于艺术类大学新生，即理工科大学新生在该因子上的症状较艺术类大学新生明显。文科和艺术类大学新生 2008～2017 年在心理健康各因子上不存在显著差异。一般认为，文科生长期受文科教育的培养与熏陶，形成了不同于理科生的观念与思维方式，更易敏感与情绪化，而理科生受到理科专业的训练，更为理性，因此，文科大学新生在躯体化因子上显著高于理科大学新生。艺术类大学新生情感丰富，充满理想主义色彩，一般自我意识较为突出，较为敏感，情绪很容易受环境的影响产生波动，因此，躯体化因子上显著高于理科大学新生。在偏执因子上，因为理科的训练要求个体不断钻研问题、探索问题，而艺术类的训练则要求更为灵活，因此理科大学新生会表现出更为偏执的特点。

（四）农村大学新生心理问题最为突出

目前，中国正处在社会不断变迁、改革不断深化的过程中，知识更新速度及生活节奏加快，社会竞争激烈，这些变化直接引起了人们思想观念、心理行为的变化。农村和城市因为生活环境的不断变化，形成了不同的文化，使得农村和城市大学新生形成不同的价值观、生活方式、生活态度等。而大学一般在城市，在大学中，大学生普遍进入探索自我的阶段，两种文化在大学相遇，使得农村学生群体处在城市文化的边缘，更容易发生文化适应性的危机。郑文婷[35]认为相当一部分农村大学生属于城市主流文化之外的亚文化群体，农村大学生的心理问题实质上是城市和农村两种文化的冲突问题。农村的文化是基于土地的文化，不突出个性，满足集体的利益，更为看重人与人之间的以诚相待。而城市文化则脱离了土地的文化，更加强调个体的灵活、多变。当农村大学新生的生活环境经历由从农村到城市的转变时，更需要适应的过程。

从大学新生的家庭来看，农村大学新生家庭对其期望较高，但又不知如何提供帮助，当农村大学新生在确定他们的学习、就业目标时，往往因为缺乏指导和支持，而感到茫然、不知所措，不断产生心理压力，当他们的各种心理压力得不到合理释放时，更容易出现适应困难、焦虑、抑郁、缺乏自信、人际关系敏感等心理问题。

五、改善大学新生的心理健康教育的建议

（一）政府提供政策支持、营造良好氛围

首先，加强社会普及，营造生活氛围。目前，中国处于不断变化发展的过程，身处其中的个体在不断调整和适应，努力为在变化中生存寻找办法，随之产生一定的心理压力，尤其是最近几年，我国的经济形势不景气，生活压力、心理压力都在增加，因此政府需要制定政策减少贫富差距，给予没有生存能力的个体以基本的最低生活保障及良好的医疗保障，并鼓励他们积极就业。同时，政府宣传应侧重于如何更好地生活，而不限于生存，引导整体心态的转变。大学新生身处压力环境中，或多或少感受到了生存的压力，因此，引导他们转变思维，调整心态，普及乐观观念，从问题导向转变为目标导向，为达到目标而努力。同时，引导大学新生设立远大的理想，尤其与国家紧密相关，当个体专注于理想时，会努力成长，将遇到的困难视为暂时的，保持信心学习，充满乐观状态，从而减少大学新生的强迫状态的产生。

其次，提供政策支持。目前，国家正在实施二孩政策，但大量的研究结果显示：独生子女的心理健康状况好于非独生子女。因此，政府在实施二孩政策的同时，不只是鼓励生育二孩，而是积极地为家庭提供支持，解除其后顾之忧，如给予二孩家庭父母指导意见，为二孩家庭提供一些物质的补偿，鼓励二孩的出生，不仅保障了二孩家庭的物质状态，同时让二孩家庭满足精神层面或心理层面的需要，从而增强二孩家庭孩子的心理健康水平。

最后，加强农村建设，重点在于精神文明建设。国家和社会要积极构建更加系统、有效的社会支持体系，政府需要在农村心理健康的宣传、干预等环节上给予更多的财政资金

支持，推动专门性心理健康的法律在广大农村的真正落地与实施。同时，通过不断加大对农村经济、教育的投入，重建适合农村的、独特的思想教育体系，基于农村现存状态，重建以村民委员会为基础层层扩大的体系。在这个体系中，需要由国家引导进行独特的农村精神文明建设，有针对性地开展农村建设，增强农村大学新生的底气，发挥农村学生的心理特点，如踏实、勤奋等；同时，深入研究农村学生的特点，组织专业人员采用具有农村特点的教育，编写适合农村特点的教材、教学内容，不是一味地追随或“克隆”城市教育，从而在学习的早期就能为农村学生提供信心，使他们即使在面对和农村巨大差异的城市生活时，仍然保有信心，最终提高他们的心理健康水平。

（二）学校针对性进行预防与干预，建构独特的心理健康教育体系

首先，形成积极向上的校园文化。校园文化为大学新生的健康成长提供了重要的“浸入”环境，在大学中，塑造积极、乐观、向上的校园文化，使大学新生受到感染并认同、模仿，最终影响身处其中的每个个体，使其形成积极乐观的态度，更容易适应校园生活，拥有良好的人际关系，获得更多的社会支持，更好地接纳自我。使身处其中的大学新生倾向以积极、乐观的方式行事，获得良好的情绪、情感体验，使长期处于紧张状态的个体很快放松，促进身心的恢复和发展。

其次，学校提供普及型的心理健康教育。在大学新生入校伊始，学校统一开设心理调适的基本课程，同时开设有普遍性的强迫状态调整的课程。从而使得学生能在普遍接受基本的心理调适课程的同时，针对自己的强迫状态进行调整和改善，确认自己内心的放松状态，减轻学生对未来的不确定感和焦虑感。

再次，学校开设针对性的教育。针对具有独特特点的群体，如根据性别、专业上所表现出的独特特点开设有针对性的课程。例如，为女性大学生开设身体与心灵联结的课程，使女性大学生能够在出现躯体化状态时，觉察到自己的情绪，并针对特定情绪进行处理。对男性大学新生开展性心理教育，针对男生的心理、生理特点，开展一系列的讲座、培训、行为训练等。针对男性大学新生的偏执状态，可以进行特定的思维训练，如发散性思维的训练，目的使他们能看到事情发展的更多可能性，增加问题解决的更多选择。在给文科大学新生上课时，教师需有意识地培养文科学生的专业自信心，以及理性思维，使得文科大学新生能够更有信心面对未来的就业，以及更能客观地看待自己的专业。针对艺术类学生，可以开设一些如何调整自身情绪的课程，从而使他们能觉察自身情绪并调整自身的状态，以更为理性的方式面对。对理工科大学新生则需要开设一些调整思维灵活性的课程，从而训练他们能够灵活、多面地考虑和分析问题。

最后，对来自农村的大学新生的教育重点在新环境适应。目前的高校基本在大城市，即使农村学生的自信水平提高，有一些支持体系，但因为来到一个与过去生活环境有巨大差异的地方，仍然需要比来自大城市的学生更多的自我调整与适应，因此对来自农村的大学新生重点在于新环境的适应。对农村学生提供有针对性的新生适应课程、讲座、培训，唤起他们的自信心，从而使农村大学新生更快、更好地适应大学生活，减少他们心理健康问题的出现。

（三）学生发挥自主能动性，掌握灵活的心理调节方法

首先，正确认识自我和环境的关系。大学新生要尝试认识和理解强迫状态，因为环境对个体的影响，使强迫状态随年份的增加而不断上升。反思强迫产生的时间、强迫产生时自己的想法，以及强迫带来的后果和影响，当大学新生能意识到强迫是为了应对当下问题时采用的一种方式，有其合理性，就可以用新的视角看待强迫，并重新评估目前的环境，是否依旧采用原有的解决方式，还是可以换另一种方式。当个体发现问题能解决，自己有掌控感时，就会放松下来，强迫会有所减轻。同时，大学新生可以尝试寻找与社会和谐相处的办法和途径，增强当个体成功解决问题的体验，从而提高个体适应环境的信心，当个体放松下来，也同样能减少强迫状态的产生。

其次，探索性别与专业对个体的影响。大学新生可注意社会的性别角色观念对自己的影响，基于对自己的理解和认识，逐渐形成能适应环境并具有自我特点的人。同时，不同专业对学习的个体具有特定的影响和训练，因此，大学新生可以尝试理解专业对自己的影响，在努力学习的同时，学习一些灵活的调节方法，使个体在需要时能及时做出调整，减轻心理压力。

最后，尝试进行正确归因。事件的归因对个体有非常重要的影响。归因理论认为，能力、努力、任务难度和运气是个体解释成败的四因素，当个体将失败或错误归因于努力不够等内在可控因素或外在因素则不容易对自己失去信心；反之，如果将失败或错误归因于能力不够等内在不可控因素则容易失去信心。因此，需要个体具有自主管理自我的意识，明白归因的重要作用，不断改善自己的思维方式，寻找自己的归因不合理性，发现更好的归因方式，不只是关注归因，而是将专注点由归因转到目标，当个体由问题导向转向目标导向时，个体就更容易挣脱出情绪的干扰，专注于目标的达成。

加强和改善大学生心理健康教育工作，是一项复杂的系统工程，需要国家、社会、学校和学生自身多方面的共同努力。通过构建更加系统、有效的社会支持体系，同时激发学生自我调适的主动性和积极性，从而使得大学新生逐渐成为心理健康、适应社会快速变化的合格的社会建设者和接班人。

参 考 文 献

[1] 张积家. 大学生解读人类心灵的钥匙——读张厚粲教授主编的《大学心理学》后有感[J]. 心理学探新，2001，（4）：57-59.

[2] 肖静怡. 2005年至2013年大学新生心理健康纵向研究——以南京大学为例[D]. 南京大学硕士学位论文，2014.

[3] 熊燕，邓云龙. 湖南某高校2005—2008届新生心理健康状况[J]. 中国心理卫生杂志，2010，24：619-624.

[4] 陶锋. 大学新生心理健康调查分析与教育对策[J]. 教育与职业，2014，（33）：91-93.

[5] 曹莹，赵鹏. 大学生心理健康调查与分析[J]. 中国社区医师（医学专业半月刊），2009，11：231-232.

[6] 张录全，肖建伟. 大学新生心理健康水平调查[J]. 心理与行为研究，2015，13：70-75.

[7] 刘秀菊. 高校新生心理健康状况及影响因素研究[D]. 山东大学硕士学位论文，2008.

[8] 耿艳，敬丹萤. 大学新生心理健康状况调查[J]. 中国学校卫生，2014，35：1233-1234，1236.

[9] 利普西 M，威尔逊 D. 实用数据再分析法[M]. 刘军，吴春莺译. 重庆：重庆大学出版社，2008.

[10] 毛良斌，郑全全. 元分析的特点、方法及其应用的现状分析[J]. 应用心理学，2005，11：354-359.

[11] 夏凌翔. 元分析方法的几个基本问题[J]. 山西师大学报（社会科学版），2005，32：34-38.
[12] Twenge J M. The age of anxiety? Birth cohort change in anxiety and neuroticism，1952-1993[J]. Journal of Personality and Social Psychology，2000，79：1007-1021.
[13] Twenge J M. Changes in women's assertiveness in response to status and roles：a cross-temporal meta-analysis，1931-1993[J]. Journal of Personality and Social Psychology，2001，81：133-145.
[14] Twenge J M. Birth cohort changes in extraversion：a cross-temporal meta-analysis，1966-1993[J]. Personality and Individual Differences，2001，30：735-748.
[15] 辛自强，池丽萍. 横断历史研究：以元分析考察社会变迁中的心理发展[J]. 华东师范大学学报（教育科学版），2008，26：44-51.
[16] 辛自强，张梅. 1992 年以来中学生心理健康的变迁：一项横断历史研究[J]. 心理学报，2009，41：69-78.
[17] 辛自强，张梅，何琳. 大学生心理健康变迁的横断历史研究[J]. 心理学报，2012，44：664-679.
[18] 辛自强，辛素飞，张梅. 1993 至 2009 年大学生焦虑的变迁：一项横断历史研究[J]. 心理发展与教育，2011，（6）：648-653.
[19] 张迪. 不同生源地大学新生心理健康状况的变迁（2006～2013 年）[J]. 心理学探新，2015，35：561-566.
[20] 张本钰. 大学新生心理健康状况发展趋势研究——以福建省 3 所高校 12 年间新生心理健康状况调查为例[J]. 思想教育研究，2018，（2）：135-139.
[21] 熊燕，彭萍，彭瑜. CCSMHS 和 SCL-90 在大学新生中的应用比较研究[J]. 中国健康心理学杂志，2009，17：579-581.
[22] 邵志强. 抽样调查中样本容量的确定方法[J]. 统计与决策. 2012，（22）：12-14.
[23] 教育部《大学生心理健康测评系统》课题组，郑日昌，邓丽芳，等.《中国大学生心理健康量表》的编制[J]. 心理与行为研究，2005，3：102-108.
[24] 廖友国. 大学新生心理健康状况研究[J]. 宁波大学学报，2013，35：18-24.
[25] 陈喆，胡莹. 近 5 年大学新生心理健康调查结果比较分析[J]. 现代预防医学，2012，39：4476-4479.
[26] Waters T L，Barrett P M. The role of the family in childhood obsessive-compulsive disorder[J]. Clinical Child and Family Psychology Review，2000，3：173-184.
[27] 訾非. 感受的分析：完美主义与强迫性人格的心理咨询与治疗[M]. 北京：中央编译出版社，2012.
[28] 刘东台. 大学新生心理困扰的性别特点[J]. 中国健康心理学杂志，2007，15：39-42.
[29] 王强，宋丽娟，唐平，等. 医科大学新生心理健康状况调查与分析[J]. 中国健康心理学杂志，2008，16：623-626.
[30] 刘振红，苏便苓，李拥军，等. 农村高中独生女与非独生女个性与心理健康分析[J]. 中国健康心理学杂志，2011，19：336-338.
[31] 詹启生，程诺，李秒. 独生子女与非独生子女大学生心理健康比较[J]. 中国健康心理学杂志，2017，25：1414-1418.
[32] 张驰，许英美，陈斯琪，等. 非独生大学新生心理健康状况[J]. 中国健康心理学杂志，2015，23：1102-1107.
[33] 王加权. 藏区学生学业成绩的性别差异在不同群体间的异质性分析[D]. 陕西师范大学硕士学位论文，2018.
[34] 王军，罗文萍. 多元文化背景下大学生性焦虑状况研究——以四川省高校为例[J]. 现代预防医学，2015，42：4314-4316，4321.
[35] 郑文婷. 社会变迁视角下农村生源大学生心理健康问题及干预研究[D]. 福建师范大学硕士学位论文，2014.

西部农村初中生教育发展调查报告*

梅　红[①]　吴尚凌[②]　宋倩楠[③]

内容提要

农村初中生教育发展关系到农村人才培养和教育事业全局，其创新能力发展在我国创新型国家建设中具有基础性、先导性、全局性的作用。当前，数量庞大的农村初中生作为潜在的创新人才后备力量，仍与城市学生存在较大差距，其创新潜能有待充分挖掘，本文即是在此背景下展开的探索。

在对美国、新加坡基础教育特征进行梳理和分析的基础上，本文选取陕西省宁强县五所中学开展实地调研，针对当前农村初中生个体、家庭、学校基本情况，以及学生的多样性经历、个体创新行为等方面设计并发放问卷，依据4641份有效数据结果，进行描述性统计、因子分析、多元回归分析，形成以下研究结论与政策建议。

研究结论：当前我国西部农村初中生中，寄宿学生比例高达59.17%，留守学生比例高达61.80%，农村中学寄宿与留守情况较为普遍；寄宿学生、留守学生与其他学生相比，在第一课堂经历上没有显著差别，但是在第二课堂经历、个体创新行为上均存在显著差异；农村初中生的多样性经历、个体创新行为得分情况一般，学生的多样性经历对激发个体创新行为具有显著正向影响作用；随着年级的升高，农村中学生的个体创新行为反而呈现明显下降的趋势；来自家庭的教育支持对个体创新行为具有显著的正向影响作用。

政策建议：学校教育、家庭教育、社会教育是人才培养的有机系统，三者需要相互配合、共同发力。未来，学校及社会各界还需要继续关注留守学生、寄宿学生，为他们营建良好的学业成长环境；学校在重视课堂教育的同时，要关注、激发第二课堂活力；落实国家《关于深化教育体制机制改革的意见》，注重培养学生创新能力，克服应试教育中存在的问题；充分调动和发挥家长的积极作用，建立起科学有效的家庭教育体系。

一、引　　言

关注农村初中生创新行为发展顺应了我国创新型国家建设的时代要求，也是对国家提

---

* 基金项目：国家社会科学基金项目“中西部农村留守儿童教育支持测度与精准关爱研究”（17BSH071）。

① 梅红，西安交通大学公共政策与管理学院副教授。

② 吴尚凌，西安交通大学公共政策与管理学院硕士研究生。

③ 宋倩楠，西安交通大学公共政策与管理学院2018届硕士毕业生。

出“为乡村学生提供公平而有质量的教育”①政策的贯彻，更是提升农村学生社会竞争力的必由之路。然而，现阶段我国城乡教育仍然差异较大，农村教育还存在一些突出问题，具体表现为以下两方面。

一方面，我国农村学生规模庞大，留守、寄宿现象普遍，西部农村地区留守、寄宿问题更为突出。2019 年 1 月发布的《中国农村教育发展报告 2019》统计数据表明，截止到 2017 年底，我国在校学生中，处于义务教育阶段的学生共计 1.45 亿人，包括城区学生 5029.43 万人、村镇学生 9506.33 万人②，农村在校生占全国在校生总数的近 2/3。民政部于 2018 年 8 月发布的数据显示，全国农村留守儿童数量为 697 万余人，70%以上分布在中西部省区市[1]。农村初中生群体中，寄宿学生数量为 1681.3 万人，占学生总数的 58.6%，这一比例在西部农村地区甚至高达 67.1%[2]。可以看出，我国义务教育阶段的农村学生规模庞大，其中留守学生、寄宿学生均占到半数以上，西部农村留守学生、寄宿学生比例更高，这些学生由于父母长期外出务工、家庭教育缺失、亲情匮乏等问题，更需要研究者和社会关注。

另一方面，我国城乡教育“软实力”差异明显，城乡学生在综合素质、创新能力等方面还存在显著差距。数据显示，2012～2016 年的 5 年间，为了更有效地促进教育公平，国家在中部和西部地区投入的地方财政性教育经费年均增长率已达 11.3%和 12.3%，明显高于东部地区的 10.2%。此外，我国启动了“全面改善贫困地区义务教育薄弱学校基本办学条件专项督导工作”、出台《乡村教师支持计划（2015—2020 年）》、面向家庭经济困难学生实施建档立卡工作等，经过一系列改革，城乡教育的“硬实力”差距逐渐缩小，但学生的人文素养、创新潜能、科研实践能力等“软实力”差距依旧明显。全国青少年科技创新大赛（China Adolescents Science & Technology Innovation Contest，CASTIC）评奖结果显示，中学组一等奖获奖者中，城乡学生比例相差悬殊③（图 1），城乡教育发展不均衡问题仍然存在。

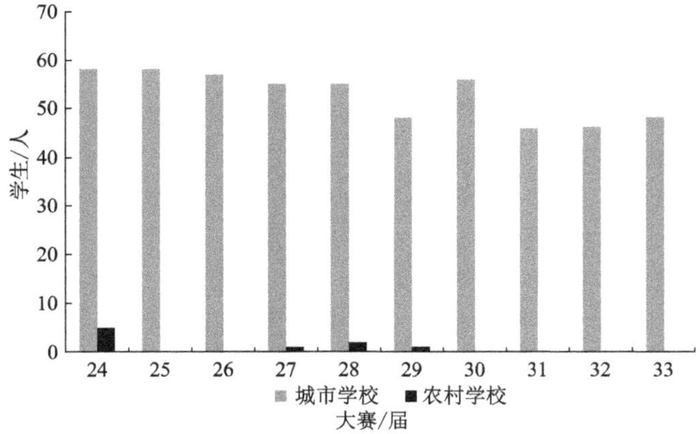

图 1　全国青少年科技创新大赛一等奖获奖情况对比

① 引自《国务院办公厅关于全面加强乡村小规模学校和乡镇寄宿制学校建设的指导意见》。

② 《〈中国农村教育发展报告 2019〉发布，农村学生从“有学上”转向“上好学”》，http://www.sohu.com/a/290542959_372546?sec=wd，2019 年 1 月 21 日。

③ 大赛资讯名单公示栏. 全国青少年科技创新大赛官网. http://castic.xiaoxiaotong.org/News/FileNewsList.aspx?ColumnID=1011000105，2018 年 8 月 19 日。

在上述背景下，本文首先对国外中学教育发展情况及特征进行梳理和分析；其次，对我国西部农村初中生教育发展现状实施调研，以 2017 年 12 月陕西省汉中市宁强县为例，选取不同类型学校，针对学生寄宿、留守情况，以及父母教育期望、学生的多样性经历、个体创新行为等关键变量进行调查分析；最后，依据实证分析结果，对我国西部农村地区教育发展提出相关政策建议。

二、国外基础教育发展情况及特征分析

教育是培养人才的重要方式，基础教育作为教育体系的起点和基石，更是深刻地影响着一个国家的人才体量与质量。美国、新加坡是世界教育强国，也是世界上最富科技创新力的国家，本文以两国的基础教育发展为例，剖析其学校教育过程、教育产出的特点，为我国人才培养提供参考借鉴。

（一）美国基础教育发展情况及特征

美国历来都将基础教育作为教育发展的重中之重，先后通过多种方式进行基础教育改革。为了使义务教育进入新阶段，充分提高公立学校的基础教育质量，美国于 2002 年 1 月 8 日颁布了《不让一个孩子落伍》（*No Child Left Behind*）法案，而后美国教育部颁布了《美国教育部 2002—2007 年战略规划》，提出创新教育文化，增加阅读、数学和科学的学习深度，提高学生成绩，加大教育科研力度等发展目标，全面保障《不让一个孩子落伍》法案的实施。几年的实践证明，这一法案有效地促进了基础教育质量的提高，最大限度地保证了教育的公平性[3]。此外，美国的基础教育十分重视培养学生的创新思维与能力，其教育环境、课程设置、教学环节等方面均较为关注学生创造力的提升（表 1）。例如，在教育环境方面，受到杜威的“以学生为中心”课堂教学理论和乔姆斯基的“先天主义”教育理论的影响，美国实施了开放式课堂，充分体现对学生的尊重[4]；在教学模式上，以弗吉尼亚州为例，2010 年，弗吉尼亚州的老捐赠中心学校（Old Donation Center School）的教师就率先将创造性问题解决（creative problem solving）模式应用到课程教学中[5]，通过认识挑战、产生想法、准备问题的行动计划和制订具体的问题解决方案四个部分，培养学生发散思维与聚合思维，促进小组合作学习。

表 1　美国基础教育特点分析

特点	具体表现	作用
课堂教学气氛活跃	实施开放式课堂，不指定固定座位，班级规模小；鼓励学生随时提问	营造自由氛围，培养学生的批判思维能力
课程内容丰富多彩	构建了必修与选修课程相结合、分科与综合课程相结合、学科与活动课程相结合、显性与隐性课程相结合[6]的多元化课程体系	丰富课堂经历，提供创新性所需要的基础知识
独立性的课题研究	开设研究型课程，要求学生独立开展甄选选题、撰写报告、演讲汇报工作	独立式体验，培养学生的科学探索精神
鼓励家长参与	专设家长协调员，协助家长与学校进行沟通，推动家长的学校教育活动	保障家长知情权，突出家庭教育作用
发挥社区优势	社区为学生提供了充足的免费基础设施，如图书馆、阅览室、公园等	丰富课外经历，激发学生兴趣

（二）新加坡基础教育发展情况及特征

新加坡的教育政策和教育实践都特别重视对学生创新意识的培养。早在 20 世纪 90 年代，新加坡就将学生的创新培养纳入教育法案中。1993 年颁布的《新加坡教育法》指出：学校教育的宗旨是培养学生的探索精神和活跃思维，鼓励学生将理性思维贯穿于思考、提出、讨论、争论、解决问题的全过程[7]。之后新加坡教育部又将学生的创新能力上升为未来的教育目标之一，在其发表的教育纲领性文件——《理想的教育成果》中，明确指出毕业生应具有革新精神，能独立思考，善于表达自己[8]。在教育政策的实施方面，新加坡通过陆续的教育改革，逐渐形成了一批特色鲜明的教学实践（表 2）。

表 2　新加坡基础教育改革实践及特色

措施	教学内容及特色
课程设置改革	削减课程内容（不包括体育、音乐和美术等课程）的 10%～20%，多出的时间称为“白色空间”（white space），让学生自由支配，发展创意
教学方法改革	2004 年提出“少教多学”（teach less，learn more）的教育思想，充分激发学生在课堂上的主人翁意识，转变教学模式，鼓励学生积极主动地发现知识，更注重教学过程而非结果
评估方法改革	对学生的在校表现进行详细记录，自 2008 年起将其列入专门颁发的毕业证书中；增设课外活动项目内容，对学生的非学术活动表现予以充分肯定；完善学校排名标准，不止关注学校学术成绩
加强教师培训	为教师提供更多的新技术、新资讯、新方法的专门培训；有计划、有目的地把教师送到校外交流、学习，拓展视野、丰富实践经验；培训并激发教师的创新思维
训练创新思维	面向学生开设创新思维训练课程，并将批判思维技能融入课程中，培养学生以创意方法去思考、研究和探索
搭建展示平台	各校安排专门教师激发学生创意，资助学生推进并实施创新想法，形成创新作品，并通过开辟专门场地、搭建专门平台等方式允许学生充分表达创意理念，展示创意成果

（三）小结

通过对国外基础教育发展的梳理和分析发现，美国、新加坡的基础教育发展具有以下共同点。

第一，美国、新加坡对中小学的教育中特别强调创新意识与创新能力的培养，且其教育实践大多与先进的教育理念紧密结合，在国家教育政策的指导下开发具体课程改革方案，逐渐形成侧重创新能力培养的教育体系。

第二，注重营建开放自由的课堂教学氛围，树立学生的主体地位，充分尊重学生个性发展，鼓励学生积极探索，并在保证基础课程学习的基础上，为学生提供多元化的课程方案，促使学生培养创新意识。

第三，强调学习过程中的多元化体验，注重课内教学与课外实践的充分结合，创造机会，使学生能够接触到不同人物、场景，并在新的场景下应用、拓展课内知识与技能，营建多样化的学习经历，促进创新产生。

第四，家庭、社区共同参与学生教育。通过完善家长联络制度促进家庭成员参与子女教育沟通，依托社区丰富的文化资源同步开展教育活动，为学生成长提供家庭和社会保障。

三、以陕西省宁强县为例的西部农村学生教育发展分析

依托当前国家教育发展现状及国外教育改革的最新动态与趋势，本文重点关注西部

农村学生的个人特征、学校情况、寄宿与留守情况、家庭教育期望、学生的多样性经历及个体创新行为等关键因素，通过实地走访、问卷调查、数据分析，形成研究结论与政策建议。

（一）调查工具

调查采用问卷形式获取数据，包含预调研和正式调查两个环节。问卷分两个部分：第一部分对农村学生的性别、年级、学校类型及父母情况等基本信息进行调查；第二部分主要采用利克特五级量表对多样性经历和初中生个体创新行为进行调查。多样性经历测度借鉴美国大学生学习性投入调查（2008 年 National Survey of Student Engagement）[9]及学者鲍曼（Bowman）的研究[10]，作者结合我国教育现状发展并验证形成了两个维度的多样性经历量表[11]。个体创新行为的测度主要借鉴 Kleysen 和 Street 等学者的研究[12]，并结合农村初中生群体特征进行改编。问卷第二部分的具体题项如表 3 所示。

表 3　调研变量描述

变量	维度划分	测量题项
多样性经历	第一课堂经历、第二课堂经历	根据学习生活经历做出从 1（极少这样）到 5（经常如此）的选择：我愿意投入时间完成与所学知识相关的调查、报告、板报等；我愿意积极参与课堂讨论、小组学习、演讲报告等；我喜欢和老师沟通，获得反馈，并从中得到收获；我会主动学习课堂以外的相关知识；我喜爱阅读课外书籍，拓展视野，增长知识；我喜欢尝试各种探索与创作（如诗歌、绘画、视频创作等）；我会寻找并参与各种课外实践和社会志愿活动；我喜欢参加各种社团（课外）活动；我喜欢和不同地方、身份、背景的人交往，并试图了解他们
个体创新行为	创新想法产生、创新想法推进、创新想法应用	根据对自己的认知做出从 1（完全不符）到 5（完全符合）的选择：我会寻找机会改善现有的学习方式、方法；我会关注学习、生活中不常出现的问题；我会产生解决问题的新想法或方案；为了更深入地了解问题，我会多角度去分析；我会反思新想法或方案，以解决之前未被解决的问题；我会评估新想法的优缺点；我会尝试说服他人了解新想法或方案的重要性；我会推进新想法，使其有机会被实施；我会冒险支持新想法；我会尝试可能对学习有益的改变；我会在运用新想法的过程中找出其缺点；我会尝试将新方法运用到日常学习和生活中

（二）调查过程与数据来源

报告所用数据主要来源于 2017 年 12 月对陕西省汉中市宁强县开展的“中学生教育支持”的问卷调查。宁强县是陕西省南北交汇的山区县，位于汉中市西南角，与四川省接壤，远离中心市区；其境内多山地，以农业为经济支撑，工业基础较为薄弱，是汉中市下属县城中的贫困县之一；全县城镇化率约 49.1%，劳动人口外出务工现象普遍，初中学生留守、寄宿比重较高。因此，研究选取宁强县作为西部农村教育的代表开展实地调查。

调研选取在校生超过 300 人的当地学校展开，包括一所县城超级中学——宁强县第一中学，以及四所县域普通中学——宁强县荣程中学、铁锁关镇初级中学、胡家坝镇初级中学和宁强县高寨子中学。采取整群抽样的方法面向五校所有在读、在校的初中生展开，调查样本总量为 4643 份，有效样本 4641 份，其中寄宿学生 2746 人，占有效样本 59.17%，父母一方或双方外出务工的留守学生共 2868 人，占有效样本 61.80%。调研样本的学校分布情况如表 4 所示[13]。

表 4　调研样本的学校分布情况

学校类型	名称	学生/人	占比
县城超级中学	宁强县第一中学	2785	59.98%
县域普通中学	铁锁关镇初级中学	530	11.42%
县域普通中学	胡家坝镇初级中学	372	8.01%
县域普通中学	宁强县高寨子中学	293	6.31%
县域普通中学	宁强县荣程中学	663	14.28%
合计		4643	100.00%

（三）数据分析

1. 信效度检验

由数据信效度分析结果可知，初中生多样性经历量表两个维度的信度系数介于 0.669～0.744，个体创新行为量表三个维度的信度系数介于 0.699～0.796，表明问卷内部一致性较高，问卷符合设计要求。

对多样性经历量表进行进一步探索性分析发现，部分题项维度归属不明，如“我喜爱阅读课外书籍，拓展视野，增长知识”，删除该题项后，多样性经历量表共计 8 项题目，降维后的 KMO（Kaiser-Meyer-Olkin）值为 0.819，2 个维度的方差解释率分别为 29.81%、24.68%，累计解释方差为 54.49%，分别被命名为第一课堂经历、第二课堂经历（表 5）。第一课堂经历主要测度学生学习新知识、接触新领域、践行新活动的情况；第二课堂经历测度学生积极参加多元化活动，如文艺创作、社会实践，以及与不同群体互动交往的情况。

表 5　多样性经历的探索性分析

维度	题目	负荷
第一课堂经历	我愿意投入时间完成与所学知识相关的调查、报告、板报等	0.746
	我愿意积极参与课堂讨论、小组学习、演讲报告等	0.793
	我喜欢和老师沟通，获得反馈，并从中得到收获	0.770
	我会主动学习课堂以外的相关知识	0.602
第二课堂经历	我喜欢尝试各种探索与创作（如诗歌、绘画、视频创作等）	0.600
	我会寻找并参与各种课外实践和社会志愿活动	0.726
	我喜欢参加各种社团（课外）活动	0.750
	我喜欢和不同地方、身份、背景的人交往，并试图了解他们	0.655

运用探索性分析方法对个体创新行为量表进行分析发现，题项“我会寻找机会改善现有的学习方式、方法”维度归属不明，删除该题项后，个体创新行为量表共计 11 项题目，降维后的 KMO 值为 0.921，3 个维度的方差解释率分别为 24.79%、18.93%、16.74%，累计解释方差 60.46%，分别被命名为创新想法产生、创新想法推进、创新想法应用，分别代表个体创新行为形成的 3 个阶段（表 6）。

表 6　个体创新行为的探索性分析

维度	题目	负荷
创新想法产生	为了更深入地了解问题，我会多角度去分析	0.770
	我会产生解决问题的新想法或方案	0.747

续表

维度	题目	负荷
创新想法产生	我会反思新想法或方案，以解决之前未被解决的问题	0.726
	我会关注学习、生活中不常出现的问题	0.636
	我会评估新想法的优缺点	0.477
创新想法推进	我会冒险支持新想法	0.758
	我会尝试说服他人了解新想法或方案的重要性	0.748
	我会推进新想法，使其有机会被实施	0.726
创新想法应用	我会尝试可能对学习有益的改变	0.794
	我会尝试将新方法运用到日常学习和生活中	0.696
	我会在运用新想法的过程中找出其缺点	0.627

2. 样本基本情况

本文进一步对调研对象的基本信息进行描述分析，包含：性别、年级、是否是独生子女、学校类型、寄宿情况、留守情况、家庭收入、父亲受教育程度、母亲受教育程度、父亲期望学历、母亲期望学历、基础文化设施。此外，还包含学业成绩、子女物质保障、课外读物、父亲关心程度、母亲关心程度，均采用 5 点自评的方式（表 7）。其中学业成绩、子女物质保障、父亲关心程度、母亲关心程度均为得分越高情况越好，课外读物从 1 至 5 分别代表没有购买、购买 1～5 本、6～10 本、11～15 本、15 本以上五种情况。

表 7　变量的基本情况

项目	分类	人数/人	占比（或均值）
性别	男	2304	49.64%
	女	2337	50.36%
年级	初一	1554	33.48%
	初二	1547	33.33%
	初三	1540	33.18%
是否是独生子女	是	1453	31.31%
	否	3188	68.69%
学校类型	县城超级中学	2785	60.01%
	县域普通中学	1856	39.99%
寄宿情况	寄宿	2746	59.17%
	非寄宿	1895	40.83%
留守情况	留守	2868	61.80%
	非留守	1773	38.20%
家庭收入	低	1743	37.56%
	中	2532	54.56%
	高	366	7.89%
父亲受教育程度	低	1393	30.02%
	中	2196	47.32%
	高	1052	22.67%
母亲受教育程度	低	2278	49.08%
	中	1689	36.39%
	高	674	14.52%
父亲期望学历	低	337	7.26%
	高	4304	92.74%

续表

项目	分类	人数/人	占比（或均值）
母亲期望学历	低	306	6.59%
	高	4335	93.41%
基础文化设施	无	2960	63.78%
	有	1681	36.22%
学业成绩		4641	3.10
子女物质保障		4641	4.41
课外读物		4641	2.69
父亲关心程度		4641	4.34
母亲关心程度		4641	4.55

注：本表数据因进行了约分，可能存在比例合计不等于 100%的情况

在个体情况方面，此次被调研的农村初中生中男生 2304 人，占 49.64%，女生 2337 人，占 50.36%；初一学生 1554 人，占 33.48%，初二学生 1547 人，占 33.33%，初三学生 1540 人，占 33.18%；非独生子女 3188 人，占 68.69%，远超过独生子女人数；寄宿学生 2746 人，占 59.17%，非寄宿学生 1895 人，占 40.83%；留守学生 2868 人，占 61.80%，非留守学生 1773 人，占 38.20%；学生学业成绩均值 3.10，学业情况一般。

在家庭情况方面，低收入家庭 1743 人，占 37.56%，中等收入 2532 人，占 54.56%，高收入 366 人，占 7.89%，家庭收入整体处于中低水平。子女物质保障方面，均值为 4.41，表明父母给学生提供的物质条件基本能满足学生的日常所需。父亲受教育程度低的有 1393 人，占 30.02%，中等受教育程度 2196 人，占 47.32%，受教育程度高的为 1052 人，占 22.67%；母亲受教育程度低者为 2278 人，占 49.08%，中等受教育程度为 1689 人，占 36.39%，受教育程度高的为 674 人，占 14.52%。父母的受教育程度普遍较低，但父母对学生的教育期望普遍较高。农村初中生整体家庭文化资本较差，表现为多数学生购买课外读物数量不足。父母对子女的关心程度较高。

在学校、社区因素方面，县城超级中学的学生为 2785 人，占有效样本的 60.01%，县域普通中学为 1856 人，占 39.99%；学生所在社区或村庄没有配备图书资料室或文化室等基础设施的为 2960 人，占 63.78%，说明当前西部贫困农村地区公共文化资源较为匮乏。

3. 不同类别学生多样性经历和个体创新行为的差异分析

表 8 中可见，寄宿视角下学生情况和留守视角下学生情况存在显著差异。具体而言：在多样性经历及第二课堂经历上，非寄宿学生显著好于寄宿学生，非留守学生显著好于留守学生；在个体创新行为、创新想法产生、创新想法推进、创新想法应用上，非寄宿学生显著好于寄宿学生；在个体创新行为、创新想法产生、创新想法推进上，非留守学生显著好于留守学生。

表 8　多样性经历和个体创新行为的差异分析

项目	总体	寄宿情况			留守情况		
		寄宿	非寄宿	t 检验	留守	非留守	t 检验
多样性经历							
均值	3.07	3.04	3.10	**	3.05	3.10	*
标准差	0.753	0.728	0.784		0.743	0.770	

续表

项目	总体	寄宿情况			留守情况		
		寄宿	非寄宿	t检验	留守	非留守	t检验
第一课堂经历							
均值	3.08	3.08	3.08	Ns	3.07	3.09	Ns
标准差	0.860	0.824	0.905		0.850	0.875	
第二课堂经历							
均值	3.05	3.01	3.13	***	3.02	3.10	**
标准差	0.914	0.894	0.933		0.908	0.922	
个体创新行为							
均值	3.25	3.21	3.29	***	3.22	3.29	**
标准差	0.718	0.707	0.729		0.707	0.732	
创新想法产生							
均值	3.25	3.22	3.28	**	3.22	3.29	**
标准差	0.795	0.784	0.808		0.790	0.801	
创新想法推进							
均值	3.06	3.01	3.13	***	3.03	3.12	**
标准差	0.919	0.904	0.934		0.905	0.937	
创新想法应用							
均值	3.43	3.40	3.48	**	3.42	3.46	Ns
标准差	0.847	0.840	0.854		0.837	0.862	

***、**、*、Ns 分别表示 $p<0.001$、$p<0.01$、$p<0.05$、$p>0.1$

4. 农村初中生多样性经历对个体创新行为的影响

多样性经历对农村初中生个体创新行为的回归分析如表 9 所示，数据分析可知，性别、年级、学业成绩对农村初中生的个体创新行为及各维度都有不同程度的显著影响。研究验证了第一、第二课堂经历对学生个体创新行为及其三个维度均有显著影响，当前第一课堂经历对学生创新想法产生、创新想法应用具有更强的正向影响，而第二课堂经历则对创新想法推进产生更强的正向影响。模型 4 可见，男生、学业成绩、课外读物、母亲受教育程度高、父亲关心程度、母亲关心程度等因素对学生个体创新行为具有显著正向影响，但随着学校教育活动的深入，年级越高的学生，个体创新行为表现反而越差。

表 9　农村初中生多样性经历对个体创新行为的回归

变量	创新想法产生	创新想法推进	创新想法应用	个体创新行为
	模型 1	模型 2	模型 3	模型 4
性别（女=0）	0.110^{***}	0.083^{***}	-0.023^{+}	0.077^{***}
年级（初一=0）				
初二	-0.094^{***}	-0.037^{*}	-0.062^{***}	-0.080^{***}
初三	-0.128^{***}	−0.012	-0.052^{**}	-0.085^{***}
独生子女（是=0）	0.000	0.006	0.006	0.004
寄宿情况（寄宿=0）	−0.011	−0.018	−0.013	−0.016
留守情况（留守=0）	−0.017	−0.009	0.006	−0.010
学业成绩	0.093^{***}	0.051^{**}	0.096^{***}	0.095^{***}
学校类型（县城超级中学=0）	−0.012	−0.018	0.026^{+}	−0.004
家庭收入（低=0）	−0.016	0.004	−0.007	−0.009
子女物质保障	0.001	-0.036^{*}	−0.009	−0.015
课外读物	0.022	0.054^{***}	0.023	0.037^{**}

续表

变量	创新想法产生	创新想法推进	创新想法应用	个体创新行为
	模型 1	模型 2	模型 3	模型 4
父亲受教育程度（低=0）				
中等受教育程度	−0.012	0.009	−0.003	−0.004
受教育程度高	−0.010	0.014	0.010	0.003
母亲受教育程度（低=0）				
中等受教育程度	−0.006	0.006	−0.016	−0.006
受教育程度高	0.052**	0.066***	0.028	0.058***
父亲关心程度	0.040**	0.007	0.039*	0.035*
母亲关心程度	0.035*	0.012	0.061***	0.042**
父亲期望学历（低=0）	−0.005	0.020	−0.004	0.004
母亲期望学历（低=0）	0.025	−0.011	0.043*	0.022
基础文化设施（无=0）	0.010	0.001	0.006	0.007
第一课堂经历	0.353***	0.224***	0.314***	0.357***
第二课堂经历	0.181***	0.235***	0.139***	0.218***
Adj-R^2	0.305	0.197	0.237	0.335
N	4405	4405	4405	4405

***、**、*、+分别表示 p<0.001、p<0.01、p <0.05、p<0.1

四、研 究 结 论

本文根据当前我国西部农村教育发展现状，进一步梳理了国内外相关文献，重点探索了农村初中生的多样性经历及个体创新行为现状，同时分析了家庭、学校、社区等因素对学生创新发展的影响，依据陕西省宁强县五校的调研数据得出如下结论。

第一，调研发现西部农村初中生寄宿学生比例高达 59.17%，留守学生比例高达 61.80%，农村中学寄宿与留守情况较为普遍。寄宿学生、留守学生与其他学生相比，在第一课堂经历上没有显著差别，但是在第二课堂经历、个体创新行为上均存在显著差异。由此可见，对于寄宿学生而言，由于学校住宿生活安排相对单调，学生接触新环境、新事物的机会较少，眼界受限。对于留守学生而言，父母长期外出务工，家庭教育缺失等因素都会导致学生第二课堂经历匮乏，与其他学生相比，留守学生的个体创新行为明显偏低。

第二，农村初中生的多样性经历、个体创新行为得分情况一般，学生的多样性经历对激发个体创新行为具有显著的正向影响作用。数据显示，农村学生的第一课堂经历比第二课堂经历更加丰富，第一课堂经历对促进个体创新行为的产生具有显著的正向影响作用，其中对促进创新想法产生效果更明显。与之相比，第二课堂经历也对个体创新行为的产生具有显著的正向影响作用，但影响程度低于第一课堂经历，且第二课堂经历主要对创新想法推进具有更明显的正向影响。

第三，随着年级的升高，农村中学生的个体创新行为反而呈现明显下降的趋势。数据显示，年级与个体创新行为间呈现显著的负相关关系，初三学生的个体创新行为表现最差，特别是在创新想法产生方面表现不佳。

第四，来自家庭的教育支持对个体创新行为具有显著的正向影响作用，具体来说，家长能为子女提供充分的课外读物、母亲受教育程度高、父母关心子女的教育成长，都会正向激发个体创新行为的产生。此外，中学生的个体创新行为也存在显著的性别差异。

五、政策建议

党的十九大报告提出要“优先发展教育事业”“高度重视农村义务教育”“普及高中阶段教育”[14]。为了更有效地落实党的十九大精神，结合本文调研结果，提出以下政策建议。

（一）关注留守寄宿，家庭学校共同发力

西部农村地区寄宿学生与留守学生的普遍性及其教育发展的相对滞后性，决定了这两类特殊群体更加需要社会各界重点关注。对寄宿学生而言，学校在常规性教学管理外，可以考虑增设专职“第二课堂导师”，精心设计一些多样化的课外活动，丰富寄宿学生学习成长经历。对留守学生而言，学校应努力建立并完善家长联系制度，开展家庭教育培训，协助家庭提供高质量的亲子互动，确保外出务工家长对子女学业的知晓与参与。同时，地方政府应尽可能创设条件，推动农村居民就近就地务工，让更多学生能够充分感受到家庭教育的力量，促进他们学业成长。

（二）两大课堂并重，提供多样化教学活动

丰富第一课堂与第二课堂活动，两大课堂并行，全方位促进学生个体创新行为发展应成为学校教育的一项重要内容。具体来说，要进一步深化基础教育改革，引导学校关注学生的全面发展；学校日常教育活动中，可以尝试引入多元化的教学方式，如团队学习、案例式学习等，引导和鼓励学生独立思考并促进学生的良性互动；适当开展因地制宜的第二课堂活动，尝试开发适合农村学生的特色校园活动，组建特色社团、兴趣小组，学校给予适当引导和激励。

（三）激发创新行为，保持学生创新活力

随着学生年级逐渐升高，面临的应试压力越来越大，高年级学生的个体创新行为反而下降，这一现象反映出当前我国中学教育仍然存在比较明显的“应试”特点，阻碍了个体创新行为的发展。2017 年 9 月，中共中央办公厅、国务院办公厅已经印发《关于深化教育体制机制改革的意见》，指出学校教育不仅要传输知识，更要注重学生关键能力的培养，激发创新思维，养成创新人格，大胆创新创造。未来地方政府、教育主管部门、各层级学校还要加大力度落实改革意见，推动青年学子的终身发展与成长。

（四）注重家庭教育，树立科学教育理念

来自家庭的各种教育支持对个体发展均具有重要意义，大量研究和实践已经证明家庭文化资本、认知社会资本都能直接或间接的熏陶、感染子女学习行为，影响他们的学业发

展，因此，家庭教育在个人成长历程中具有不可忽略的重要作用。父母应为孩子营造良好的家庭学习环境，通过购买书籍及参观文化宫、博物馆等方式拓宽子女视野；父母还应关注子女的情感需求，保障与子女开展充分而有效的亲子沟通，传达亲情温暖；家长和社会各界应认识到当代教育是学校教育、家庭教育、社会教育的有机结合，家庭教育在整体育人系统中不可缺失。

参考文献

[1] 罗争光，胡梦雪. 全国现有农村留守儿童 697 万余人 两年间下降 22. 7%[EB/OL]. https://baijiahao.baidu. com/s?id=1610323742087889781&wfr=spider&for=pc[2018-08-31].

[2] 林露. 报告显示：西部农村每五名小学生中就有一人寄宿[EB/OL]. http://gd.people.com.cn/n2/2016/1227/c123932-29520688.html[2016-12-27].

[3] 王文华. 美国中小学强化创新教育[J]. 教育，2012，（25）：62-63.

[4] 张玉彬，张虹. 美国中小学“创新教育”之我见[J]. 基础教育参考，2012，（11）：25-26.

[5] 王英，蔡敏. 美国中小学“创造性问题解决”教学模式的实施及其启示——以弗吉尼亚州为例[J]. 外国教育研究，2013，40（8）：103-111.

[6] 李娜. 美国中小学创新人才培养课程体系及其对我国中小学课程改革的启示[D]. 江西师范大学硕士学位论文，2014.

[7] 王磊. 新加坡中小学创新教育政策分析[J]. 武汉市教育科学研究院学报，2007，（2）：60-62.

[8] 刘钢. 新加坡制订出教育纲领：《理想的教育成果》[J]. 世界教育信息，1998，（7）：8-10.

[9] 龙琪. 剖析美国《全国大学生学习性投入调查》及其变化[J]. 高教发展与评估，2016，32（1）：54-65，120.

[10] Bowman N A，Brandenberger J W. Experiencing the unexpected：toward a model of college diversity experiences and attitude change[J]. The Review of Higher Education，2012，35（2）：179-205.

[11] 梅红，司如雨，王娟. 大学生多样性经历与批判性思维倾向的关系研究[J]. 东北大学学报（社会科学版），2018，7（4）：412-418.

[12] Kleysen R F，Street C T. Toward a multi-dimensional measure of individual innovative behavior[J]. Journal of Intellectual Capital，2001，2（3）：284-296.

[13] 宋倩楠. 西部农村初中生多样性经历对其个体创新行为的影响研究[D]. 西安交通大学硕士学位论文，2018.

[14] 习近平. 决胜全面建成小康社会 夺取新时代中国特色社会主义伟大胜利[N]. 人民日报，2017-10-28（01）.

经济管理篇

丝绸之路经济带背景下跨境供应链风险评估及防范研究*

郝渊晓[①] 史苏欣[②] 李松芮[③] 郝思洁[④] 张怡蕾[⑤]

内容提要

随着经济全球化的发展，国家“一带一路”建设的实施推进，我国和丝绸之路沿线国家之间的跨境供应链的发展越来越受到重视，“中欧班列”发展迅速，仅陕西省“长安号”2018年已突破1000列。随之而来的供应链风险问题亟待解决。本文通过对供应链风险研究文献进行归纳，结合丝绸之路经济带发展的风险、跨境供应链的特性，综合分析跨境供应链风险的影响因素，提出包含环境风险、市场风险、合作风险、信息风险、管理风险、技术风险在内的6个二级指标，以及18个三级指标的跨境供应链风险评估指标体系。并利用层次分析法，通过对专家学者进行问卷调查，确定所有指标的权重，识别出影响跨境供应链风险的5个关键要素为需求变化应变能力、社会稳定程度、合作伙伴能力强弱、自然灾害影响度和政策法规变更频率。最后提出了跨境供应链风险的防范措施：做好供应链环境风险监测；利用信息技术实现跨境供应链信息共享；加强合作伙伴关系，建立跨境供应链风险预警机制。

共同建设“丝绸之路经济带”倡议，是2013年9月7日习近平主席在哈萨克斯坦纳扎尔巴耶夫大学发表演讲时提出的[1]。倡导使用全新的合作方式，促使各国的合作更加深入、联系更加紧密。

2013年11月，中共十八届三中全会明确推进丝绸之路经济带、海上丝绸之路建设，自此丝绸之路经济带建设无论在内政还是在外交均为中国的重大发展倡议。2015年3月28日，

---

* 本文是2013年陕西省社会科学基金项目“丝绸之路经济带区域物流一体化协调机制构建研究”（立项号：13SC017）的资助项目。2018年该文获中国物流学会、中国物流与采购联合会“第十七次中国物流学术年会优秀论文奖三等奖”。

① 郝渊晓，西安交通大学经济与金融学院教授，丝路阿克苏易货贸易研究院院长，研究方向：物流产业规划、营销管理与拍卖机制设计。

② 史苏欣，西安交通大学经济与金融学院产业经济学硕士研究生，研究方向：物流产业发展与规划。

③ 李松芮，西安交通大学经济与金融学院产业经济学硕士研究生，研究方向：物流产业发展与规划。

④ 郝思洁，西安交通大学经济与金融学院经济学硕士研究生，国家开发银行陕西省分行客户经理，研究方向：开发性金融与物流产业发展。

⑤ 张怡蕾，西安交通大学经济与金融学院产业经济学硕士研究生，研究方向：物流产业发展与规划。

国家发展和改革委员会、外交部、商务部联合发布《推动共建丝绸之路经济带和21世纪海上丝绸之路的愿景与行动》。在2017年10月13日发布的《国务院办公厅关于积极推进供应链创新与应用的指导意见》（国办发〔2017〕84号）中供应链被定义为一种高效协同的组织形态，且指导意见在重点任务中明确提出：积极稳妥发展供应链金融，有效防范供应链金融风险，提高全球供应链安全水平。国家大力支持供应链风险预警体系的建设，以对供应链风险进行防控。跨境贸易发展日益迅速，2017年6月7日召开的“第四届北京国际友好商协会大会”上公布，2016年我国跨境贸易交易额达到5.85万亿元人民币，同比增长28.2%；跨境网络零售交易额达到1.25万亿元人民币，占总交易规模的21.4%①。

丝绸之路经济带跨境供应链风险防范研究，将提高丝绸之路经济带跨境供应链的整体运作效率，降低跨境供应链的成本。跨境供应链风险防范研究，能够找出丝绸之路经济带跨境供应链存在的风险因素，分析并提出对应的防范措施，提高丝绸之路经济带跨境供应链的整体竞争力。在国家重视丝绸之路经济带建设，以及跨境贸易飞速发展的今天，对于跨境供应链风险的研究显得更加迫切和重要。

一、文献综述及理论基础

（一）供应链风险的界定

《国务院办公厅关于积极推进供应链创新与应用的指导意见》（国办发〔2017〕84号）指出：“供应链是以客户需求为导向，以提高质量和效率为目标，以整合资源为手段，实现产品设计、采购、生产、销售、服务等全过程高效协同的组织形态。”

但是对于供应链风险，目前对其还没有统一的定义，学者们也有不同的观点。

部分学者认为供应链风险是供应链系统自身存在的缺陷导致损失的一种威胁。丁伟东等通过对实际案例进行分析，如1993年的日本半导体原料供应商工厂爆炸事件、2000年的飞利浦芯片厂火灾、2002年美国西海岸工潮事件等对整个供应链造成的损失等，认为供应链风险是系统自身存在的缺陷对整体造成的破坏，进而导致供应链失去本身的高效、损失部分效益的一种威胁[2]。Hoffmann等认为影响供应链系统正常运行的因素都是源于供应链系统自身的一种脆弱性，这就是供应链风险[3]。

刘莉洁和闫秀霞对供应链的各个环节进行分析，研究得出供应链的风险不是仅由系统本身存在的特性导致的，而是由供应链系统所处的内外部环境的不确定、市场环境的不确定（需求和供给的不确定性）、供应链上节点企业的信息不对称使得传递出现偏差和供应链系统内部所特有的自身系统的复杂性导致节点企业出现问题，将能够影响整个供应链的正常运行，使供应链受到损失的各种不确定和状况定义为供应链风险[4]。

吴继贵和叶阿忠认为系统风险是相对系统常态而言的，能够正常运行的供应链是一个处于常态的系统，它是处于平衡状态的，但是一旦受到外部因素的破坏，那么供应链

① 《2016年我国跨境贸易交易额达5.85万亿元人民币》，http://www.xinhuanet.com/2017-06/07/c_1121104111.htm，2018年3月20日。

系统之内的平衡也将会随之受到影响，导致供应链系统的平衡状态被打破，这就是供应链风险[5]。

Tang 和 Musa 从不同的角度对供应链进行分析发现，供应链风险发生时对供应链系统会造成一定影响，但是这种事件的发生对于整个供应链的运行而言是一种概率较小的事件，故供应链风险是一种会影响供应链系统正常运行的小概率事件[6]。

在本文中，定义供应链风险为：供应链风险是指在供应链运行的过程中出现的能够影响系统正常运行的故障因素。

（二）供应链风险的来源和分类

对供应链风险来源进行研究时，不同学者有不同的视角。

Lavastre 等对供应链风险进行研究发现供应链风险来源于供应链的外部因素和内部因素两个方面：外部因素包含了自然灾害、社会动乱、恐怖袭击等多种方面；而内部因素主要来源于企业内部的活动，从企业的采购、生产到销售等各个环节都有可能出现供应链风险[7]。刘海斌对供应链的来源进行了研究，认为供应链风险来源有内部和外部两方面：内部风险有很多如信息风险、道德风险等；外部风险包括自然灾害风险、经济环境风险等[8]。田会和邵祥理认为供应链风险来源于外部风险和内部风险两部分，且构建了包括内生防范体系、外生防范体系和内外协同防范体系的风险防范体系[9]。樊星等认为供应链风险来自外部风险、中间风险和内部风险：外部风险包括各种外部影响因素，如供应风险、环境风险、需求风险；中间风险包括衔接风险、物流风险；内部风险包括管理风险、财务风险、生产风险、信息风险[10]。

吴军等认为供应链风险主要来源于供应管理过程、需求管理过程、生产管理过程和信息管理过程四个供应链的具体运行过程[11]。肖美丹等认为，供应链风险的来源很多，主要有管理风险、市场风险、技术风险、合作风险和信息共享风险五个方面，且将未确知理论与模糊评价法结合对供应链整体风险进行判断[12]。李晓英和陈维政从多个方面对供应链风险进行分析，将其来源大致分为四种：由于系统内部问题产生的系统风险；由于供应链节点企业追求自身利益行为产生的管理风险；由供应链信息传递过程存在不对称导致逆向选择而产生的信息风险；由对消费者需求把握的偏差而形成的市场风险[13]。聂瑞芳对供应链风险进行了研究分析，重点研究 O2O（online to offline，在线到离线/线上到线下）模式下的供应链风险，认为其来源有很多，可以从四个角度进行分析，分别是供应链整合角度、信息化角度、流程运作角度和组织角度[14]。

Cousins 等[15]认为供应链风险是由供应链系统自身存在的网络产生的，对于供应链风险的研究不能单一使用一种视角，而是赞同 Kirsch[16]提出的观点，供应链风险的分类应该分为战略层面的风险和战术层面的风险。Chopra 和 Sodhi[17]、Giannakis 和 Louis[18]根据供应和需求造成的风险对供应链进行分类，认为供应风险和需求风险是很好的研究切入点。

部分学者根据节点进行供应链分类。Hallikas 等对供应链风险的划分以风险发生的节点为核心，将其分为网络节点风险和组织节点风险。网络节点风险是指在供应链运作过程中，供应链上的成员和企业之间进行合作时由质量或时间等方面未能形成一致而造成的风险；组织节点风险是指在供应链运行过程中由不确定性因素对供应链系统的影响而导致供应链连接出现问题的风险[19]。Trkman 和 Mccormack 在对供应链风险进行分类时将企业内外作为节点，将供应链风险分为由供应链系统运行时内部的供需变化的不确定造成的内生风险和由供应链外部所处的自然、社会、政治等环境造成的外援风险[20]。

综上所述，学者们对供应链风险划分标准各不相同，本文通过对文献的疏理，将供应链风险分为由影响因素造成的自然环境风险、社会环境风险、系统风险、企业内部风险四个部分。

（三）供应链风险评估指标体系研究

近年来，对于供应链风险评估的研究逐渐增多，通过建立风险评估指标体系对供应链风险进行评估的亦不在少数，所采用的评估方法也有多种。

部分学者采用模糊数学相关方法。晚春东等根据水产业的特征，结合水产业受季节、环境等因素的影响较大的特点，将水产业供应链风险划分为供应风险、系统风险、财务风险、信息风险和管理风险五大类，并以之为一级指标建立了共 15 个二级指标的供应链风险评估指标体系，对构建的指标体系采用专家可信度法确定权重，并利用模糊数学模型进行应用[21]。杜朝晖和王民采用问卷调查的方法对国防军工业的供应链风险进行研究，其后对问卷调查的结果进行信度和效度分析，将国防军工业供应链风险按照影响因素分为十大类，并建立了 40 个二级指标的供应链风险评估指标体系，采用综合模糊评价法对国防军工业供应链风险进行评估[22]。

也有学者采用层次分析法。张毕西和陈嘉对供应链风险的定义进行研究，运用层次分析法原理对供应链影响因素进行分析，构建出 7 个一级指标、26 个二级指标的供应链风险评价指标体系，并将层次分析法与灰色系统理论结合应用对供应链风险进行评估[23]。张景对 C2B（customer to business，消费者到企业）模式下的供应链风险进行研究，结合 C2B 模式的基础理论和特殊的结构，将供应链风险分为网络风险、信息流风险、资金流风险、环境风险、物流风险 5 个影响因素，并将其作为一级指标构建了共 13 个二级指标的电商环境下 C2B 供应链风险评估指标体系，运用层次分析法和主成分分析法对风险进行了实证研究[24]。

还有学者采用其他方法。雷勋平在进行供应链风险研究时，主要对我国汽车制造业的供应链内生风险进行评估指标体系构建，将内生风险按照影响因素分为需求、供应、物流、信息、技术、运作、财务 7 个方面，建立了共 30 个指标的供应链内生风险评估指标体系，并使用结合熵权理论和可拓思想的决策模型进行具体企业的风险评估[25]。颜波等结合物联网发展特征，将农产品供应链的风险分为感知层风险、应用层风险、网络层风险及其他风险，并使用 OWA（ordered weighted averaging，有序加权平均）算子对风险因素进行定量评估与排序[26]。

（四）研究评述

通过对已有文献的梳理，发现学者们各有各的标准和定义，设计不同的指标体系，并进行评估。本文将供应链风险定义为在供应链运行的过程中出现的能够影响系统正常运行的故障因素；将供应链风险分为由影响因素造成的自然环境风险、社会环境风险、系统风险、企业内部风险四个部分；在关于供应链风险评估指标体系研究中，根据供应链风险的影响因素进行指标构建，本文将根据对风险的影响因素进行分析，并结合丝绸之路经济带供应链风险特性来确定指标。

已有的文献研究中，从整体或具体某一行业对供应链风险进行研究的很多，少有对跨境供应链风险的研究，本文将以跨境供应链风险为研究对象，并结合当前“丝绸之路经济带”建设的发展背景进行研究。

二、我国跨境供应链发展现状

跨境供应链的发展很大程度上依托于跨境贸易的发展，跨境贸易蓬勃发展带动跨境供应链的发展，故对于我国跨境供应链发展现状的描述从我国跨境贸易的发展状况展开。

国际贸易的发展受国际整体经济环境的影响，2008 年的经济危机对大多数国家造成了冲击和影响，全球经济发展速度降低，我国的国际贸易亦受到影响，增速缓慢，通过对数据的搜集，2006～2016 年我国货物进出口贸易额如图 1 所示。

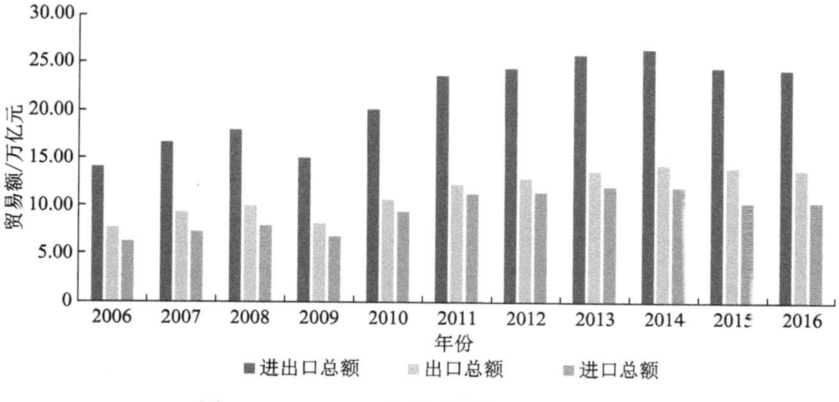

图 1　2006～2016 年我国货物进出口贸易额

资料来源：根据国家统计局网站（http://www.stats.gov.cn/）数据整理而得

由图 1 可知，我国货物进出口总额在 2009 年有明显降低，说明当时受到 2008 年经济危机影响，2010～2014 年逐年增加，在 2014 年以后又逐渐减小；我国货物出口总额与进出口总额变化趋势大体一致；我国货物进口总额在 2009 年降低，2010～2013 年增加，而从 2013 年后开始降低。

“一带一路”倡议为跨境交易、跨境电商的发展提供了广阔的发展平台，创造了优质的政治条件。虽然我国国际贸易增长缓慢，但是我国跨境电商的交易规模却在逐年增大，

图 2 反映了我国跨境电商的交易规模与我国货物进出口总额的变化趋势。

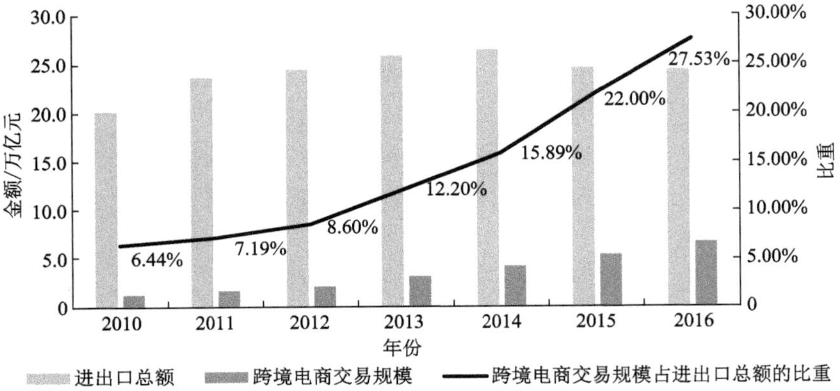

图 2　2010～2016 年我国跨境电商交易规模及货物进出口总额

资料来源：根据国家统计局网站（http://www.stats.gov.cn/）、电子商务研究中心网站（http://www.100ec.cn/zt/dszx/）数据整理而得

从图 2 可知，2010～2016 年我国跨境电商交易规模正逐年增大，且占我国货物进出口总额的比重也是逐年增大，由 2010 年的 6.44%增长到 2016 年的 27.53%，由此可以看出我国跨境电商发展迅速。

跨境电商近几年发展迅速，规模不断扩大，其交易规模和增长率变化如图 3 所示。

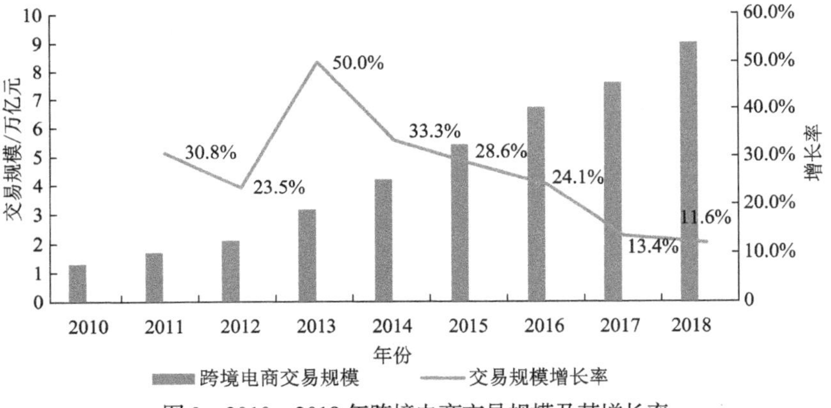

图 3　2010～2018 年跨境电商交易规模及其增长率

资料来源：根据电子商务研究中心网站（http://www.100ec.cn/zt/dszx/）数据整理而得

由图 3 可知，2010～2018 年我国跨境电商交易规模逐年增大，2011～2016 年增长率一直在 20%以上，2018 年跨境电商交易规模达到 90000 亿元，同比增长 11.6%，在 10%以上，由此，2010 年以来我国跨境电商交易规模一直在保持较高速度的增长，并未受到我国国际贸易的缓慢增速的影响。

由以上数据描述可以看出，“一带一路”倡议下我国的跨境贸易蓬勃发展，这有利于我国经济发展。跨境贸易的发展推动跨境供应链的发展，为跨境供应链的发展提供了良好的经济环境基础。

三、丝绸之路经济带跨境供应链风险评估指标体系构建

（一）丝绸之路经济带跨境供应链风险的影响因素

“一带一路”倡议是中国在现行条件下制定的实现合作共赢的伟大愿景，也获得了沿线 60 多个国家和国际组织的积极响应。作为其中“一带”的丝绸之路经济带发展亦是以提高沿线国家人民的生活水平，促进沿线国家深度合作，实现共同发展，以创造共赢局面为目标。但是建设丝绸之路经济带是一个长期的艰巨任务，其实现必将面临众多挑战和风险。而丝绸之路经济带上的跨境供应链就会受到这些挑战和风险的影响。本文将影响丝绸之路经济带跨境供应链风险的因素分为自然环境风险、社会环境风险、系统风险、企业内部风险四个部分，绘制出跨境供应链风险影响因素图，如图 4 所示。

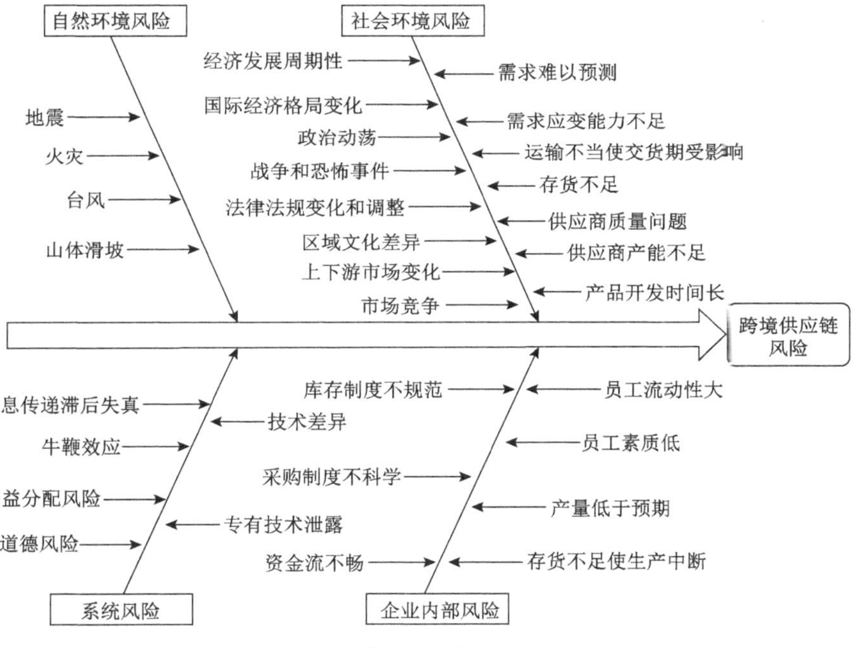

图 4　跨境供应链风险影响因素图

（二）建立丝绸之路经济带跨境供应链风险评估指标体系

对自然环境风险的影响因素举例将不再分列，统称为自然灾害风险；对社会环境风险下的因素进行重新划分，包括经济风险、政治风险、文化风险和市场风险；对系统风险和企业内部风险进行重新划分，包括合作风险、信息风险、管理风险和技术风险。

因此，可以将框架设为外部风险和内部风险两部分：外部风险包括环境风险、市场风险；内部风险包括合作风险、信息风险、管理风险和技术风险四部分。

经过以上对影响因素的合并、筛选和指标的替代、增加，得到本文的跨境供应链风险评估指标体系，共包括 6 个二级指标，18 个三级指标，如表 1 所示。

表 1　跨境供应链风险评估指标体系

一级指标	二级指标	三级指标
跨境供应链风险评估指标体系	环境风险	自然灾害影响度
		社会稳定程度
		政策法规变更频率
		经济周期波动风险
		区域文化差异
	市场风险	需求变化应变能力
		需求预测准确率
		市场波动程度
	合作风险	合作伙伴能力强弱
		契约风险
		利益分配风险
	信息风险	逆向选择风险
		牛鞭效应风险
		败德风险
	管理风险	质量管理风险
		时间管理风险
	技术风险	技术衔接困难
		专有技术扩散

跨境供应链风险评估指标体系中各个指标的具体含义如下。

（1）环境风险是指由跨境供应链的外部环境因素所造成的风险，包括自然灾害影响度、社会稳定程度、政策法规变更频率、经济周期波动风险、区域文化差异五个衡量指标。

自然灾害影响度是指发生火山、地震、泥石流、海啸等突发自然灾害对跨境供应链风险的影响程度。跨境供应链涉及的区域多、范围广，相应的供应链上的节点企业也多，其受自然环境的影响是非常大的，大自然的破坏非人力所能抵挡，对于跨境供应链具有极大的威胁，会造成很大的风险。

社会稳定程度是指一个国家的政治稳定程度，政权动荡、国家战争或者恐怖袭击等事件将会极大影响社会稳定。在丝绸之路经济带上的跨境供应链要面临的影响社会稳定程度的问题主要是沿线国家执政党的更迭、地缘政治冲突、民族主义与宗教意识形态冲突、地区与局部战争、恐怖袭击等。当社会稳定程度较低的时候，全社会的经济发展将会受到影响，跨境供应链的节点企业成员必将受到影响，从而影响整个供应链的运行。

政策法规变更频率指的是国家政策和法律法规变化的频率。跨境供应链涉及的不仅是本国的政策法规，还涉及别国、国际的政策和法律法规的变化，这些都将影响跨境供应链的运行。例如，当一个国家为了发展某一产业，出台大量的有利于该产业发展的政策法规，那么该国家这个产业的发展将会受到极大的助力，供应链上该产业的相应企业将会获得优势；然而当国家对一个产业限制时，那么该产业的发展将受到极大阻碍，从而影响供应链的顺利运行。

经济周期波动风险指的是经济发展具有的周期性繁荣和萧条，以及国际经济格局的变化。经济周期波动会使经济环境发生变化，供应链所处的经济环境变化对于供应链运行是否高效有着很大的影响。经济繁荣时，跨境供应链上的企业所面临的经济环境良好，带动企业的效益，从而加速供应链的运行，使供应链运行更加高效；然而当经济萧条时，经济不景气会造成企业资金流动差，收益减少，增大了供应链的运行风险。国际经济格局的变化对于跨境供应链的影响是非常巨大的，跨境供应链直接接触到不同国家和地区，国际经济形势的变化会直接作用在跨境供应链上，使跨境供应链面临巨大的风险。

区域文化差异指的是由于跨境供应链处在不同国家或地区，这些国家或地区的历史、地理、宗教、民族的差异形成了不同的文化，这些文化的差异会产生各种不确定的因素，影响跨境供应链的正常运行。在跨境供应链中，不同国家或地区存在不同的文化，甚至有可能相差甚远，如丝绸之路经济带沿线国家的文化多种多样，既有中国这样的东方传统国家，又有西方传统国家，还有东西文化交融的国家。人们对于不同的文化有着不同的认知，对于其他国家或地区的不同文化可能并不了解和认同，有可能出现合作方之间的不理解，引发矛盾，使得合作终止，造成供应链运行困难甚至断裂。

（2）市场风险指的是由跨境供应链所处的市场环境发生变化引起的风险，包括需求变化应变能力、需求预测准确率和市场波动程度三个指标。

需求变化应变能力指的是跨境供应链系统对于市场需求变化的反应能力。现在市场以消费者需求为导向，只有把握住消费者日益个性化的需求才能赢得更多的市场份额，在市场竞争中存活。但是仅能够识别消费者的需求还不行，更重要的是要对市场需求做出及时、正确的反应，跨境供应链面对着不同国家或地区的消费者，他们的消费需求可能差别很大，因此对于不同国家的消费需求应该区别对待、准确把握，能否做出及时正确的反应关系着整个供应链的运行效率。需求变化应变能力越差则跨境供应链风险越高。

需求预测准确率指的是对消费者需求进行预测时，预测正确的概率。消费者的需求多种多样，偏好难以确定，使得预测难度较大，但需求是影响生产计划的重要因素，如果不能准确地获得市场信息，判断消费者的需求偏好，那么一条供应链会由于没有把握到新的需求，不能提供合适的产品而被挤出市场，丧失市场机会。因此，需求预测准确率越低跨境供应链风险越大。

市场波动程度指的是整条供应链市场的上游供应市场和下游需求市场的变化及整个市场的不稳定情况。不正当的竞争会造成市场的不稳定，市场波动影响着市场竞争，进而影响市场的价格、供求变化，从而影响供应链的运行。

（3）合作风险指的是企业间合作环节有可能发生的风险，包括合作伙伴能力强弱、契约风险和利益分配风险三个指标。

合作伙伴能力强弱指的是选择的合作伙伴具有高效完成供应链分配的任务能力的强弱。跨境供应链需要的是具有高效地整合和协调资源能力的企业，只有这样的合作伙伴，才能快速应对市场需求，否则将会影响整个供应链的运行效率，给供应链带来风险。跨境供应链的各个企业通过供应链连成一个网络，以发挥整体的高效率，这样整体的效率取决于效率最低的那个企业，能力弱的企业会限制整体效率的发挥，成为制约供应链的存在。

契约风险指的是在交易完成后，交易的一方在约定的期限内，因故无法完成其所要履行的部分时，可能发生损失的风险。基于这个理论，选择合适的合作伙伴是非常重要的。在跨境供应链中，契约风险的产生将使得该环节契约破裂，造成供应链危机。

利益分配风险指的是利益分配制度不合理、不公平造成的风险。跨境供应链上的企业都是独立的利益个体，它们有着自己的利益目标，当利益分配制度不合理时，就有可能使供应链上的企业只顾追求自己的利益，从而不顾整体供应链的利益最大化，资源得不到充分整合利用。利益分配不合理将会导致整体积极性的降低，影响供应链的正常运行，造成供应链风险。

（4）信息风险指的是跨境供应链上信息不透明、不对称及信息传递过程中信息滞后或失真等信息问题导致的风险，包括逆向选择风险、牛鞭效应风险和败德风险三个指标。

逆向选择风险指的是由于委托代理中的信息不对称，高质量的外包商退出市场，留在市场中的只有低质量的外包商的现象。逆向选择的发生使得只有低质量外包商被选择，这会影响产品或服务的质量，进而影响整个供应链的效率和效益，造成供应链风险。

牛鞭效应风险指的是供应链环节较多，导致信息流从销售端向供应端传递时，波动越来越大的现象。这种现象的出现是信息的不完全透明造成的，供应链上的企业之间信息并不能完全完整的传递，导致有一点点的误差也会随着供应链的延伸而扩大，甚至最终放大数倍。牛鞭效应使供应链上微小的需求差异，到达上游供应商那里变成极大的差异，从而不能按照正确的消费需求进行生产，最终使整个供应链遭受损失。

败德风险指的是缺乏诚信导致出现的道德风险。这是信息不对称造成的，跨境供应链上的企业为了自身的利益，在与其他企业进行合作时，隐藏部分信息，使合作对己方更有利，更有甚者会在合作中做出违反诚信的、损害对方利益的行为。败德行为的发生会使跨境供应链上的某些企业利益受损进而影响其任务的进行，对整体供应链造成影响。

（5）管理风险指的是跨境供应链系统内部成员产生不符合整体要求的行为而导致的风险，包括质量管理风险和时间管理风险两个指标。

质量管理风险指的是跨境供应链涉及多个国家或地区，其对产品质量有着不同的标准，供应链企业未能达到不同国家或地区的不同质量要求造成的风险。不同国家或地区对于同一种东西的质量要求也不尽相同，成员企业在生产产品时若未能考虑各国或地区的不同质量要求，会造成生产的产品不能进行下一环节的装配，影响供应链的效率。质量管理越差跨境供应链风险越大。

时间管理风险指的是节点企业未能按时完成任务而造成的时间风险。跨境供应链涉及的环节多，历时长，任何一个节点企业的时间管理不到位都会引起整个供应链时间的紧张。节点企业在生产环节超时或者因运输问题未能按时完成任务，都将会影响下一个环节的进行，造成跨境供应链的运行障碍。

（6）技术风险指的是技术方面出现问题导致的风险，包括技术衔接困难和专有技术扩散两个指标。

技术衔接困难指的是跨境供应链涉及不同的国家或地区，而不同国家或地区的技术标准不一定相同，标准的不同造成了不同国家或地区的企业间技术衔接出现困难。跨境供应链上的企业若事先未了解清楚与之相接的企业所在国家或地区的技术标准和要求，就容易出现以本国或地区技术标准进行生产的情况，但是若其他国家或地区不是这个标准，那么该产品将无法使用，这样既浪费了材料，增加了成本，又延误了下一环节的进行，对整个跨境供应链的顺利运行造成影响。

专有技术扩散指的是在与跨境供应链上的企业进行合作时，自身的组织边界向外开放，从而造成专有知识技术的外泄扩散。在与合作伙伴合作的过程中难免会有自身的技术扩散，而扩散后专有技术将有可能被其他企业掌握，使得自身的竞争力下降，在整合资源效率方面的优势将减弱，对整体供应链的竞争力造成影响。

四、基于层次分析法的丝绸之路经济带跨境供应链风险评估

（一）跨境供应链风险评估指标体系的确定

根据前面部分得出的评估指标体系，按照层次分析法的规则，绘制层次分析结构图（图 5），然后根据层次分析结构设计调查问卷，主要利用 1～9 标度法，针对衡量跨境供应链风险的 6 个二级指标之间两两相对重要程度、每个二级指标内的三级指标之间两两相对重要程度进行打分，用算术平均法对收集到的 19 份专家调查问卷结果进行计算得到 7 个成对比较矩阵。

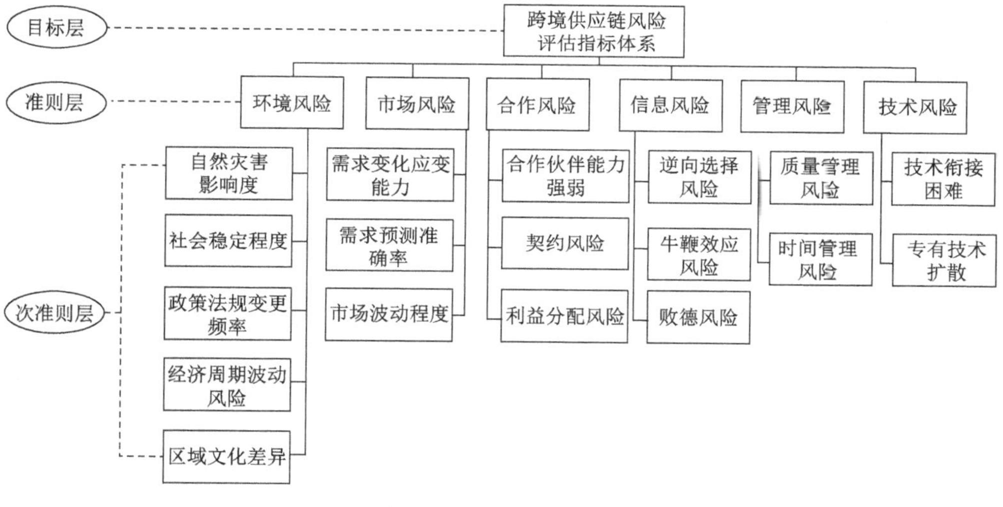

图 5　层次分析结构图

本文调查对象为流通领域的专家、学者（陕西省物流学会的会员企业家，以及陕西省高校从事物流、电子商务和国际物流相关教学的博士生导师、教授等）。

根据成对比较矩阵 A、L_1、L_2、L_3、L_4、L_5、L_6，利用几何平均法计算得向量 W^*、W_1^*、W_2^*、W_3^*、W_4^*、W_5^*、W_6^*，对其进行归一化处理，得到指标权重向量 W、W_1、W_2、W_3、W_4、W_5、W_6，并计算出 λ_{max} 对矩阵进行一致性检验，结果是矩阵通过检验。之后计算 18 个三级指标对于总目标的相对重要程度，得到层次总排序，并得到跨境供应链风险评估体系中各个指标的权重，结果如表 2 所示。

表 2　跨境供应链风险评估指标体系权重

二级指标	权重向量	三级指标	综合权重
环境风险	0.339 85	自然灾害影响度	0.079 62
		社会稳定程度	0.116 52
		政策法规变更频率	0.077 71
		经济周期波动风险	0.041 92
		区域文化差异	0.024 08
市场风险	0.244 66	需求变化应变能力	0.152 45
		需求预测准确率	0.057 06
		市场波动程度	0.035 15
合作风险	0.160 71	合作伙伴能力强弱	0.080 36
		契约风险	0.055 44
		利益分配风险	0.024 91
信息风险	0.108 76	逆向选择风险	0.057 71
		牛鞭效应风险	0.029 86
		败德风险	0.021 19
管理风险	0.085 95	质量管理风险	0.060 70
		时间管理风险	0.025 25
技术风险	0.060 07	技术衔接困难	0.040 47
		专有技术扩散	0.019 60

根据各个指标对总目标的权重，对 18 个三级指标进行重要性排序，可以看出，需求变化应变能力、社会稳定程度、合作伙伴能力强弱、自然灾害影响度、政策法规变更频率是影响跨境供应链风险相对重要的 5 个指标。

（二）跨境供应链风险评估结果分析

由以上结果对各三级指标进行统一排序，可得到权重最大的前五个指标分别为需求变化应变能力（0.152 45）、社会稳定程度（0.116 52）、合作伙伴能力强弱（0.080 36）、自然灾害影响度（0.079 62）和政策法规变更频率（0.077 71）。这五个指标是影响跨境供应链风险的关键因素。

需求变化应变能力指标权重最大，超过 15%，说明其对于跨境供应链风险的影响程度最大，供应链的运作是以市场需求为导向的，供应链中的生产、运输、供给和销售等都建立在对需求准确预测的基础之上。

社会稳定程度指标在总体权重中排名第二，说明社会稳定程度对跨境供应链风险的影响是很大的。丝绸之路经济带沿线的国家体制差别较大，很多国家的政治环境较差，存在执政党更迭、战争和恐怖袭击等各种不利于社会稳定的因素，而这些因素都会导致所在国家社会的动荡，对于经济发展极为不利，并且跨境供应链涉及的该国家的企业生存运营会受到极大威胁，不利于整体跨境供应链的运行，可能造成供应链在该环节的断裂风险。

合作伙伴能力强弱指标在总体权重中排名第三，说明其对跨境供应链风险的影响较大。在丝绸之路经济带上的跨境供应链涉及的国家或地区较多、环节多，这就要求每一个节点企业必须能够按照要求完成各自的任务，才能保证整个供应链运行的顺畅，故合作伙伴能力强弱影响着跨境供应链的风险大小。

自然灾害影响度指标在跨境供应链风险权重中排名第四。跨境供应链涉及范围较广，包括多个国家和地区，一旦某一个国家或地区受到自然灾害，整个国家或地区的经济情况都可能受到影响，从而影响节点企业的效益，对整体供应链的顺利运行产生威胁。

政策法规变更频率指标在总体权重中排名第五。良好的法治环境和完善的法律制度是区域经济合作的保障。从地理位置上看，丝绸之路经济带东边是亚太经济圈，西边是欧洲经济圈，这两个区域经济发展相对成熟，且保障市场经济运行的法律制度比较完善。然而，位于丝绸之路经济带核心区的中亚地区多为发展中国家，法制不太健全。这些都导致了法律风险，进而产生跨境供应链风险。

五、跨境供应链风险防范的应对措施

基于影响跨境供应链风险关键因素的分析，我们提出以下几点丝绸之路经济带跨境供应链风险防范的应对措施。

（一）做好供应链环境风险监测

因为需求变化应变能力、社会稳定程度、自然灾害影响度和政策法规变更频率四个关键风险要素都强调了环境对跨境供应链风险的影响，故丝绸之路经济带跨境供应链风险防范的首要步骤就是对环境风险进行监测。

对环境风险的监测包括对自然环境的监测、社会环境的监测、法律环境的监测和市场环境的监测。自然环境风险不以人的意志为转移，故没办法制止其发生，那么就只能对其进行预防和事后的补救。预防是首选，为了预防自然灾害带来的风险，需要对供应链所处的自然环境进行日常监测、持续分析，只有这样才能及时发现有可能发生的突发事件，供应链可以建立整体的自然环境监测系统，由系统观测、记录自然环境的变化，分析有可能出现的风险，并对其进行相应的防范。社会环境包括社会的稳定性，一个国家或地区的政治是否稳定影响着整个国家或地区的经济，故社会环境对供应链的运行也是至关重要的，跨境供应链上的成员在选择合作伙伴时应该调查该企业所在国家或地区的社会环境是否稳定，且应该对自身所处的社会环境持续关注，洞察有可能出现的不稳定因素，并对其确定防范措施，以减小损失。法律环境是指本国或他国的政策法律法规情况，政策法规对行业影响较大，供应链成员应该对法律环境进行监测，关注法律政策的变动，根据变动做出调整，以适应新的政策法规。市场环境是指供应链所处的市场大环境，市场中包含着众多的信息，是供应链成员做出决策的重要依据，只有把握住市场的变化，才能适应市场，获得有利的竞争地位，故应该对市场进行持续监测，识别潜在威胁，及时做出应对策略。

（二）利用信息技术实现跨境供应链信息共享

需求变化应变能力、合作伙伴能力强弱两个指标都透露出在跨境供应链风险防范中信息的重要性，故在对丝绸之路经济带跨境供应链的风险防范中，利用现代信息技术实现跨境供应链信息共享是非常重要的。

随着信息技术的发展，人们意识到了信息技术的巨大作用，多数企业也将信息技术作为重要的一部分列入企业战略中，建立了信息管理系统，但是在跨境供应链中，仅这样做是不够的，跨境供应链涉及的地域广、企业多，彼此之间形成一个复杂的网络，如果仅有企业内部的信息系统，就会造成企业单打独斗，不能将资源进行有效的整合，并且企业有可能只顾自身利益，隐瞒重要信息，这会造成信息在跨境供应链传递过程中失真、遗漏等问题，最终导致整个供应链受损。因此利用现代信息技术，将信息进行有效的整合，建立跨境供应链的信息共享平台就非常必要。

跨境供应链可以建立一个综合信息共享平台，将散落在供应链各个环节的信息加以整合和分享，这样就能有效减少信息在供应链传递过程中的遗漏、失真，并且能够使跨境供应链上的企业间的合作更加透明、高效，有效减少信息传递过程中造成的问题，实现资源的有效利用，减少跨境供应链风险。

（三）加强合作伙伴关系

合作伙伴能力强弱指标说明了合作伙伴的重要性，要想对丝绸之路经济带跨境供应链风险进行防范，加强合作伙伴关系必不可少。第一，要选择能力强、具有竞争力的合作伙伴，合作伙伴能力的强弱关系到其能否有效完成供应链的任务，实现资源的高效配置；第二，要与合作伙伴建立完善的合作机制和管理机制，确定好分配制度，避免因利益分配不合理造成关系破裂；第三，要完善自身的风险防范体系，提高自身竞争力，以在合作中处于有利地位。

与合作伙伴要建立良好的合作关系，首先，要了解合作伙伴的企业文化、经营特点，在合作前对其特点进行充分了解，如跨境供应链上的其他国家企业，他们的文化往往存在很大的差异，并存在不同的忌讳，在合作前进行充分的了解，以便在合作过程中能投其所好，方便沟通交流；其次，应该加强与合作伙伴的沟通，只有加强沟通才能了解合作中出现的问题，并及时调整，更利于跨境供应链的运行；再次，可以通过交叉持股加强与合作伙伴的关系，交叉持股可以与合作伙伴之间形成利益共同体，相互影响，为了共同的利益而努力，提升整体供应链的竞争力；最后，在合作中应该明确划分责任和风险，在进行合作时，最忌讳的是权责不清、出现问题相互推脱、浑水摸鱼情况，故在合作时应该制定契约、明确责任，这样有利于减小供应链风险。

（四）建立跨境供应链风险预警机制

跨境供应链风险预警是采用主动方式获取有可能造成跨境供应链风险的因素，并对其进行预防和处理的工作机制。这种机制能够对跨境供应链各个环节出现的各种风险进行识别和分析，发出预警信号，以便及时采取措施进行防范，其具有主动性、预测性、整体性的特点。能够对整个跨境供应链各环节进行实时监测，发现跨境供应链中存在的异常情况并进行分析判断，找出根源所在，对错误进行纠正，使跨境供应链正常运行。跨境供应链风险预警机制还能为管理层提供科学的决策信息。

参 考 文 献

[1] 中华人民共和国主席习近平. 弘扬人民友谊 共创美好未来——在纳扎尔巴耶夫大学的演讲[N]. 人民日报，2013-09-08（03）.
[2] 丁伟东，刘凯，贺国先. 供应链风险研究[J]. 中国安全科学学报，2003，（4）：64-66.
[3] Hoffmann P，Schiele H，Krabbendam J J. Uncertainty，supply risk management and their impact on performance[J]. Journal of Purchasing and Supply Management，2013，19（3）：199-211.
[4] 刘莉洁，闫秀霞. 供应链风险识别与防范[J]. 工业经济论坛，2015，（6）：74-83.
[5] 吴继贵，叶阿忠. FMCG 供应链风险综合评价研究——以中国乳制品供应链为例[J]. 科技管理研究，2014，（22）：43-49.
[6] Tang O，Musa N. Identifying risk issues and research advancements in supply chain risk management[J]. International Journal of Production Economics，2011，133（1）：25-34.
[7] Lavastre O，Gunasekaran A，Spalanzani A . Effect of firm characteristics，supplier relationships and techniques used on Supply Chain Risk Management（SCRM）：an empirical investigation on French industrial firms[J]. International Journal of Production Research，2014，52（11）：3381-3403.
[8] 刘海斌. 供应链风险防范对策研究[J]. 中外企业家，2016，（11）：18，20.
[9] 田会，邵祥理. 供应链风险识别与防范[J]. 物流科技，2006，（4）：79-82.
[10] 樊星，邵举平，孙延安. 基于模糊理论的跨国农产品供应链风险识别与评估[J]. 科技管理研究，2016，36（6）：210-215.
[11] 吴军，李健，汪寿阳. 供应链风险管理中的几个重要问题[J]. 管理科学学报，2006，9（6）：1-12.
[12] 肖美丹，李从东，张瑜耿. 基于未确知模糊理论的供应链风险评估[J]. 软科学，2007，21（5）：27-30.
[13] 李晓英，陈维政. 供应链风险形成机理研究[J]. 中国流通经济，2003，（9）：10-13.
[14] 聂瑞芳. O2O 模式下供应链风险及防范[J]. 商业经济研究，2016，（4）：72-74.
[15] Cousins P D，Lamming R C，Bowen F. The role of risk in environment-related supplier initiatives[J]. International Journal of Operations & Production Management，2004，24（6）：554-565.
[16] Kirsch L J. The management of complex tasks in organizations：controlling the systems development process[J]. Organization Science，1996，7（1）：1-21.
[17] Chopra S，Sodhi M S. 2004. Managing risk to avoid supply-chain breakdown[J]. MIT Sloan Management Review，46（1），53-61.
[18] Giannakis M，Louis M. A multi-agent based framework for supply chain risk management[J]. Journal of Purchasing and Supply Management，2011，17（1）：23-31.
[19] Hallikas J, Karvonen I, Pulkkinen U, et al. Risk management processes in supplier networks[J]. International Journal of Production Economics，2004，90（1）：47-58.
[20] Trkman P，Mccormack K. Supply chain risk in turbulent environments-a conceptual model for managing supply chain network risk[J]. International Journal of Production Economics，2009，119（2）：247-258.
[21] 晚春东，陈常君，范薇，等. 基于模糊综合评价的水产业供应链风险评估[J]. 安徽农业科学，2011，39（4）：2491-2493.
[22] 杜朝晖，王民. 国防军工企业供应链风险评估研究[J]. 物流科技，2011，（3）：1-5.
[23] 张毕西，陈嘉. 基于灰色多层次评价模型的供应链风险评估[J]. 科技与管理，2011，13（5）：56-59.
[24] 张景. C2B 模式的企业供应链风险评估指标体系[J]. 湖南科技学院学报，2015，37（5）：140-144.
[25] 雷勋平. 我国汽车制造业供应链风险评价实证研究——基于熵权可拓决策模型的分析[J]. 计算机工程与应用，2015，51（12）：264-270.
[26] 颜波，石平，丁德龙. 物联网环境下的农产品供应链风险评估与控制[J]. 管理工程学报，2014，28（3）：173，196-202.

数字经济时代下的金融风险分析与对策建议
——基于供应链金融和个人金融领域的研究

卢继周[①]　冯耕中[②]

内容提要

数字经济是指“以使用数字化的知识和信息作为关键生产要素、以现代信息网络作为重要载体、以信息通信技术的有效使用作为效率提升和经济结构优化的重要推动力的一系列经济活动”。数字经济时代下各种传统行业都受到了巨大冲击，其中传统金融业就是典型代表之一。数字化转型对传统银行业的融资业务冲击很大，其中企业端的供应链金融和个人端的P2P（peer-to-peer，个人对个人）贷款尤为典型。在这个过程中产生了很多严重的风险事件。

在梳理数字经济时代下的金融风险事件后，本文从中选择了供应链金融领域的“淮矿物流”事件及互联网金融个人借贷领域的“租房贷”事件等典型风险事件进行分析。通过对事件始末、发生原因及结果的分析，本文对数字经济时代金融行业的风险产生原因归纳为：风险事件发生的根本原因是违法违规操作及不合理的业务模式和流程；风险事件发生的直接原因是企业资金链断裂。通过进一步分析，将数字经济时代下金融行业的风险分为两个层次，分别是包括运营风险和业务操作风险的管理性风险，以及法律性风险。

最后，本文针对法律性风险和管理性风险提出相应的对策与建议。针对法律性风险，建议政府应不断完善相关法律法规并引导成立行业协会，加强社会监督；针对管理性风险，建议企业积极运用金融科技成果强化数据监控，并加强业务流程管理。

一、引　　言

我国一直以来十分重视网络信息技术对经济发展的引领促进作用，早期就着力推动了“金卡”“金桥”“金关”等重大工程。近年来，中国经济进入“新常态”，经济结构优

---

① 卢继周，中央财经大学商学院助理教授，主要研究方向为：供应链金融、大宗商品电子交易市场、数据质量与供应链管理。

② 冯耕中，西安交通大学管理学院教授，主要研究方向为：物流与供应链管理、数据质量与信息管理。

化升级，大力发展新经济，积极培育新动能。中国共产党第十八次全国代表大会以后，党中央、国务院相继出台了“互联网+”战略、《中国制造 2025》、《国家信息化发展战略纲要》、《促进大数据发展行动纲要》、《新一代人工智能发展规划》等一系列重大战略和政策措施。2017 年政府工作报告中首次提出要促进数字经济加快成长，2017 年 7 月 12 日国务院常务会议提出，要制定促进数字经济发展战略纲要。G20（20 国集团）杭州峰会更是首次把数字经济列为推动经济创新增长的四项行动之一，与新工业革命、创新、结构性改革并列，以应对全球经济增速低缓、复苏乏力的挑战。[1]

数字经济是指“以使用数字化的知识和信息作为关键生产要素、以现代信息网络作为重要载体、以信息通信技术的有效使用作为效率提升和经济结构优化的重要推动力的一系列经济活动”。[2]我国的信息经济、数字化发展已进入全新的阶段，“数字经济”的提出是顺应时代发展的必然结果。大数据、互联网、物联网、云计算、金融科技等新的数字技术被广泛应用于信息的收集、存储、分析和传递共享的过程中，改变了商业运营和社会互动的方式。数字化、信息化、网络化、智能化的高科技技术使现代经济活动和社会活动更加灵活、敏捷、智慧。数字经济推动经济实现包容性增长和发展已成为一项全球共识，而中国正在成为引领全球数字经济发展的重要力量。目前，我国已在数字技术投资和应用方面位于世界领先位置，全世界 1/3 的“独角兽”公司在我国产生、成长；我国市场体量庞大，有能力推动数字商业模式迅速进入商用阶段，此外，随着作为“互联网原住民”的年轻人逐渐成为消费主力，我国本土市场产生了大量热衷于数字科技的消费者，政府也在积极鼓励数字化创新与创业[3]。根据《中国数字经济发展白皮书（2017 年）》提供的数据，中国数字经济总量在 2016 年达到 22.6 万亿元，同比增长超过 18.9%（名义值），显著高于当年的 GDP 增速，占 GDP 的比重达到 30.3%，同比提升 2.8 个百分点，2016 年中国数字经济对 GDP 的贡献已达到 69.9%，由此可见，数字经济已成为近年来促进经济增长的核心动力。随着我国数字经济对 GDP 增长的贡献不断增加，数字经济在国民经济中的地位也在不断提升。[4]

数字经济时代下各种传统行业都受到了巨大冲击，其中传统金融业就是典型代表之一。数据是金融的核心资产[5]，数字经济时代下各种科技的应用帮助传统金融业更准确、高效地利用手中的数据，快速实现数字化转型，因而目前金融业也是我国数字化程度最高的行业之一[6]。数字化转型对传统银行业的融资业务冲击很大，其中企业端的供应链金融和个人端的 P2P 贷款尤为典型。

随着国内外贸易总体快速增长、经济增长方式转变、数字化程度加深，供应链金融市场规模将会按年均 4.5%左右的规模增长，到 2020 年有望达到 14.98 万亿元人民币。从 2000 年开始，中国的互联网金融也勃然而兴。截至 2015 年底，我国互联网金融的市场规模已占 GDP 的近 20%，达到 12 万亿～15 万亿元人民币，互联网金融用户人数也已超过 5 亿人，成为世界第一，其中 P2P 借贷规模已超过 3500 亿元人民币，为世界之最。中国的供应链金融、互联网金融之所以能够以其他国家和市场难以企及的速度异军突起，离不开一系列有利的外部条件，其中开放和包容的监管环境成为中国数字经济发展的强大保障。[6-8]

然而，也正是由于“先试水，后监管”这样开放、包容的监管态度，数字经济在高速发展的同时也产生了大量风险事件，其中以供应链金融领域和互联网金融个人借贷领域为代表。这些风险事件产生了严重的负面影响，不仅给人民群众带来了巨大的损失，更是给我国的金融系统带来了动荡和不安。如何在数字经济时代有效控制供应链金融领域和互联网金融个人借贷领域的金融风险是本文探讨的重点。为加强相关领域的风险管理，本文首先梳理了近年来供应链金融领域和互联网金融个人借贷领域的风险事件，从中选择最具典型性的重大风险事件进行分析，总结典型风险事件的共性，为数字经济时代下的金融风险识别提供依据。在此基础上，本文提出相关金融风险的识别框架，并提出相应的风险防范与控制策略。

二、数字经济时代下的重大金融风险事件及其危害

（一）重大金融风险事件汇总

本文首先对数字经济时代下的重大金融风险事件进行了梳理，主要集中在企业端的供应链金融领域和个人端的互联网金融借贷领域。

1. 供应链金融领域

供应链金融是指基于对供应链内部交易的分析，引入核心企业、第三方监管公司、资金流导引工具等风险控制变量，运用具备封闭性、自偿性等特点的贸易融资手段对供应链上的不同节点提供授信支持，以及其他结算、理财等综合金融服务。在先后经历了传统供应链金融“1+N”模式和基于电子交易平台的供应链金融“M+1+N”模式之后，到数字经济时代，供应链金融已经发展到与互联网深度融合的阶段。然而，在供应链金融快速发展的过程中，也出现了诸多问题，进而导致供应链金融领域发生了一系列风险事件（表 1）。

表 1　近年来的供应链金融行业风险事件概览[9]

时间	事件	简述
2012	上海钢贸诈骗案	钢贸行业开具虚假仓单、重复质押获取银行贷款，钢贸商纷纷跑路，危机由上海蔓延至江浙鄂等地，引发行业系统性失衡
2014/6	青岛港融资骗贷	德正系旗下公司利用仓单重复质押向银行贷款，工行、中行等受牵连的银行多达 18 家，暴露出来的漏洞或超 100 亿元
2014/7	淮矿物流百亿元资金黑洞	企业滥用授信且内部业务流程不规范，导致无法支付到期债务，经公司内部查证淮矿物流债权总额高达 161.57 亿元，波及民生银行上海分行、光大银行武汉分行等 19 家银行

2. 互联网金融个人借贷领域

我国个人网络借贷行业（P2P 网络贷款）出现时间早、发展速度快，成交量位于全球之首，涉及的投资人数和借款人数也最多[10]。然而在疯狂增长的同时，也伴随着各种各样的风险事件。截至 2018 年底，我国 P2P 网络贷款平台数量累计达到 78 868 个，问题平台数量累计达到 53 094 个，不良率达到 67.3%，较 2016 年上升 33.3 个百分点（图 1）。

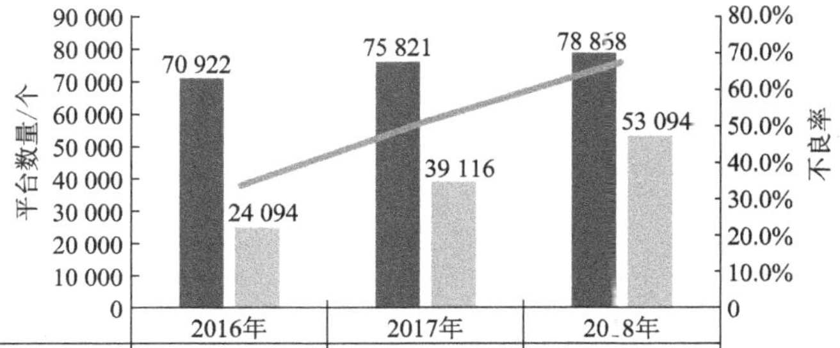

	2016年	2017年	2018年
累计平台数量	70 922	75 821	78 868
累计问题平台数量	24 094	39 116	53 094
不良率	34.0%	51.6%	67.3%

年份

图 1　2016～2018 年累计平台数量及累计问题平台数量

资料来源：根据网贷天眼网站（https://www.p2peye.com/shuju/hysj/ptsl/）数据整理而得

P2P 网络借贷的发展与风险犹如双胞胎一样相伴左右。每个月有新建立的平台，也总有平台暴露出风险。2016～2017 年，每月都有新增平台和新增问题平台，然而进入 2018 年后，当月新增平台逐渐减少直至为零，而当月新增问题平台却不断上升，到夏季达到顶峰（图 2）。这反映出在 2018 年我国 P2P 网络借贷市场发生了一波“爆雷潮”。2018 年 6 月 19～26 日，全国 42 家 P2P 网络借贷平台接连出现问题，曾经的四大“高返利”网贷平台——唐小僧、雅堂金融、联璧金融、钱宝网全部“爆雷”。2018 年 7 月 6 日，票据理财平台“银票网”实际控制人投案自首。2018 年 7 月 9 日，多多理财发布公告宣称已无法联系公司实际控股人；同日，火球网正式对外公告暂停平台网贷业务。2018 年 7 月 17 日，零钱罐、投之家、发财猪平台被深圳市南山区公安分局通报等。目前，问题平台主要分为“停业、转型、平台失联、提现困难、警方介入”五种类型。表 2 梳理了 2018 年部分风险事件。

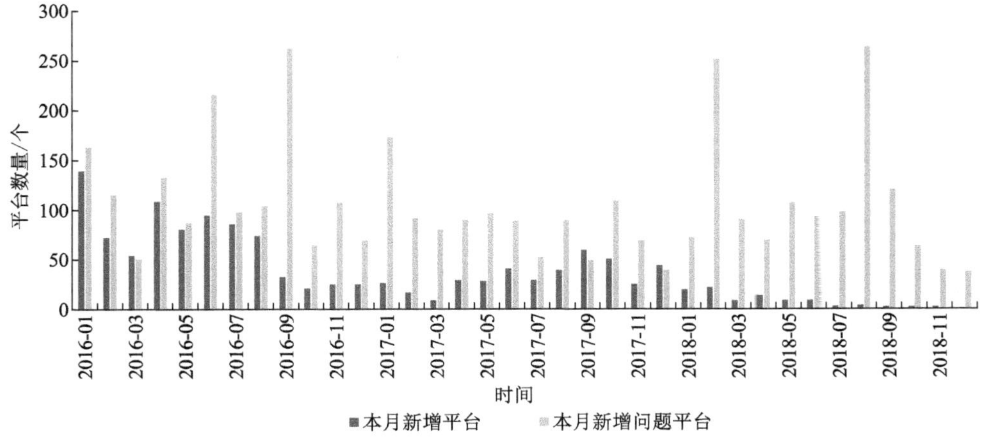

图 2　2016～2018 年新增平台与新增问题平台数量

资料来源：根据网贷天眼网站（https://www.p2peye.com/shuju/hysj/ptsl/）数据整理而得

表 2　2018 年部分 P2P 网络借贷风险事件

平台名称	注册资本/万元	问题爆发时间	问题类型	简介
善林财富	120 000	2018-04-10	警方介入	通过线上、线下各种理财产品吸纳资金，并承诺高额返利，本质为庞氏骗局，资金链断裂导致崩盘，涉嫌非法吸收公众存款罪
唐小僧	26 000	2018-06-16	警方介入	虚假宣传公司背景，缺乏资金存管，借助高额返利吸引投资者，涉嫌非法吸收公众存款罪
银巴克	23 000	2018-02-11	平台失联	房产抵押类互联网金融平台。投资者提现困难，无法联系平台
合盘金服	20 000	2018-07-23	提现困难	融资企业出现大量逾期现象，导致平台出现兑付困难，投资人提现困难。平台发布“良性退出”的清盘报告
艺融网	12 000	2018-07-16	平台失联	以艺术品为主的投融资金融交易平台。多次逾期，平台失联
民信贷	10 000	2018-04-26	警方介入	陷入 1.5 亿元兑付危机；线下针对不特定人群推介理财产品，涉嫌非法集资；其北京总部被查封
联璧金融	10 000	2018-06-22	警方介入	与关联公司开展“0 元购”活动，借“低风险、高回报、稳赚不赔”等噱头吸引投资者，涉嫌非法吸收公众存款罪
钱爸爸	10 000	2018-07-09	警方介入	平台出现逾期与兑付困难，投资者恐慌情绪蔓延加快了平台资金链断裂。深圳福田警方对深圳市钱爸爸电子商务有限公司（钱爸爸平台）涉嫌非法吸收公众存款案立案侦查，并对实际控制人与五名高管进行批捕
零钱罐	10 000	2018-07-09	提现困难	平台出现兑付困难。深圳南山警方对深圳市稳通金融服务有限公司（零钱罐平台）涉嫌非法吸收公众存款案立案侦查，并对公司两名主要负责人采取刑事强制措施
银票网	10 000	2018-07-09	警方介入	银票网是中小微企业票据借款的信息中介平台。实际控制人向上海市公安局长宁分局投案，称其公司的集资经营活动因资金链断裂，已无法向投资人进行兑付
投之家	10 000	2018-07-13	警方介入	涉嫌虚假发标、做大代收余额、资金流向不明。深圳南山警方对深圳投之家金融信息服务有限公司（投之家平台）涉嫌集资诈骗案立案侦查，并对公司两名主要负责人采取刑事强制措施
爱钱帮	10 000	2018-07-20	提现困难	平台 7 月 20 日发布“良性兑付”的清盘公告，宣布停止相关业务运营，随后出现投资人提现困难情况

资料来源：经网络资料和艾媒咨询《2018 中国 P2P 网贷行业“爆雷”热点监测报告》整理而来

2018 年的 P2P“爆雷潮”来势凶猛，问题平台整体涉案金额超过 8000 亿元，波及用户规模超过 1500 万人[11]。此外，各种“套路贷”“校园贷”也造成了极其恶劣的社会影响。

（二）典型风险事件及其危害

本部分分析数字经济时代下金融发展的典型风险事件，包括供应链金融领域的“淮矿物流”事件，以及互联网金融个人借贷领域的“租房贷”事件。虽然发生在不同领域、业务模式也有很大差别，但这些典型事件都产生了非常巨大的负面影响。通过梳理这些典型事件的风险爆发原因及危害，为数字经济时代下的金融行业风险识别与控制提供依据和帮助。

1. 供应链金融领域

1）“淮矿物流”事件简介

（1）广受追捧的“明星”模式。2008 年 10 月，淮矿现代物流有限责任公司（以下简称淮矿物流）正式成立，总体定位为“商贸物流+第三方物流”。2012 年 11 月 16 日，淮矿物流重组斯迪尔电子交易平台，并依托该平台搭建现货交易平台实施全新的“平台+基地”模式，即以全流程管理为手段，围绕交易在全国范围内构建仓储物流基地，实现线上交易与线下交割无缝衔接的 O2O（online-to-offline，线上到线下）电商运营模式，同时引入银行为参与交易的买卖双方提供金融配套服务。“平台+基地”模式为钢厂搭建了网络销售平台、物流管理平台、在线金融平台。基于“平台+基地”模式及全流程管理，淮矿物流、斯迪尔电子交易平台分别与平安银行股份有限公司（以下简称平安银行）、华夏银行、兴业银行股份有限公司（以下简称兴业银行）等签订了总计 700 亿元的授信规模，钢厂及其客户可通过斯迪尔电子交易平台的在线融资平台申请在线动态货值融资，同时可实现在线支付结算。基于“平台+基地”全流程监管下的供应链管理模式，获得了政府及业内的高度认可。由淮矿物流收购并控股的斯迪尔电子交易平台更是被誉为“生产资料领域的阿里巴巴”。

（2）无法偿还的巨额债务。2014 年 9 月 10 日，安徽皖江物流（集团）股份有限公司（以下简称皖江物流）对外披露，该公司于 2014 年 9 月 5 日获悉其全资子公司淮矿物流因资金不足无法偿还到期债务，已被中国民生银行上海分行作为第一被告起诉。以 2014 年 9 月 12 日为基准日，淮矿物流债权总额高达 161.57 亿元，债务总额高达 167.49 亿元，波及民生银行上海分行、光大银行武汉分行等 19 家银行。[12]淮矿物流的债务黑洞就此揭开。

2）“淮矿物流”事件原因分析

A. 钢铁行业全面亏损是“淮矿物流”事件的直接原因

2012 年第一季度，钢铁行业出现了 21 世纪以来首次全行业的亏损，亏损额达到 10.34 亿元。亏损源自钢铁产业产能过剩、供大于求。2011～2014 年我国钢材库存水平不断升高，2014 年第四季度较 2011 年第一季度钢材库存增加了 83.5%（图 3）。在钢材库存不断积压的情况下，生产却没有放慢脚步。2009～2014 年粗钢和钢材产量仍持续增长。2013 年和 2014 年粗钢产量均超过了 8 亿吨（图 4），而根据国家钢铁的“十二五”规划，我国粗钢需求量的最高峰值才不过 7.7 亿～8.2 亿吨①。钢铁市场供大于求、产能过剩的局面已经形成。

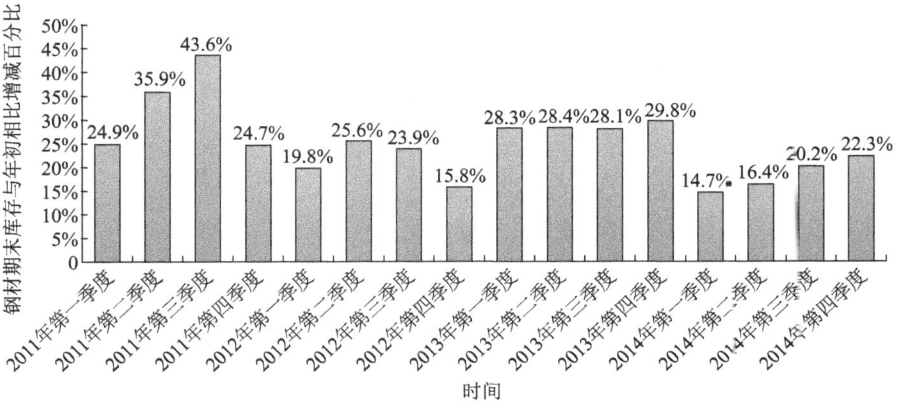

图 3　2011～2014 年钢材期末库存与年初比较

资料来源：根据国家统计局网站（http://data.stats.gov.cn/easyquery.htm?cn=B01&zb=A030118&sj=2018D）数据整理而得

① 《第一季度行业观察：钢铁突围》，http://jingji.cntv.cn/20120504/123766.shtml，2012 年 5 月 4 日。

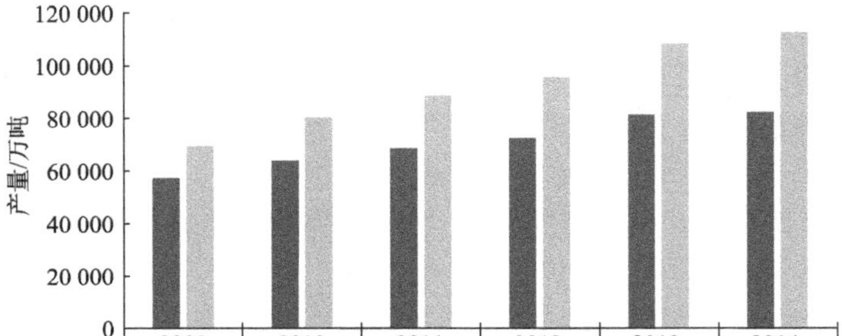

	2009	2010	2011	2012	2013	2014
■粗钢产量	57 218.23	63 722.99	68 528.31	72 388.22	81 313.89	82 230.63
■钢材产量	69 405.40	80 276.58	88 619.57	95 577.83	108 200.54	112 513.12

年份

图 4　2009～2014 年我国粗钢、钢材产量

资料来源：根据国家统计局网站（http://data.stats.gov.cn/easyquery.htm?cn=C01）数据整理而得

市场产能过剩、供大于求必然造成钢材价格的下降。我国钢材价格指数从 2011 年开始陡然下降，到 2012 年第三季度达到最低，后期虽有反弹，但再也无法达到原来的高度（图 5）。

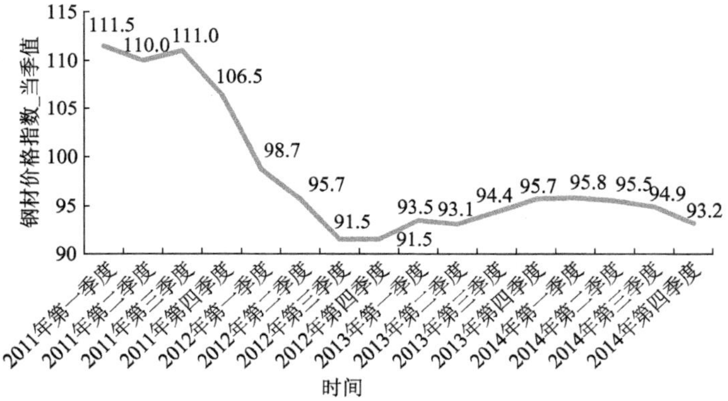

图 5　2011～2014 年我国钢材价格指数

资料来源：根据国家统计局网站（http://data.stats.gov.cn/easyquery.htm?cn=B01&zb=A0602&sj=2018D）数据整理而得

钢铁市场供大于求、钢材价格持续低迷，导致钢铁行业出现全面亏损，钢铁企业资金链紧张甚至断裂，产业链上的风险急剧加大。

B. 业务流程、内部操作不规范是“淮矿物流”事件的根本原因

a）“双重贷款模式”埋下融资隐患

代理采购融资也称作托盘，即卖方会员通过电子商务平台向买方会员卖货，托盘方（可以是卖方）根据交易合同代买方支付货款用以满足其采购需求，买方的销售回款优先还托盘款，并支付托盘方佣金的融资方式。代理采购融资严格来说不属于银行融资的范围，实际是一种通过贸易方式实现融资功能的贸易方式。这种方式由于从合同上看是买卖关系，隐藏了融资的实质，一旦托盘方的监管出现问题，就会带来严重的后果。[13]淮矿物流依托斯迪尔电子交易平台开展的“动态货值融资”正是一类代理采购融资。淮矿

物流通过这类托盘融资方式为电商平台上的买方提供融资服务，同时电商平台上的卖方还能通过“订单融资”的方式从平台融资。这里同一货物（含订单）被先后两次用于融资，相当于产生了“重复质押”的风险。这样基于同一笔质押物却在买卖双方同时贷款的模式放大了融资的规模，同时也放大了融资的风险，为淮矿物流的供应链金融业务埋下了隐患。

b）滥用授信额度、内控体系失效不断积累风险

由于国内部分法律的不健全，传统的存货质押业务中，银行面临较大的风险，这往往是保守型的银行所无法承受的。然而，因为大宗商品电子交易市场掌控了有关货物的众多信息，在风险控制方面有着较好的优势，所以，越来越多的银行开始将风险向交易市场部分转移，“统一授信质押融资业务”正是这样一种模式。在这种模式下，银行根据长期合作的交易市场的经营状况、资产负债比率、规模大小及信用程度等条件，授予交易市场一定的授信额度，交易市场直接利用这些授信额度向相关中小企业提供灵活的质押贷款。平安银行、华夏银行、兴业银行先后授予淮矿物流的“平台+基地”模式敞口授信额度，专门用于支持斯迪尔电子交易平台申特钢铁专场业务等其他业务的开展。由于“平台+基地”模式受到了业界和政府的广泛好评，淮矿物流和斯迪尔电子交易平台都一味追求做大——要做最大的大宗商品电子交易市场，要做生产资料界的阿里巴巴。这样好大喜功的战略思想，为了扩大规模吸引更多的钢铁厂商进入平台，滥用银行授信额度，利用其国有企业背景为合作的民营钢厂提供担保。中国证券监督管理委员会（以下简称证监会）2015 年 7 月 23 日发布的《中国证监会市场禁入决定书（汪晓秀）》显示：淮矿物流总共为湖北华中有色金属有限公司等多家企业提供了高达 31.25 亿元的动产差额回购担保业务（表 3）。

表 3　淮矿物流在 2011～2014 年提供担保情况

年份	被担保企业	担保金额/亿元
2011	湖北华中有色金属有限公司 上海中望实业有限公司 武汉中西部钢铁交易有限公司 溧阳建新制铁有限公司 溧阳昌兴炉料有限公司	16.00
2013～2014	武汉中西部钢铁交易有限公司等公司	12.20
	江苏匡克防护有限公司等 8 家公司	3.05
合计		31.25

此外，淮矿物流负责人滥用职权，导致企业内部控制体系失效，通过有意、恶意、系统隐瞒，全面切断了与母公司的信息渠道，在对淮矿物流的各类内部、外部检查、审计中，鼓动员工大面积地串通舞弊，掩盖和隐藏所存在的问题。证监会在淮矿物流债务危机发生后对其进行了立案调查，查证该公司的违法事实还包括：①虚构资金收入 9[illegible].45 亿元；②违规转移债务 30 亿元；③通过调整应收账款虚增利润 2.52 亿元；④签订“阴阳合同”虚增利润 2.05 亿元；⑤虚增票据贴现 0.34 亿元。[14]

综上所述，“淮矿物流”风险事件的爆发原因是多方面的，钢铁行业的全面亏损是造

成此次事件的直接原因，产能过剩导致钢铁市场供大于求，钢材价格倒挂，钢铁行业出现全面亏损，企业出现资金链断裂的风险急剧加大。盲目追求扩张、缺乏内部监管、滥用授信额度、业务流程不规范是导致此次事件的根本原因（图 6）。

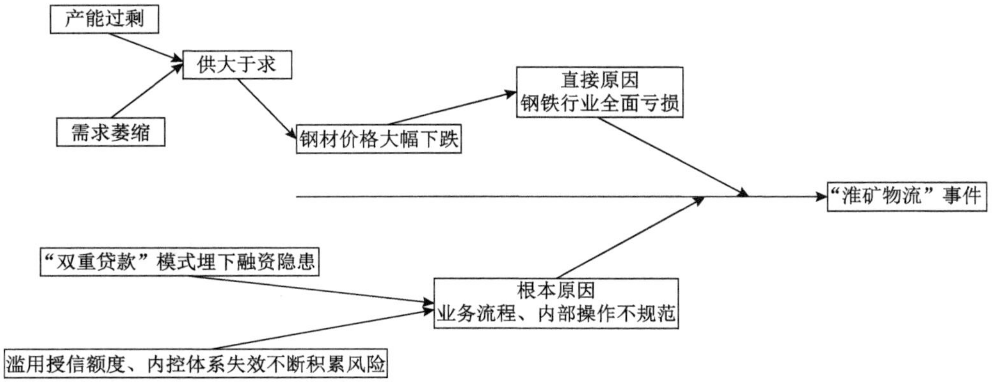

图 6　“淮矿物流”事件原因分析

3）“淮矿物流”事件后果及负面影响

2014 年 9 月 5 日，淮矿物流因无足够资金支付中国民生银行的到期债务，被中国民生银行上海分行作为第一被告起诉，当日淮矿物流的 20 多个银行等金融机构的账户被全部冻结，冻结金额共计 1.5 亿元。9 月 19 日，淮矿物流因商业承兑汇票逾期被中国光大银行武汉分行告上法庭，由中国光大银行武汉分行对其进行了垫款。根据武汉市中级人民法院的调查结果显示，淮矿物流在中国光大银行的商业承兑汇票共计 6 亿元。9 月 24 日，淮矿物流母公司皖江物流被上海证券交易所立案调查。9 月 28 日，皖江物流公布调查结果：以 2014 年 9 月 12 日为基准日，淮矿物流债权总额高达 161.57 亿元，债务总额高达 167.49 亿元，波及中国民生银行上海分行、中国光大银行武汉分行等 19 家银行。公司于 2014 年 10 月 1 日申请破产重整。

除此之外，“淮矿物流”事件再次将大宗商品供应链金融业务推上了风口浪尖，让资金方和广大业务主体对“平台+基地”这一本身具备一定先进性的业务模式失去了信心。

2. 互联网金融个人借贷领域

1）“租房贷”事件简介

近年来，长租公寓飞速发展。公开资料显示，截至 2017 年底，自如在北京、上海等 9 座城市为超过 20 万名业主委托管理 50 万间房源，累计服务 120 万名租户，2017 年的租金收入突破 160 亿元。蛋壳公寓 2015 年在北京成立，到 2018 年，蛋壳公寓已拥有 10 万间房源。“金融+长租公寓”模式是长租公寓获得空前发展的秘诀，然而缺乏行业自律和政策管控下的“金融创新”却暴露出巨大的风险。“租房贷”正是长租公寓插上金融翅膀后引爆的一颗重磅炸弹。

2018 年，北京、上海、杭州等地相继爆出租户被强制清退且背负网络贷款的“租房贷”负面事件。例如，在北京，一些通过北京昊园恒业房地产经纪有限公司租房的租户在正常缴纳房租的情况下被房东驱赶，并发现自己背负了网络贷款，在被清退之后仍需偿还贷款①；在杭州，长租公寓运营企业杭州鼎家网络科技有限公司（以下简称鼎家科技）2018 年 8 月 20 日宣布，因经营不善，出现资金链断裂，已被安排进入破产清算程序。鼎家科技破产约有 4000 户租户受损，涉及的网贷平台有 6 家。[15]

2）"租房贷"事件原因分析

A. 资金链断裂是"租房贷"事件的直接原因

目前长租公寓企业采用的模式是，一般与业主一次性签订 3～5 年的长期租赁合同，经过装修之后出租给租户，租户按月、按季度或按年支付租金，而长租公寓却按月向业主支付租金，中间的差价、服务费等就是长租公寓运营企业的利润。例如，租户以按年支付的方式向长租公寓支付租金，而长租公寓则以按月支付的方式向业主支付租金，这样长租公寓就可以形成至少 11 个月的租金占用期，再加上押金和佣金，在长租公寓平台上就形成了一个资金池。以 2011 年成立的自如为例，负债规模在 2017 年底接近 75 亿元，其中有 75%为应付款，高达 56 亿元，主要为押金收款及房租预收款。[15]这一资金应由第三方存管机构监管用以支付业主租金，但通常会被长租公寓平台用以扩大规模或进行投资。为了继续扩大这一资金池，长租公寓推出"租房贷"模式。

在"租房贷"模式下，长租公寓缩短租户付租时间，将按季度或按年支付改为"押一付一"等形式，以此吸引大量租户；租户在与长租公寓签订租房合同之后，长租公寓以此租房合同为基础并以租户的名义向互联网第三方金融借贷平台申请分期贷款，互联网第三方金融借贷平台将合同期的全部租金一次性打给长租公寓。此后，租户名义上是在按月缴纳租金，实际上是在向金融借贷公司偿还分期贷款。在获得贷款资金之后，长租公寓并没有将其用以偿还业主租金或是存入第三方存管机构，而是将资金挪用以扩大规模，或者将资金用于投资其他高风险、高收益项目。只要长租公寓企业可以保持足够增速，以及足够出租率保证周转，或投资项目不发生亏损，就能获得源源不断的现金流维持这一体系运转；但如果在规模扩张中或在项目投资中出现资金链断裂，长租公寓很有可能无法向房屋业主支付租金，业主在收不到租金的情况下便会驱赶租户，而租户却在按月支付"租金"（即偿还贷款）的情况下被赶走，且之后仍需按月偿还贷款，个人合法权益受到侵害。

B. 欺瞒租户签订贷款合约、违规使用沉淀资金是"租房贷"事件的根本原因

首先，长租公寓在未告知租户的情况下代租户申请分期贷款，或者在未明确告知租户的情况下诱导租户申请分期贷款涉嫌违法。其次，长租公寓企业挪用沉淀资金进行规模扩张或其他投资涉嫌违规。在形成资金池并将其继续扩大之后，长租公寓实质上已从一个中介公司转变为缺乏第三方监管的资产管理公司，但由于其专业性的缺乏及对风险把控能力的不足，其在资金的使用方面极易出现风险事件。

由此可见，长租公寓企业资金链断裂是"租房贷"事件发生的直接原因；而欺骗租户签订贷款合约、非法占用或挪用业主资金是"租房贷"事件发生的根本原因（图 7）。

① 《昊园恒业"租房贷"事件调查》，http://tv.cctv.com/2018/12/07/VIDE6hvDXkFnjaWVlSLCrsLu181207.shtml，2018 年 12 月 7 日。

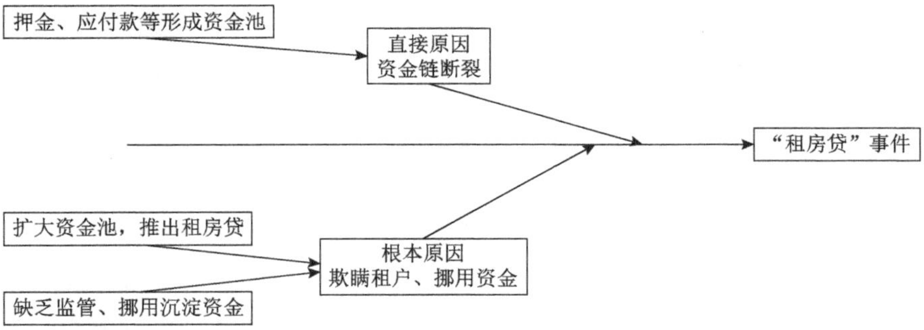

图 7　“租房贷”事件原因分析

3）“租房贷”事件后果及负面影响

在“租房贷”的案例中，借款协议和租赁合同是两份完全独立的合同，发生纠纷后不利于保护租户的合法权益。一方面长租公寓并不为租户与分期平台的借款提供担保；另一方面，一旦平台跑路，租户和业主往往会陷入一个对立的境地。[15]

此外，部分长租公寓企业利用“租房贷”等融资渠道获取的资金恶性竞争抢占房源，以高于市场水平的租金或哄抬租金抢占房源，人为抬高收房价格，导致租房市场价格上涨。

（三）典型风险事件爆发规律

通过分析供应链金融领域的“准矿物流”事件及个人金融领域的“租房贷”事件的发生原因，可以发现这些典型风险事件发生存在一定的规律。首先，风险事件发生的根本原因是违法违规操作及不合理业务流程，违法违规操作如滥用授信、挪用资金、欺瞒客户等；不合理业务流程如产生重复质押问题的“双重贷款模式”等。

其次，风险事件发生的直接原因是企业资金链断裂，如产能过剩、供大于求导致全行业亏损从而引发钢铁企业资金链紧张，或长租公寓运营企业扩张过程中回款不及时、项目投资失败导致资金链断裂。

三、数字经济时代下金融行业风险层次分析

通过对典型风险事件的分析，我们将数字经济时代下金融行业的风险分为两个层次：第一个层次是管理性风险；第二个层次是法律性风险（图 8）。

管理性风险包括两类：第一类指运营风险，是由企业自身经营不善或市场原因导致资金周转不灵而使企业产生损失或资金链断裂的风险，如钢铁市场供大于求、钢价下滑，全行业亏损导致钢铁企业资金链紧张、还款困难；第二类指业务操作风险，是企业业务模式设置不合理、操作不规范而引起的风险，如开展产生重复质押的“双重贷款模式”，滥用授信、过度担保等。

法律性风险是指在经营活动实施过程中，运作主体（平台）未按照法律规定或合同约定行使权力、履行义务而违约、触犯法律红线所引起的风险。例如，内部人员有意、恶意地隐瞒风险，串通舞弊；设立资金池、非法转移或占用客户资金；欺骗客户签订与业务无

关的合同等。

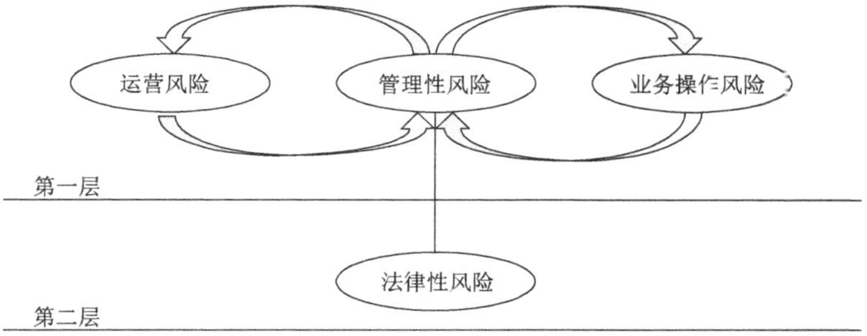

图 8　数字经济时代下金融行业风险层次

四、数字经济时代下金融行业风险防范对策及建议

（一）法律性风险应对措施及建议

1. 不断完善数字经济时代下行业相关法律法规与标准体系

随着杭州、上海的“租房贷”平台相继暴雷，以及市场对长租公寓跑马圈地引发租金快速上涨的质疑。政府相关部门也开始重新评估长租公寓借助金融的力量快速扩张的模式。2018 年 8 月 17 日，北京市住房和城乡建设委员会（以下简称住建委）联合北京市地方金融监督管理局、中国银行保险监督管理委员会北京监管局（以下简称北京市银保监局）、税务局等相关部门集中约谈主要房屋租赁平台负责人，包括相寓、自如、蛋壳公寓等平台。相关部门表示，此次约谈会明确要求房屋租赁企业：“不得利用银行贷款等融资渠道获取的资金恶性竞争抢占房源；不得以高于市场水平的租金或哄抬租金抢占房源；不得通过提高租金诱导房东提前解除租赁合同等方式抢占房源”①。8 月 23 日，相关部门负责人重申，北京市住建委已经会同北京市银保监局、金融局等调查“租房贷”，将严查这些中介机构的资金来源和流向，一旦查实将从严处罚。来自政府部门的多个信源显示，政府相关部门将重新评估“金融+长租公寓”这种模式，不排除接下来会有相关的措施出炉对此进行约束。

数字经济时代下，金融创新层出不穷。宽松的监管环境成为我国数字经济快速发展的重要推手，也为金融行业的风险事件埋下了隐患。因此，政府部门应紧跟时代发展、审时度势的完善金融行业相关法律法规与标准体系。首先，政府立法部门应提高数字经济时代下金融行业法律法规的层级，加强金融专业立法，防范运营主体（平台）内部违规违法操作。其次，政府部门在完善法律法规的基础上，应继续积极制定相应的配套制度和行业标准，防范运营主体（平台）内部违规违法操作。目前资金第三方存管制度、负面清单管理制度及营销与广告管理制度已有正式规定，《网络借贷信息中介机构业务活动管理暂行办

① 《北京市住建委联合多部门约谈住房租赁企业》，http://politics.people.com.cn/n1/2018/0818/c1001-30236405.html，2018 年 8 月 18 日。

法》中规定对客户资金和网贷机构自身资金实行分账管理，并对网贷业务经营范围采用以负面清单为主的管理模式，明确了 13 项禁止性行为。然而互联网金融行业的投资者权益保护、举报人权益保护、社会征信体系、信息网络安全、金融隐私权保护等配套制度仍有待制定和完善，同时政府还应建立完善的供应链金融动产登记及公示制度，明确动产质押范围，开放质物信息查询，从而降低供应链中的信息不对称。

2. 成立行业协会，加强行业监管

要做到全面系统的监管仅靠政府监管机构是不够的，数字经济时代下的金融创新散布在各行各业，因此在不同领域成立行业协会，加强金融方面的行业监管也是解决和处理风险问题的有效途径。应当从利益共享的角度成立不同领域的金融监管协会，可以增强行业自律，规范协会会员的执业行为，提高协会会员的商业道德，维护行业运行规范有序、营造公平竞争的发展环境。

3. 加强舆论宣传、正确引导，形成社会监督机制

在数字经济时代，我国必须及时地构建一个符合中国国情及国际惯例的社会监督体系，发挥社会监督的力量，从而最大限度地提高监管效率，完善监管体系。具体来说分为以下几点。

（1）建立健全质物信息披露制度。向社会公众及时、准确、真实地发布有关企业、机构的名单，使参与主体受到合作者与社会公众的监督，发挥市场作用，提高监督约束效率。

（2）培育和借助社会中介机构力量。可以将对有关融资主体的资产审计、资格信用审查等工作交由专业的注册会计师事务所、金融审计师事务所、资信评估公司等中介机构，发挥第三方机构的协助作用。

（3）广泛利用新闻媒体。鼓励媒体对违法违纪行为进行曝光，引导舆论监督，营造一个和谐、宽松、良好的外部环境。

（4）建立监督举报网络。建立健全信访举报、电话投诉等监督举报制度鼓励社会公众积极参与，共同监督。

（二）管理性风险应对措施及建议

除了法律性风险，数字经济时代下金融行业暴露出的管理性风险也不容忽视。针对此类风险，我们建议运用金融科技、强化数据监控，加强业务流程管理并提升从业人员业务水平。

1. 运用金融科技、强化数据监控

金融科技创新是数字经济时代下的一大特色，而数据是金融行业的核心资产。企业或市场运营主体应积极运用金融科技成果，依托运营、交易数据建立风险评估体系和相应指标。对日常运营中的数据进行监控，如果某些风险指标出现异常值，由风险监控人员判断是否出现风险，如果确认出现风险，再通过其他指标排查风险产生的来源，并采取相应的措施化解风险，使指标值回归正常范围。

2. 加强制度建设，规范业务流程管理

业务运营机构应建立定期检查制度，及时发现制度缺陷，防范运作机制不合理现象。首先，业务运营机构应当参照有关法律法规完善平台的管理制度，对用户审核、业务操作、资金结算等流程进行规范，提出有关标准并严格执行，对业务模式、信息系统和人力资源制度定期进行检查与评估，及时发现业务缺陷、管理障碍及内部系统漏洞，保证平台的稳定运行。其次，运营机构需要提高自身技术能力及信息安全能力，防范来自外部的网络攻击，保护资金安全、用户隐私及信息安全。

3. 加强理论政策研究和培训，提升从业人员业务水平

数字经济时代下的金融业发展是典型的创新活动，体现了很强的探索特点。大专院校及研究所的科研工作者应紧密关注行业动态，与业务实践主体多沟通、多交流，从实践出发，加强理论和政策研究，研究解决数字经济时代下金融业发展所面临的各种重大问题和难题。同时应与行业协会开展广泛合作，为从业人员提供丰富、实用的培训、学习机会，从而提高从业人员的业务水平，降低管理性风险。

参考文献

[1] G20 国家数字经济发展研究报告（2017 年）[R]. 北京：中国信息通信研究院，2017.

[2] 二十国集团数字经济发展与合作倡议[EB/OL]. http://www.g20chn.org/hywj/dncgwj/201609/t20160920_3474.html[2016-09-20].

[3] 华强森，成政珉，王玮，等. 中国数字经济如何引领全球新趋势[R]. 麦肯锡全球研究院，2017.

[4] 中国数字经济发展白皮书（2017 年）[R]. 北京：中国信息通信研究院，2017.

[5] 北京大学互联网金融研究中心课题组. 商业银行互联网战略转型研究[R]. 北京：北京大学数字金融研究中心，2016.

[6] 华强森，成政珉，王玮，等. 数字时代的中国：打造具有全球竞争力的新经济[R]. 麦肯锡全球研究院，2017.

[7] 银行公司业务转型正当时，交易银行能力塑造以制胜[R]. 普华永道，2017.

[8] 倪以理，曲向军，周宁人，等. 颠覆与连接——解密中国互联网金融创新[R]. 麦肯锡，2016.

[9] 王佳昀，冯耕中，孔祥印，等. 互联网+金融行业风险分析与对策[C]//西安交通大学，中国管理问题研究中心. 2017 中国社会治理发展报告. 北京：科学出版社，2017：159-177.

[10] 沈艳，李苍舒. 网络借贷风险缓释机制研究[R]. 北京：北京大学数字金融研究中心，2018.

[11] 2018 中国 P2P 网贷行业“爆雷”热点监测报告[R]. 艾媒咨询，2018.

[12] 王晶，易显强，洪涛. 2014. 淮矿物流资金坏账事件敲响的警钟[EB/OL]. http://www.cn156.com/article-36347-1.html[2014-10-13].

[13] 冯耕中，卢继周. 赵绍辉. 大宗商品电子交易市场理论与实践[M]. 北京：科学出版社，2016.

[14] 翟月芳. 淮矿物流百亿债务危机案例研究[D]. 辽宁大学硕士学位论文，2017.

[15] 自如们背后的金融秘密[EB/OL]. http://www.xinhuanet.com//fortune/2018-08/27/c_1123331674.htm[2018-08-27].

去产能背景下新疆破解煤层气产业发展掣肘的对策建议

钱　娟[①]　李金叶[②]　相里六续[③]

内 容 提 要

随着煤炭去产能政策的实施，新疆煤层气勘查开发步伐明显放缓，煤矿瓦斯抽采量大幅下降，严重挤压了对煤层气市场的预期和需求，对新疆尚处在勘查开发起步阶段的煤层气产业无疑是雪上加霜。新疆煤层气资源虽储量大，但勘查开发起步较晚、开发难度较大、资金投入不足，相比山西、贵州等省煤层气勘查开发推进速度较慢，加之在煤炭去产能背景下，新疆如何破解煤层气产业发展掣肘，加快推动煤层气产业快速发展成为关注热点。本文在分析新疆煤层气资源分布情况、开发利用现状的基础上，探寻当前新疆煤层气产业发展面临的掣肘问题，并提出当前新疆破解煤层气产业发展掣肘的对策建议。

煤层气（煤矿瓦斯）既是煤矿安全生产的主要隐患，也是常规天然气的重要战略补充和替代能源，加快煤层气的开发利用，化害为利，变废为宝，是从根本上减少煤矿生产安全事故、减少温室气体排放、增加能源供应的重要措施，对实现能源安全、清洁节约发展具有重要意义。

新疆煤层气资源开发利用受到国家和自治区政府高度重视，国务院《关于支持新疆经济社会发展若干政策和重大项目的意见》明确提出，以准东、准南、库拜、吐哈等煤田为主，加大煤层气勘查开发和综合利用力度，建设2至3个煤层气开发利用示范工程。国家《煤层气勘探开发行动计划》中指出，“加快新疆、内蒙古、贵州、云南、甘肃等地区煤层气资源调查和潜力评价，实施一批煤层气勘查项目，力争在新疆、内蒙古等西北地区低煤阶煤层气勘探取得突破”。《煤层气（煤矿瓦斯）开发利用“十三五”规划》提出，“新建贵州毕水兴、新疆准噶尔盆地南缘煤层气产业化基地”。

面对国家大力推动新疆煤层气产业发展的机遇，充分利用好新疆煤层气资源优势，统筹推进煤层气资源开发利用，是加快新疆新型工业化建设，推动新疆国民经济又好又快发

① 钱娟，博士，新疆大学经济与管理学院讲师。
② 李金叶，博士，新疆大学经济与管理学院教授，博士生导师。
③ 相里六续，博士，新疆大学经济与管理学院副院长。

展，保障国家能源供应安全的重要举措。但面对当前煤炭去产能政策的实施，新疆煤层气勘查开发步伐明显放缓，煤矿瓦斯抽采量大幅下降，严重挤压了对煤层气市场的预期和需求，不少煤层气企业举步维艰，严重阻碍了新疆煤层气产业发展。因此，在去产能背景下新疆如何破解煤层气产业发展掣肘，加快推动煤层气资源的开发利用，实现经济、安全、环境“三重效益”，成为新疆推动能源生产和消费革命，实现经济转型发展的重要举措。

一、新疆煤层气开发利用现状

（一）煤层气资源储量预测及分布情况

煤层气资源预测储量。新疆煤层气资源丰富，2000 米以浅煤层气资源量约 9.51 万亿立方米，相当于新疆天然气预测总量的 87.3%；仅次于山西，约占全国的 26%，占西部地区的 91.8%[1]；含气量大于 1 万亿立方米的盆地共 4 个（全国共 9 个）。新疆中低煤阶煤层气占全国中低煤阶煤层气资源量的 50%以上。目前，新疆还没有获得煤层气探明储量。

煤层气资源主要分布。新疆煤层气资源主要分布在准噶尔、吐哈、塔里木、天山等盆地（群），其中准噶尔、吐哈、塔里木盆地是低阶煤发育的典型内陆盆地，预测资源量为 7.9 万亿立方米，约占新疆煤层气资源量的 83%（图 1）。准噶尔、吐哈、塔里木盆地含气带煤层气资源量相对较多，是新疆煤层气重点勘查开发区域。

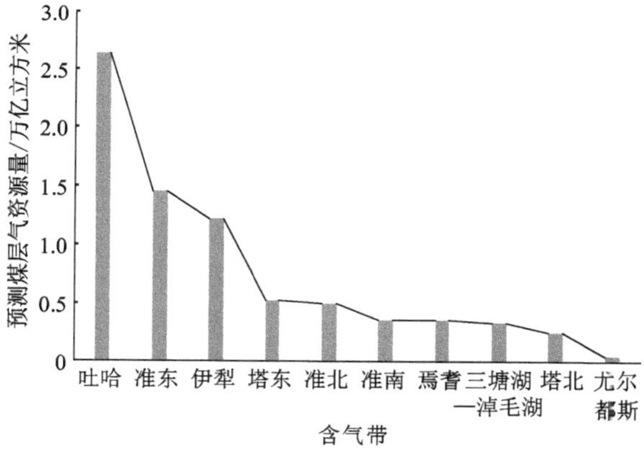

图 1　新疆各含气带预测煤层气资源量统计

（二）煤层气资源勘查开发利用情况

2013 年以来，新疆逐步加大对煤层气资源的勘查开发力度，煤层气产业进入快速发展阶段。截至 2017 年底，全疆累计实施各类煤层气项目 25 个，其中实施煤层气开发利用先导性示范工程 3 个。

地面开采方面：实现年产能约 4000 万立方米，年产量约 3500 万立方米，累计施工各类煤层气井 270 余口，加快推进了阜康白杨河、乌鲁木齐碱沟和拜城矿区三个煤层气示范工程，建成新疆第一个煤层气开发利用先导性示范工程。

煤矿瓦斯抽采方面：新疆主要的高瓦斯煤矿抽采煤矿瓦斯量约 7000 万立方米，抽采率 50%以上；煤矿瓦斯利用量约 400 万立方米，利用率 6%左右。受煤炭去产能政策影响，新疆煤矿瓦斯抽采量和利用量从 2016 年开始大幅下降，尤其是利用率从 2015 年开始大幅下降，比 2014 年下降了近 3.5 个百分点。

煤层气（煤矿瓦斯）资源利用方面：煤矿瓦斯利用方式以发电为主，在阜康白杨河矿区已建成瓦斯发电厂 1 座，装机容量 12 000 千瓦，年利用瓦斯 1410 万立方米，发电量约 5642 万千瓦时，主要用途为供给电网企业及矿区自用。在阜康白杨河矿区建成一座日处理能力为 10 万立方米的煤层气集气处理站，产气量为 4 万米 ^{3}/天，已开始通过压缩天然气（compressed natural gas，CNG）利用方式供应乌鲁木齐市、阜康市、阜康市甘河子镇工业园区、昌吉市及其他周边县市。

二、去产能背景下煤层气开发利用仍是实现新疆能源转型发展的主旋律

当前，新疆煤层气资源勘查开发处于起步阶段，面临诸多困境，但无论是从调整能源生产和消费结构、缓解减排压力，还是保障煤矿安全生产、保护生态环境来看，煤层气资源的开发利用都是新疆能源发展的刚需和主旋律，对实现能源转型发展具有重要战略意义。

（一）能源发展形势深刻变化推动煤层气产业加快发展

当前，新一轮能源革命蓬勃兴起，世界能源格局正发生深刻变化，我国能源消费增速逐渐放缓，主体能源由油气替代煤炭、非化石能源替代化石能源的双重更替加快；能源生产与利用方式发生重大变革，以清洁化、智能化为特征的能源生产消费新模式正在形成，作为推动能源生产和消费革命重要载体的煤层气也将迎来发展的战略机遇期[2]。新疆为加快建设国家综合能源基地，重塑能源产业新优势，必须在世界能源低碳化、清洁化发展和国内“降煤增气”的大背景下，主动调整优化能源结构，大力推动煤层气产业规模化、产业化发展，增加煤层气在能源消费结构中的比重，扩大和提高清洁、低碳能源的使用范围和效率。

（二）生态环保硬约束要求加快煤层气的开发利用

面对资源约束趋紧、环境污染严重、生态系统退化的严峻形势，能源矿产资源开发必须把生态文明建设放在突出地位，更加自觉地贯彻节约资源和保护环境的基本国策。煤层气的温室效应是二氧化碳的 21 倍，利用 1000 立方米的煤层气相当于减排二氧化碳 15 吨，加快煤层气开发利用，有利于实现 2020 年新疆万元地区生产总值能耗比 2015 年下降 10%，二氧化碳排放强度比 2015 年下降 12%的目标，促进清洁能源的利用率不断提高，逐步降低煤炭消费比重，有效降低二氧化硫、烟尘等大气污染物排放总量，助力生态环境保护。

（三）煤层气资源禀赋良好可有效转化为新的经济增长点

与其他非常规天然气资源相比，当前我国煤层气产业发展的综合效益最大，应放在非常规油气开发利用优先发展位置[3]。新疆煤层气资源约占全国的 1/4，从煤层气资源分布、开采条件和资源品质来看，具备大规模开发的资源优势，到 2020 年新疆煤层气年产量力争达到 4 亿立方米。同时，煤层气作为民用、工业及重要化工原料，可带动运输、钢铁、化工、生活服务等相关产业，带动新疆经济发展，煤层气具有转化为新的经济增长点的优势。

（四）能源生产和消费革命要求煤层气与其他伴生资源合采

近年来勘查成果显示，新疆煤层气不仅存在与煤炭共伴生于同一空间的现象，在不少矿区的不同层位还存在与煤系天然气、页岩气等气体矿产共存的现象，如若不注重各类能源开采的统筹兼顾，则会导致在油气、煤炭开采过程中对煤层气资源的浪费。从能源资源集约节约开发、高效利用角度来看，有序统筹石油、天然气、煤炭与煤层气的勘查开采的空间、时序、工艺和技术，综合评价和利用煤层气、页岩气、致密气（以下简称 “三气”）资源、煤炭和煤层气资源[4]，有效促进各类资源的科学布局、有序开发和综合利用，是能源生产和消费革命的重要内容。

（五）优化调整能源结构要求提高清洁能源的保障能力

新疆每年留在本地的天然气使用量远不能满足自身工业及民用需求，加之为实现到 2020 年煤炭占一次能源消费总量比重下降到 55%以下，天然气消费占比提高到 14.2%以上的目标，将会进一步加大对天然气的消费需求，新疆天然气供需矛盾将日益突出。新疆天然气年消费量超过 100 亿立方米，仅首府乌鲁木齐市在供暖季的供热天然气需求缺口就达 5.1 亿立方米以上，夏季也经常出现汽车排队加气和部分工业企业低负荷运行现象，加之当前新疆正在进一步推进“气化新疆”工程，对天然气需求将进一步加大，为煤层气的开发利用提供了广阔的市场需求。煤层气作为天然气的重要补充和接替能源，不仅能有效缓解新疆天然气短缺问题，更好地服务民生、服务城市蓝天工程，还有利于促进新疆国家综合能源基地建设，提高新疆清洁能源保障能力。

（六）有效保障煤矿安全生产要求加快推进瓦斯抽采利用

新疆高瓦斯、煤与瓦斯突出矿井多，煤矿重特大瓦斯爆炸事故时有发生，煤矿瓦斯一直是煤矿安全生产的重大隐患，给人民群众生命财产造成严重损失，煤矿安全生产形势不容乐观。若采煤前先采煤层气，煤矿瓦斯爆炸率可降低 70%～85%，企业煤炭建井费用将减少 1/4 左右，从根本上防范煤矿瓦斯事故发生，保障煤矿安全生产，提高煤矿生产效率和经济效益。

新疆作为我国第 14 个大型煤炭生产基地，煤炭、煤层气资源丰富，开发潜力大，但煤矿瓦斯排放量也较大，煤矿瓦斯事故、节能减排、生态环境保护等问题较突出。从现阶段来看，新疆煤层气开发利用所带来的社会综合效益远比经济效益更具意义。

三、去产能背景下新疆煤层气产业发展面临的五大掣肘

当前，新疆煤层气勘查开发利用处于起步阶段，尚未形成规模，煤层气产业链尚未形成，除存在矿权、资金、技术、成本等制约因素外，煤层气储量尚未探明、资源开发难度大、政策扶持力度不足等掣肘问题仍较突出，严重制约新疆煤层气的开发利用与产业链形成。

（一）煤层气勘查开发投入不足，勘查程度较低

自 2013 年以来，新疆煤层气勘查开发利用累计投入资金约 14 亿元，相较于山西、贵州等其他省对煤层气勘查开发投入仍较少，已累计施工各类煤层气井仅 270 余口，其中水平井较少，而全国已累计钻煤层气直井丛式井 16 057 口，水平井 427 口，新疆煤层气资源量占全国的 26%，但直井丛式井和水平井钻井数仅分别占全国的 0.1%和 0.2%，远不能满足新疆开展大规模煤层气勘查开发的需要，加之当前新疆煤层气勘查程度较低，多为区域性、零星施工参数井或排采井，煤层气勘查仅处于预探阶段，未能探明储量。

（二）煤层气勘查开发技术难度大，基础研究薄弱

新疆含煤区煤田浅部构造复杂，煤层生气能力强弱不均，煤层倾角大、厚度大、层数多、煤阶低、煤层风化带埋深普遍较深等特点[5]，与国内外煤层气开发区有较大差异，不可直接照搬现有成熟开发成果，加之自身对煤层气地质特点研究及勘查开发工艺技术落后，专业人才匮乏和科研能力不足，煤层气开发利用基础研究薄弱，致使新疆煤层气勘查开发难度较大，推进缓慢，成为当前新疆煤层气产业发展的最大掣肘。

（三）煤层气勘查开发成本高，政策支持力度不足

煤层气开发从勘查阶段到总体开发方案（overall development plan，ODP）阶段，再到生产阶段需要 7～8 年，投入约 4.5 亿元可建设开发 1 亿立方米的煤层气产能，同等规模产能下，常规天然气田建设投资不超过 1 亿元，可见煤层气开发具有显著的高成本、低收益特点。新疆煤层气产业尚处在起步阶段，独特的地理位置和环境导致疆外施工设备运到新疆费用高，很难形成市场竞争，加之目前勘查开发规模小，设备搬运费用占比较高，造成压裂等工程施工成本较高，相较于我国其他省区市的煤层气开发成本会更高[6]。同时，政策支持力度不足，一是新疆还未出台对煤层气开发利用的补贴政策，全国已有四省出台煤层气抽采利用省内补贴政策，其中山西、陕西、河南每抽采利用 1 立方米煤层气省内财政补贴 0.1 元，贵州抽采补贴为 0.15 元/米^3，利用补贴为 0.2 元/米^3；二是新疆煤层气开发利用尚未形成规模，国家相关经济激励政策得不到真正落实，形同虚设，致使新疆煤层气开发利用内在动力不足。

（四）煤层气与煤炭、油气矿权交叉重叠，协调机制不健全

新疆现有煤炭勘查开采登记面积已占据大部分煤炭开采有利区域面积，煤、气勘查开发存在大量重叠区，各区域开发主体不同，使煤、气开采相脱节。加之当前煤炭矿权处于零散分割状态，与煤层气勘查开发需要大面积区域性勘查条件不相适应，一些适合整装开采的特大型煤层气田（如新疆准噶尔煤田）面临被零散分割的局面，煤炭企业与煤层气开发企业在煤炭与煤层气资源的勘查和开发方面难以协调一致，致使矿业权人和投资者的利益难以得到有效保护。近年来，煤层气与油气勘查区块冲突也逐渐显现，中国石油天然气集团有限公司（以下简称中石油）在新疆油气勘查开发中均发现煤层气有利区块，无形中减少了新疆煤层气可勘查开发面积。

同时，煤层气资源勘查开发存在资质许可，且多是行政授予的方式出让煤层气矿业权，造成煤层气资源多集中在中石油、中国石油化工总公司、中联煤层气有限责任公司等央企手中，其他资本进入煤层气开发领域存在制度障碍，而新疆煤层气探矿权面积的 90%为中石油拥有，使新疆对煤层气勘查开发缺乏应有的主导权，无法有效推进煤层气的开发利用。

（五）煤矿瓦斯抽采条件复杂，勘查程度低、利用率低

新疆煤层气赋存条件区域性差异大，煤矿瓦斯抽采条件复杂、抽采难度大，勘查单位和矿业权人对煤层气勘查的重视程度不够，采样化验标准执行不规范，对煤炭、煤层气综合勘查的相关管理办法执行力度不够等，导致煤矿瓦斯勘查程度低，严重制约煤炭、煤层气资源综合一体化开发及煤矿瓦斯产业化开发及规模化利用。加之近年来煤炭去产能政策加快推进，新疆煤矿企业普遍效益不好，企业对煤矿瓦斯勘查抽采利用积极性下降，加之国家用于煤矿瓦斯基础勘查的资金少，规定的最低勘查投入标准较低，而社会资金参与煤矿瓦斯勘查存在障碍，融资渠道不畅，严重制约新疆煤矿瓦斯的抽采。同时，新疆煤矿大多位于偏远地区，管道建设等配套工程滞后，下游市场不完善及瓦斯开发利用利润微薄甚至亏损等，导致煤炭企业重抽采、轻利用，对煤矿瓦斯开发利用的积极性不高，现有煤矿瓦斯利用方式主要以发电为主，且规模偏小，上网申报手续复杂，并网投资相对较大，致使新疆煤矿瓦斯利用率仅为 6%左右，低于全国平均水平 29 个百分点，低于山西省 31 个百分点[7]。

四、去产能背景下新疆破解煤层气产业发展掣肘的对策建议

目前，新疆煤层气产业尚处于起步阶段，需大力推进和扶持，力争突破适宜新疆煤层气开发特点的勘查抽采技术，统筹推进地面煤层气开发与煤矿井下瓦斯抽采，全面提高煤层气的综合利用水平，逐步形成上游资源勘查抽采、中游资源管网输送、下游资源利用消费有序衔接的煤层气产业链。因此，在借鉴美国、加拿大等国及我国山西、安徽、贵州等省煤层气勘查开发好的经验做法的基础上，立足新疆煤层气资源勘查开发利用现状，探寻推动新疆煤层气开发利用的路径和措施，有效破解新疆煤层气产业发展的掣肘问题。

（一）加大煤层气勘查投入、探明储量

加大对新疆煤层气勘查开发的资金投入，建议以中央财政专项资金为主，由国家和新疆共同设立煤层气勘查开发专项基金，主要用于新疆煤层气资源评价、勘查、开发、利用等方面的项目，煤层气基础技术研究和科研攻关投入，规模化开发示范工程等，争取尽早探明资源储量，科学评价新疆煤层气资源开发潜力，找准煤层气富集核心区，在低煤阶煤层气勘查开发利用领域取得新突破，提高探明储量。同时，积极争取国家更多的煤层气探矿权，扩大煤层气勘查面积，有利于更精确地评价新疆煤层气资源可开采储量和有利区块。

（二）大力引进资金和先进适用技术

鼓励国内外资本、自治区内各类资本参与煤层气勘查开发。在坚持矿业权由中方持有的前提下，适度放宽投资准入限制，加大对内对外招商引资力度，稳步推进勘查、抽采、运输、利用等全流程的投资开放、作业开放和市场开放[8]。鼓励引进先进勘查开发技术、管理经验和高素质人才。依托国家及新疆现有科技计划（专项、基金等），申请设立新疆煤层气高效快速抽采技术国家重大科技专项，实现煤层气在评价、勘查、储层改造、排采、集输等关键技术上的突破，重点加大新疆低煤阶煤层气成藏地质特征及富集模式研究、低煤阶煤层气排采工艺研究，定向钻进技术优选及应用研究、欠平衡钻井技术在新疆煤层气勘查开发中的应用研究等科研攻关项目，探索深部煤层煤层气成气规律、“三气”共探共采规律，推进煤层气先进勘查开发技术应用，提升地面抽采技术、采动卸压抽采技术、采空区抽采一井多用技术。大力引进与自主研发新疆低煤阶、大倾角煤层气勘查开发先进技术与设备，争取建设国家级的低煤阶煤层气勘查开发技术研究重点实验室，在全国优先突破低煤阶煤层气勘查开发利用关键技术和装备。

（三）加快推进准噶尔盆地南缘煤层气产业化基地建设

加大对准噶尔盆地南缘煤层气产业化基地建设的支持力度，尽快探明资源储量、优化勘查开发布局，在该区域重点推进 2～3 个煤层气规模化开发示范工程[9]，研究出台关于解决矿业权重叠问题办法及相关优惠政策和配套扶持政策，将资源优势转化为经济优势。同时，在准噶尔盆地南缘区域探索研究煤层气及多种资源共生机制和协调开发模式，统筹推进该区域石油、天然气、煤炭与煤层气的勘查开采时序、工艺和技术。

（四）全面提升煤层气综合利用水平

加强对煤层气的综合利用，探索实现煤层气多通道、多途径利用，大力推进煤矿瓦斯分级利用、应用尽用，大幅度提高煤矿瓦斯利用率。对地面抽采的煤层气，采用集中管输、CNG、液化天然气（liquefied natural gas，LNG）等方式输送到市场终端。对井下抽采的煤矿瓦斯，采用分布式布点、就地小规模发电利用等方式综合利用浓度小于 30%的煤矿瓦斯；采用集中管输等方式综合利用浓度大于 30%的煤矿瓦斯，主要作为民用、发电和工业用气。重点实施煤炭采空区煤层气利用示范项目、低浓度煤矿瓦斯高效发电项目，以及煤矿区瓦

斯抽采气源处理技术，配套建设煤层气液化厂、压缩站、加气站。全面落实高瓦斯煤矿和瓦斯突出矿井“采前抽、采中抽”政策，大力推广煤矿瓦斯利用先进适用技术，鼓励通过民用、CNG、LNG、浓缩、发电、乏风瓦斯氧化等方式[10]，优化煤矿区瓦斯输配系统建设与联网，实现煤矿瓦斯就地利用、安全利用、梯级利用和规模化利用。

（五）建立煤层气与煤炭、油气矿权重叠协调机制

国内矿权重叠主要集中在煤炭与煤层气、油气及其他矿产之间的重叠，目前我国处理矿权重叠问题主要有协议互不干扰模式、一方退出模式、产业一体化模式、联合勘查开发模式、“探—转—还”模式五种模式[11]。鼓励联合、协同与整装勘查，降低勘查成本；支持联合与综合开发多种矿产资源，积极合作，实现双赢。首先，要积极推进新疆煤层气矿权设置，保障煤层气勘查“有证可依”，争取国家煤层气探矿权、采矿权审批制度改革试点。其次，应加快建立有效协调机制，在煤炭矿权重叠煤层气有利区域，600 米以浅的以先采煤后采气为主，600 米以深的以采气为主，采煤为辅；在油气矿权重叠煤层气有利区域，2000 米以浅的以煤层气开发为主，2000 米以深的以常规天然气开发为主[12]。对涉及与煤炭、油气矿权重叠的煤层气有利区块，出台政策，明确煤炭、油气矿权人配合煤层气勘查开发的义务；积极协商、妥善处理勘查开采煤层气资源的争议，建立日常沟通协调机制，推进煤层气和煤炭资源综合勘查、综合利用，有效防范安全生产事故。

（六）探索研究煤层气与多种资源共生机制和协调开发模式

统筹协调推进煤层气与煤炭、常规油气等资源的勘查、开采时序、规模和结构，鼓励常规油气矿业权、煤炭矿业权人，采取独立申请、合作勘查等多种方式，加快本矿区（非重叠区）内煤层气资源的综合勘查评价。推广采煤采气一体化的“晋城模式”、煤炭和煤层气企业合作共赢的“潞安模式”、先采气后采煤的“三交模式”，积极探索煤炭和煤层气企业合作的其他模式。重点统筹好煤炭、煤层气开发时序，做好采气采煤施工衔接，煤炭规划 5 年内建井采煤的区域，以煤炭开采为主，以煤层气有效利用为辅；在 5 年后建井采煤的区域，坚持先采气、后采煤。新设煤层气、煤炭探矿权区域需对煤炭、煤层气资源进行综合勘查评价；支持煤炭矿业权人、油气矿业权人在非重叠区，办理煤层气矿业权或者增加煤层气矿种，对资源进行综合勘查开发。探索在矿权确认的煤层气区块，实行“三气”合采，并享受同等优惠经济政策，推动煤系“三气”资源综合勘查开发。

（七）加大各项政策扶持力度

在严格落实国家关于煤层气勘查开发利用的市场定价、财政补贴、税费优惠、瓦斯发电上网加价等优惠政策的基础上，结合自身实际情况，研究出台财政税费、投融资、科技创新、建设用地等配套扶持政策。

一是加大财政补贴力度。参考山西、陕西、河南、贵州等省对煤层气开发财政补贴标准，建议新疆地方财政在国家补贴的基础上可给予煤层气开发 0.1 元/米^{3}补贴。对煤层气重大开发项目给予一定的贴息支持。加大对公益性煤层气勘查投入和基础研究的支持力

度。煤层气发电上网电价比照国家可再生能源发电价格中的生物质能发电价格执行。对企业抽采煤层气用于民用燃气、锅炉燃料、汽车燃料、化工原料、非上网自用发电等方面给予适当财政补贴。

二是强化税费政策扶持。加大对煤层气开发企业的增值税、企业所得税、关税等税收优惠。对抽采销售煤层气开发企业实行增值税先征后退政策。适当减免煤层气开发企业所得税，在投资未收回前，免交企业所得税或给予五年免缴、三年减半优惠政策，并将优惠时间延长至 8 年以上（多数煤层气开发项目投资回收期都在 8 年以上）。对从事地面开采的煤层气开发企业，给予减免探矿权、采矿权使用税及暂不征收资源税的优惠政策。给予参与煤层气开发的民营企业免征营业税，只征个人所得税等优惠政策。优先安排煤层气勘查的临时用地及抽采项目的建设用地。

三是拓宽煤层气勘查开发企业融资渠道，鼓励金融机构给予授信支持。支持有条件的煤层气勘查开发企业通过发行债券、上市融资等方式融资。支持重点煤层气开发利用示范工程及项目的建设。积极争取世界银行、亚洲开发银行和亚洲基础设施投资银行等国际和区域性金融机构支持，有效利用各类国外优惠贷款，对煤层气勘查开发全周期给予多渠道融资支持，降低煤层气行业融资成本。

参 考 文 献

[1] 张莲莲. 山西煤层气开发利用优惠政策研究[J]. 山西能源与节能，2004，（2）：11-12.
[2] 冯三利，胡爱梅，陈东文. 世界主要产煤国家的煤层气资源[J]. 能源政策研究，2007，（6）：37.
[3] 刘洪林，李景明，宁宁，等. 我国煤层气勘探开发现状、前景及产业化发展建议[J]. 天然气技术，2007，（4）：9-12.
[4] 林建浩，胡爱梅. 中国煤层气开发产业化对策研究[M]. 北京：石油工业出版社，2007：24-26.
[5] 虞海澎. 新疆煤层气资源勘查研究现状及对策建议[J]. 中国西部科技，2008，（13）：10-11.
[6] 陶小晚，王俊民，胡国艺，等. 新疆煤层气勘探开发现状及展望[J]. 天然气地球科学，2009，（3）：454-459.
[7] 白浩. 煤层气开发环境污染特点及其防治措施[J]. 资源节约与环保，2013，（7）：273.
[8] 王建良，杨庚明. 加快非常规天然气开发助推中国能源转型[EB/OL]. https://www.china5e.com/news/news-1026669-1.html[2018-04-20].
[9] 新疆维吾尔自治区煤炭工业管理局. 新疆维吾尔自治区煤炭工业第十二个五年规划[R]. 2007：36-37.
[10] 新疆维吾尔自治区发展和改革委员会. 新疆维吾尔自治区煤层气（煤矿瓦斯）开发利用“十三五”规划[R]. 2014：15-18.
[11] 方敏，毛成栋，周海东. “矿中矿”探采权利如何厘得清——国外油气矿业权重叠管理制度借鉴[J]. 资源导刊，2014，（8）：50-51.
[12] 李瑞明，周梓欣. 创新机制保障新疆煤层气实现产业化[J]. 中国煤炭地质，2018，（6）：55-58.

信息管理篇

我国信息安全外包行业现状与管理策略*

吴　勇[①]　冯耕中[②]

内容提要

当今世界正在进入以信息产业为主导的经济发展时期，全球数字化浪潮风起云涌。随着以大数据、人工智能及“互联网+”为代表的数字经济时代的到来，信息安全也呈现出不同于以往的趋势特点，新型网络攻击、隐私泄露、工业互联网安全等各类安全问题更加突出。面对日益严峻的信息安全问题，企业依靠自身资源应对这些威胁已经力不从心，作为一种重要的维护企业信息安全的方式，信息安全外包应运而生。

本文首先梳理了信息安全外包的定义和作用，主要包括安全咨询顾问、安全评估服务、安全加固服务、安全运维服务四个模块。接着对我国信息安全现状进行分析，并且对国内外主要的信息安全外包商提供的解决方案进行介绍和分析。在分析现状的基础上，本文总结了我国信息安全外包面临的挑战，主要包括信息安全外包存在诸多风险、信息安全外包行业竞争激烈、信息安全外包商选择和管理障碍及缺乏对信息安全的扶持和指导。最后，基于对存在问题分析的基础上，本文提出了我国信息安全外包服务发展的对策建议，包括对信息安全外包参与主体的建议及构建信息安全外包实施框架。

一、引　　言

当今世界，以“互联网+”、大数据、人工智能为代表的网络信息技术飞速发展，网络空间和现实世界深度融合，推动各国经济、政治、社会、文化的创新发展。但是，信息技术越发达，网络空间“双刃剑”效应也就越明显。近年来，包括中国在内的全球信息安全态势日趋严峻，威胁全面泛化，信息安全已经从专业技术领域上升到国家战略高度，成为关系各国国家安全、经济发展和社会稳定的核心议题。2014 年 2 月，中央网络安全和信息化领导小组成立。该领导小组着眼于我国国家安全和长远发展，统筹协调涉及经济、政治、文化、社会及军事等各个领域的网络安全和信息化重大问题，研究制定网络安全和信

* 本文获得国家自然科学基金项目（71801035）的支持。

① 吴勇，东华大学旭日工商管理学院讲师。

② 冯耕中，西安交通大学管理学院教授。

息化发展战略、宏观规划，以及制定重大政策，推动国家网络安全和信息化法治建设，不断增强安全保障能力[1]。

在以信息产业为主导的经济发展时代，信息已成为极其重要的国家战略资源，因此其安全问题毋庸置疑需要上升到国家战略层面。国家的信息安全依赖于大大小小的企业自身的信息安全，尽管这几年国家在重点发展信息安全产业，企业的信息安全意识在不断增强，安全花费也不断上涨，但是复杂多变的安全威胁也爆炸式增长。2017 年 5 月 12 日，黑客组织 Shadow Brokers 在全球发起迄今为止最大规模、危害最严重的蠕虫勒索病毒攻击，在短短 5 个小时内，包括中国在内的全球至少 100 多个国家和地区相继被攻破，感染数百万台计算机，文件被病毒双重加密。对于信息安全这样一个复杂而广泛的领域，仅仅依靠一般企业自身的技术和人员根本无法应对日益严峻的安全形势，企业需要从顶层设计上提供一套完整的安全解决方案和安全战略，因此发展信息安全外包产业日益成为一种趋势。

本文首先对信息安全的定义和作用进行介绍，对国内外信息安全外包行业现状进行梳理分析，然后总结我国信息安全外包服务存在的问题和挑战，最后提出我国信息安全外包服务发展的对策建议。

二、信息安全外包的定义和作用

（一）信息安全外包的定义

信息安全是近年来国外新兴的信息技术外包形式，它是指企业以外包的方式，将自己的设备运营或者计算机网络建设、电子商务运营及通信等管理职能，交给专业的第三方安全外包商进行维护管理，安全外包商则通过硬件或者软件，为该企业提供整体或者局部的安全运维服务。常见的信息安全外包分为安全咨询顾问、安全评估服务、安全加固服务、安全运维服务四个模块。企业可以根据自身的情况和需求选择其中一个或者多个模块，安全外包商也可以根据企业实际的安全状况为企业定制最合适的安全运维服务。

1. 安全咨询顾问

安全咨询顾问主要以信息安全标准和用户行业特征为基础展开服务。安全外包商通过管理咨询和技术咨询等过程，协助用户建立完善的信息安全管理体系，从而使用户准确掌握并攻克信息安全的建设和重难点。此外，安全外包商为企业提供专业的认证顾问服务可以帮助企业按照国际或者国家最新的信息安全标准进行顶层设计，建立起完善的符合规范的安全体系，最终能够帮助企业通过信息安全体系的认证。安全咨询顾问的具体工作包括咨询行业安全方案、设计安全体系架构及建立安全管理体系。

2. 安全评估服务

安全评估分析遵照国际风险安全评估的惯例和标准来提取安全要素，从管理、制度、落实情况、物理安全、人员安全及第三方安全等多方面展开评估。首先，调查业务流程后，进行信息资产等级的划分和赋值；其次，在管理制度、网络、人工系统、数据库、工具扫描各方面开展安全性评估；最后，评估结束后产出内容包括工具扫描分析、安全需求分析、资产调查分析、安全等级划分、策略制度调查分析、人工评估分析、网络架构分析、业务流程分析、数据库安全审计、白客渗透测试等的信息安全风险报告。

3. 安全加固服务

安全加固服务以修补库、漏洞和配置、管理策略库，对系统、用户网络、管理策略、数据库实施安全控制为基础，针对现有安全产品进行配置优化，用较低成本实现较高的安全保障。安全加固服务主要包括加固安全策略、调整网络结构、加固系统、加固网络设备、优化安全产品、加固数据库等。

4. 安全运维服务

信息安全通过持续对新的安全漏洞、安全威胁进行分析、跟踪和响应，来实现动态安全运维。主要以广泛的安全漏洞、安全事件信息渠道和专业的服务队伍为资源，为用户提供维护现场安全、预警事件和播报信息的服务。具体包括通过安全平台提供病毒信息播报、紧急响应、安全漏洞信息播报、安全动态播报、安全事件预警、安全巡检等内容和服务。

（二）信息安全外包的作用

信息安全外包是目前企业采用最多的经营策略，如今绝大多数欧美企业的信息安全外包重心已不再是早期的成本节约，而是转向了效益提高。企业适应日益激烈的市场竞争的生存法则之一，是专注于自己的核心业务。所以，越来越多的企业需要增强企业的核心竞争力、有效降低成本。而信息安全外包业务对于企业发展有很多优势，具体包括以下几点。

（1）获得关键能力：由于安全技术人才紧缺和技术成本昂贵，信息安全外包可以使企业获得较高级别的网络安全技术。

（2）控制企业信息技术成本：信息安全外包可以将大部分固定成本转为可变成本，降低企业运营成本，减缓企业压力。

（3）提升企业核心竞争力：信息安全外包可以减少企业的管理损耗，企业可将更多的时间和精力倾注于提升核心能力。

（4）其他：解决内部支持面临的问题，改进内部资源管理和服务等。

三、国内外信息安全及外包服务现状

（一）我国信息安全现状分析

1. 移动互联网安全现状

随着我国 4G 网络的普及，诸如购物支付、信息查询等与网民息息相关的服务逐步走向移动端，但随之而来的是大量恶意移动程序出现，严重危害网民的财产安全和个人信息安全。2017 年，国家计算机网络应急技术处理协调中心（以下简称国家互联网应急中心）监测发现移动互联网恶意程序数量 253 万余个，较 2016 年增长 23.4%，2010～2017 年保持持续高速增长趋势，如图 1 所示[2]。按恶意行为进行分类，排名前三位分别是流氓行为类、恶意扣费类和资费消耗类。

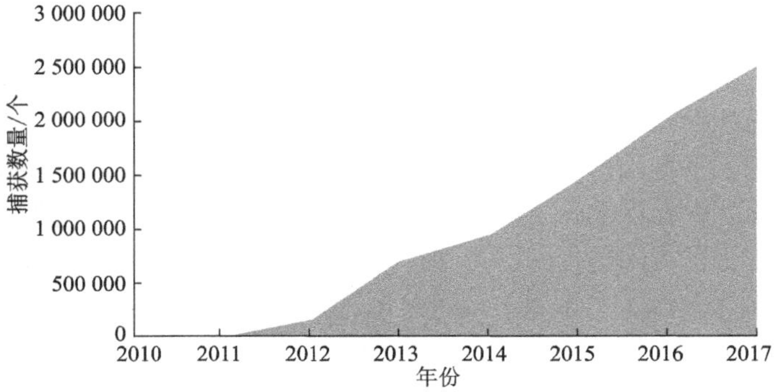

图 1　2010～2017 年移动互联网恶意程序捕获数量走势

2. 安全漏洞现状

2017 年，国家信息安全漏洞共享平台共收录通用软硬件漏洞 15 955 个，较 2016 年增长 47.4%。其中，高危漏洞收录数量高达 5615 个（占 35.2%），较 2016 年增长 35.4%。漏洞主要涵盖谷歌公司、微软公司、思科系统公司（以下简称思科）等厂商产品。按影响对象类型分类，应用程序漏洞占 59.2%，网站应用漏洞占 17.6%，操作系统漏洞占 12.9%，网络设备漏洞占 7.7%，安全产品漏洞占 1.5%，数据库漏洞占 1.1%。2013～2017 年国家信息安全漏洞共享平台收录安全漏洞数量对比如图 2 所示。

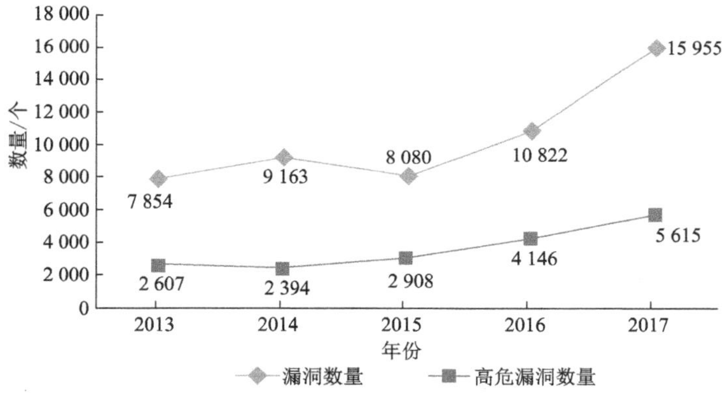

图 2　2013～2017 年国家信息安全漏洞共享平台收录安全漏洞数量对比

3. 互联网网站安全

1）网页仿冒

网页仿冒方面，2017 年国家互联网应急中心监测发现约 4.9 万个针对我国境内网站的仿冒页面。为了有效应对互联网金融诈骗，国家互联网应急中心针对电信网上业务及金融等行业进行重点监测，处理仿冒网页 2.5 万个。

2）网站后门

网站后门方面，2017 年国家互联网应急中心监测发现约 2.4 万个互联网协议地址对我国境内 2.9 万余个网站植入后门。境外有约 2.1 万个互联网协议地址通过向网站植入后门对境内约 2.6 万个网站进行远程控制。

3）网页篡改

2017 年，国家互联网应急中心监测发现我国境内有 20 111 个网站被篡改，较 2016 年的 16 758 个增长 20.0%,其中被篡改的政府网站有 618 个,较 2016 年的 467 个增长 32.3%,如图 3 所示。从网页被篡改的方式来看，被植入暗链的网站占全部被篡改网站的比例为 68.0%，该方式仍是我国境内网站被篡改的主要方式。

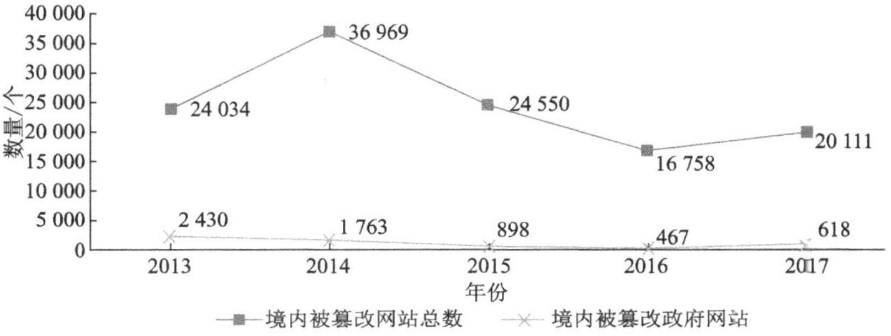

图 3　2013～2017 年我国境内被篡改网站数量情况

4. 互联网金融安全现状

随着区块链、云计算、大数据等技术的发展，互联网金融及其衍生工具蓬勃发展，涉及资金的各个流通环节。由于互联网金融涉及网民各个方面的信息，如身份证、地址、信用、资金等极度敏感信息，这些信息一旦被盗取或者被篡改，都将造成严重的安全事件，因此互联网金融是网络安全的重灾区。2017 年国家互联网应急中心检查 1000 多家互联网金融网站，并对其进行安全评估，发现诸多网站存在各种安全问题，包括设计缺陷、弱口令、敏感信息泄露、命令执行、数据库注入、跨站脚本等风险。

调查数据显示，网络经济时代下我国网络安全呈现越来越严峻的态势。此外，信息安全产业的迅猛发展也从侧面印证了网络安全形势严峻。来自市场研究机构前瞻产业研究院的数据显示，2016 年全球信息安全产业市场规模约为 2392.51 亿元，同比增长 19.16%。从 2006 年的 452.91 亿元发展到 2016 年的 2392.51 亿元，11 年间，市场规模增长了 4.28 倍；在我国，2016 年信息安全产业市场规模也达到了 477 亿元。

（二）国内外安全外包商现状分析

1. 思科提供的安全外包服务

关于可管理的安全服务，思科是如此定义的：小到向小企业提供防火墙问题的解决方案，大到为全球性企业制订安全周期管理的完善解决方案，可管理的安全服务范围正变得越来越广。企业如今可以选择的解决方案甚至可以由多种功能组成，这些功能通常有入侵探测解决方案、防火墙管理、病毒扫描、虚拟专用网络、扫描、监控、网站安全评估、内容堵塞和探测等。

特别是面对中小企业，思科准备了可靠的安全解决提案，即思科推荐可信的服务外包商给中小企业，企业将安全解决方案外包，如此能给中小企业带来多方面的收益，这些收益包括保证了安全解决方案是端对端操作的，可见外包完全能够满足企业的安全需求。这种定制的解决方案摆脱了单独的点的限制，这种限制是只能应用在基础信息设施的一部分。最小化安全差距可以保证数据和网络系统不被偶然或者故意的伤害而受到损害，从而获得可扩展性和灵活性，这样可以做到既提高生产率又出色地保护了信息资产。安全外包商基本都是通过监控系统、基础设施及员工来提供牢靠可信的安全性服务。因此，中小企业可以有更多的灵活性和自由度，来提高它们的生产率，因为它们可以专注在最擅长的领域。

2. META 公司提供的安全外包服务

META 公司是企业达到其安全需求目标的助力者。到目前为止，已经有不同行业的多家企业应用了 META 公司的可管理安全解决方案，由 META 公司提供了安全服务，因而可以保证信息系统的安全。公司的可管理的安全服务特性有以下几点。

（1）服务选项具有灵活性：目标企业可以在 META 公司的帮助下选择恰当的安全设施，与此同时还可以在企业信息系统保证安全的情况下做到资源开放。

（2）完整生命周期管理：企业可以在 META 公司的帮助下完成包括日常配置的备份，签名的升级，安装的升级，入侵检测系统和防火墙的自动开启在内的管理和审核的所有方面。

（3）坚守措施：目标企业可以在 META 公司的帮助下把最关键的网络部分确定，并对现有设备进行审计，同时调优设备性能，使软硬件安全设施的配备达到最优。

（4）卖家中立制度：由于市面上大部分领先的安全解决方案都可以被 META 公司的安全服务所支持，META 公司可以在保证自身提供有效的安全服务的同时，保证企业获得足够的灵活性来选择最适合自己的方案。

（5）坚持控制管理：企业与 META 公司可以通过开放式服务传输形成伙伴关系，企业安全港口是这种关系形成的保障。正是由于这种关系，企业和 META 公司才会一起合作，才能进一步保障企业的关键资产不会受到损失或威胁。

（6）立即事件响应：当关键事件被入侵监测分析师发现时，一定尽力在亏损发生前及时地响应并处理实践，并且会在事件结束后上报所有做出的事件响应动作。

（7）24×7 的事件分析和监测管理系统：入侵监测分析师由企业安全港口平台认证通过，并负责检验关键的高危资产和安全基础设施。该系统可以实时地将企业信息系统中的每一个安全事件标准化、集中化和关联化，入侵监测分析师将针对这些事件做出侦查，并迅速而准确地响应这些事件。

（8）开放式服务传输：作为一个通过开放式服务传输来向企业实时提供可管理的安全服务的外包商，META 公司通过将企业安全港口和事件处理过程结合起来，向企业提供全程无缝、每周天、每小时的服务来确保企业安全服务的传输和安全环境的状态。

（9）随选报告：可以通过企业安全港口生成关于企业安全环境的多种报告，审计人员或管理人员可以用这些报告来检查或者辨别。

3. Redsiren 公司提供的安全外包服务

Redsiren 公司向客户提供的安全管理服务有两种，分别是事件分析管理和技术管理。从防火墙的监控测试到管理集中的电话环境，从主机和网络的入侵监测管理系统到管理一致的系统，Redsiren 公司的安全管理服务范围非常广泛，每一层的安全服务都是为了保护和保证信息资产的安全，为此增加一层保护膜。Redsiren 业务中心还应用市场上最先进的设备和技术手段，包括来自思科、迈克菲等公司的安全方案，这是市场上最先进的设备和技术手段，也是最被广泛应用的。事件分析管理是 Redsiren 公司向企业提供事件后的检测服务和补救措施的手段，事件主要以保护和搜集计算机为基础。

4. 联想提供的安全外包服务

联想控股股份有限公司（以下简称联想）的安全管理有八个服务项目，包括专家进行评估、对漏洞进行扫描、渗透方面的测试、对日志的分析、系统的安全加固、对紧急事件的紧急响应、安全方面通告和安全方面监控，以此来向企业提供从漏洞的发现，到加固安全、日常的运维和对事件的紧急响应这一系列完整的服务流程。

为了了解安全现状，联想通过寻找专家进行评估及漏洞扫描工具来周密、精确地发现企业系统中所存在的漏洞，这种服务叫作漏洞扫描。通过系统性的操作巩固加固，使企业信息系统的状态保持在较高的安全水准，这种服务叫作安全加固。管理企业安全运维的日常，使企业信息系统维持在动态平衡中，这种服务叫作日常运维。帮助企业处理紧急的安全突发事件，最大限度地减小安全事件带给信息系统的影响叫作紧急响应。

联想已经研发出了多种安全产品，如入侵检测系统、防火墙、安全管理平台、安全隔离闸等，同时也确立了在国内自身安全管理服务的地位和声望。

5. 瑞星提供的安全外包服务

北京瑞星科技股份有限公司（以下简称瑞星）的“计算机网络系统安全外包服务”是面向众多的网络及计算机应用单位，包含所有的政府机构及企事业单位，应用自身在服务、技术和经验等方面的优势来开展的。针对域网络系统来说，在这项信息系统的安全外包服务中，瑞星积极地扩展其网络安全外包服务，并发挥了自身的网络优势。服务涵盖的内容如下。

由瑞星网络的安全工程师所组成的安检小组定期到指定的计算机系统现场进行维护，根据协议规定对计算机系统的安全状况进行监测，这些监测方法主要包括提取和检查有无可疑的病毒载体、对安全防护软件进行设置和调试、发现并删除系统中已知的病毒、将软件版本升级到最新。要确保在监测结束后，在目标计算机系统所处的存储磁介质中不存在一致的病毒，同时保证所有已经安装并运行的安全防护软件处于最新最佳的防护状态。同时瑞星公司也对硬件方面进行维护，这些维护是由与瑞星合作的硬件服务外包商来负责的。根据协议，外包商会按时对指定的计算机进行维护。维护的内容主要包括排除计算机故障，同时维护计算机的硬件，以此可以保障企业的计算机能够平稳运作。紧急救援服务是在网络工作及计算机系统突发异常，甚至更严重的瘫痪而导致网络或计算机无法正常工作时，由瑞星的工程师先分析情况，然后迅速前往现场，查明原因并解决问题，使系统尽快恢复正常，平稳工作。这项外包服务还包括定期通报病毒和培训安全常识。

四、我国信息安全外包服务面临的挑战

我国的信息安全外包服务行业虽然起步较晚但成长非常迅速，当然，在它的成长过程中也存在着许多问题，例如，有些企业对将信息安全进行外包的做法并不认可，社会上对信息安全外包的理解也并未形成统一的标准，许多社会人士对其可行性与有效性持怀疑态度。

（一）信息安全外包存在诸多风险

1. 信任风险

企业一旦决定将信息安全服务进行外包，就意味着必须将一些企业内部的敏感信息对外包商开放，并帮助其更全面地了解企业及企业的安全系统，以便外包商能够更好地为企业提供服务，这在一定程度上增加了企业安全信息的泄露风险，一旦这些敏感信息被泄露出去，不管是否是泄露者的主观意愿，都必将给企业带来巨大的损失。因此，企业安全服务的外包，要求企业与外包商之间能够相互信任，这是双方进行合作的基础，因为如果企业无法放心地配合外包商了解企业信息，外包商就很可能在为企业提供服务的过程中由于信息的缺失而在某些环节发生疏漏，甚至产生无法挽回的后果。故而，信任风险是企业安全服务外包面临的风险之一。

企业担心让安全服务公司获取到涉及企业核心的业务数据，特别是有关交易的数据，这样会让数据泄露的概率大大增加。为了确保安全外包服务的质量可靠，除了保障计算机相关软件和硬件的安全性，更要关注与计算机无关的外部环境。例如，我国有些对网络安全有很高要求的企业的大型项目，不允许向外披露涉及公司机密的信息。这时如果将安全服务外包给一家不可靠的公司，其负责项目实施的员工很可能导致公司的机密信息的泄露，不论是否有意，都会给企业造成难以挽回的后果。

2. 依赖风险

企业容易受到业务变化、业务合作伙伴及其他企业相关举动的影响，并且很可能对特定的外包商产生依赖，这些都会增加企业经营风险，而将企业的安全服务业务外包给多个外包商能够较好地降低这种风险，但不可避免地会增加企业的资金投入和企业的管理难度，进而丧失企业发展各阶段的三种灵活性，即短期、中期、长期的灵活性。短期灵活性是指企业对经营环境变化的应变能力及企业的资源重组的能力；中期灵活性即适应能力，即通过业务流程和战略的再造来以全新的方式应对变革的能力；长期灵活性又称进化性，是指企业使用新技术并使基础设施与新技术相匹配的能力。准确预测技术和业务趋势并使两者完美结合的能力是企业获取进化性的前提[3]。

3. 所有权风险

对于安全操作基础设施和保护关键资产，不论是否外包给信息安全外包商，企业都负有所有权责任。因此，企业在选择信息安全外包商时，需要首先确定外包商是有能力承担相应的责任的，而且和外包商签订的服务界别协议应该包括支持各类责任的对应条款。在

企业内部进行安全培训以增强各级别的员工“信息安全是首要责任”的意识，能够有效降低所有权风险。

4. 实施过程风险

企业每达成一次外包协议都会引起人事、软硬件及其他相关资产在企业和外包商之间或者在两家外包商之间的转移过渡，这加剧了实施过程风险。为降低这种风险，企业应要求外包商制定一份详细的实施计划说明书，并指明确切的完成日期和所需时间，以将这种风险控制在一定的时间期限内。

5. 共享环境风险

一个信息安全外包商通常会服务很多家企业，这种多客户的属性导致的共享信息环境让企业之间的数据传输和数据处理变得更加容易，如公共网络和通用服务器等，但是这也加大了企业之间隐私信息的泄露风险，这样的共享环境所造成的风险比企业内部风险更大。

6. 合作关系失败将导致的风险

一旦协议服务达成，企业和外包商都应像对待其他商业关系一样重视并关注这一合作关系，充分完善服务计划并经常进行沟通，以避免因合作失败给企业带来经济损失和时间损失。

（二）信息安全外包行业竞争激烈

现有的信息安全外包商大多是从其他行业转向安全行业的背景复杂的企业，根据他们的主营业务的不同大致可分为以下四类：以信息技术服务为主的厂商、以安全产品为主的厂商、以通信设备为主的厂商，以及以电信运营为主的厂商，四种类型的安全外包商SWOT分析如表1所示。然而，安全外包服务行业竞争的激烈程度并不因为企业业务侧重点不同而有所缓解。

表1 安全外包商SWOT分析

企业分类	业务重点	优势	弱势	机会	威胁
电信运营商	政府及企事业单位	品牌优势；网络基础资源丰富；资金雄厚	缺乏安全专业服务能力	与其他安全外包商合作为中小企业服务，实现双赢	与安全外包商合作中的风险，客户流失
通信设备制造商	电信、金融、政府采购市场	品牌优势；网络基础资源丰富；资金雄厚	缺乏安全专业服务能力	重点向电信、金融和政府等高端客户发展	较强的政策影响作用力
安全产品生产商	以安全产品市场为基础	核心技术；专业服务	资金实力较弱	重点向中小型企业发展	竞争对手数量增多
IT服务商	为高端用户提供全面的行业解决方案	品牌优势；资金雄厚	缺乏安全专业服务能力	提供全方位信息技术服务解决方案	恶性低价竞争

此外在软件领域，很少有国内软件成为主流品牌。这样的现象在信息安全领域尤其明

显，特别是在企业级应用上，国外品牌长期占据绝大多数市场，而国内的安全企业仅仅在杀毒软件这一方面拥有话语权。整个信息安全领域的现状是国外公司占据主导地位，并在互联网杀毒市场具有显著优势。

目前，国内网络安全服务存在着许多问题：基于手工的或简单工具的服务无法及时获取用户的网络安全情况并提供必要的技术支持；低技术含量及不能及时响应用户需求制约了企业为用户创造更多的价值；没有能为安全服务提供有效支持的专门的搜集分析网络安全知识的应用平台；缺乏统一服务标准使服务过程过于个人化等。这些问题严重影响了我国网络安全服务行业的发展。

（三）信息安全外包商选择和管理障碍

如何选择合适的信息安全外包商并对其进行管理关系到外包的成效。不过，数量众多的外包商、种类繁多的服务为企业在良莠不齐的市场中挑选优质服务加大了难度，实现对服务外包过程进行有效管理也是困扰企业的一大难题。目前，在全球范围内的安全防御体系均呈现被动态势，很多企业和网民只是在遭受到信息安全攻击后才修复和管理自己的网络。由于网络安全外包服务行业在我国尚处于起步阶段，相关的行业标准和行业规范还不明晰，很多企业也缺少相关的专业知识，在对服务外包商的选择、对外包服务过程的管控及对与外包商关系的维护管理方面都有所欠缺。

（四）缺乏对安全外包产业的扶持和指导

我国政府将信息安全按外包产业扶持政策措施分为企业孵化、技术培育、企业发展、技术应用四个主要领域。在企业孵化领域，主要依靠民间孵化器、社会资本实现；在技术培育领域，依靠信息安全专项等科研专项的施行及主要面向具有一定市场规模、技术实力的中大型安全企业的措施；在企业发展领域，依靠国家高新技术企业等荣誉资质及税收等财政扶持手段；在技术应用领域，主要依靠企业自主市场拓展。

随着我国信息化、数字化不断推进，信息安全逐渐上升到国家安全层面，国家政策也对网络安全发展有了更深刻的影响。我国的网络安全服务行业目前面临的两个主要问题是相关服务外包商的法律地位模糊及国家对这些外包商的管理和监督还不足。如果国家能够对网络安全服务进行类似于网络安全产品的资质认证抑或是技术鉴定，必能更好地促进企业与外包商之间的合作并增强他们之间的相互信任。

五、我国信息安全外包服务发展的对策建议

（一）对信息安全外包参与主体的建议

虽然我国的信息安全外包服务在发展过程中存在一些问题，但是依然有很大的潜力继续发展，政府和企业应该共同努力，按部就班地完善和发展我国的信息安全外包服务业。

1. 对于服务外包商的建议

1）建立安全产品的自主知识产权

就目前情况而言，我国建设信息安全网络的软硬件产品基本要从国外进口，尤其是信息安全产品，如果我们不能掌握自主知识产权，那么使用时会有很大的风险[4]。很多威胁因素，包括恢复密钥的密码和安全系统的隐形通道，很有可能会给人民财产安全、企业机密，甚至国家安全带来严重的威胁，同时也会导致我国在网络安全领域受到掣肘，不能自主发展。所以，我们必须要认真地对待这个问题，采取相应措施，提高研发水平，努力研究出具有自主控制权及自主知识产权的信息安全产品。

2）加快技术应用研究

在短短的 20 年间，网络安全产品从一开始的过滤型防火墙，发展到现在的入侵防御系统、网络安全审计等安全产品。虽然一些产品设计不够成熟，但是从网络安全概念发展到真正做出网络安全产品，这意味着网络科技的进步。所以，要提高国内安全厂商的市场占有率，必须把重心由安全产品转移到安全服务上，从而增强企业核心竞争力。

3）构筑网络安全服务技术平台

提供信息安全服务需要通过相应的工具和软件来提高管理效率。技术平台可以使我们在任何时间监控客户的网络安全情况，减少技术人员的值班时间，又能够及时发现攻击，第一时间告知技术人员，采取相应措施，提供应急响应服务。而且只要得到客户的授权，技术人员不需要到场，服务商就可以通过这个技术平台在线提供紧急相应服务。此外，在服务商提供日常网络安全监视的服务之外，还能够在线检查客户网络是否安全，并一同制定安全策略。建立在强大的技术基础上，服务商能够给客户提供更优质的网络安全服务。

2. 对需求企业的建议

站在企业需求的角度来分析，企业需要在安全服务外包的过程之中解决两个最重要的问题：如何选择安全外包商，以及如何保障服务实施的质量[5]。

1）慎重选择安全外包商

选择安全外包商的过程是，企业先设定相关的标准，然后评测多个安全外包商，最终与行业内好评较高及最适合自己公司的安全外包商签订合约。评测的过程是检验服务商能否提供与企业的安全系统相适应的解决方案，并判断安全外包商是否能够提供充足的资源和专业的服务。评判安全外包商好坏的因素有：安全外包商的声誉和战略、技术能力、人才水平，以及安全外包商在行业内的影响力等。

2）保障服务质量

对提供服务过程的管理是决定服务外包质量的重要因素之一。如今，我国大部分企业缺少负责网络安全的人才，也缺少管理整个信息外包服务的经验，导致企业可能会在此过程中会泄露自己的信息，甚至终止此次外包服务。所以，必须签订安全服务协议，以此保证外包安全的过程是有序的，以及保障客户与供应商的共同利益。在客户与供应商关系中，安全协议是最重要的文件之一。如何完成一份语言简洁而清晰、能够满足客户的需要、使两方都认可的书面合同，客户和供应商的共同努力是必不可少的。所以，双方应该从安全服务合同开始进行合作，完整的合同应该包含下面几项内容：服务范围说明、资产所有权、合同双方的义务与责任、报告程序规定、规范及操作指南、事故报告调查和处理控制程序、变更管理、现有策略的介绍、处理额外事件的规定、成本与报价、业务连续性管理程序、法律法规符合性等。

3. 对政府的建议

1）以落实《中华人民共和国网络安全法》、网络强国战略为契机，加快推动安全外包产业发展政策落地

一是细化信息安全政策要求，完善保证政策落地的配套措施。明确细化安全防护标准和要求，加快大数据、人工智能、工业互联网等新型领域网络安全手段的建立，推动开展网络安全风险评估，让产业政策和保障需求转变为切实推动产业发展的依据和条件。二是发挥政策导向作用，引领安全外包产业创新发展方向。突出抓重点、强基础、补短板、支撑关键核心安全技术突破；大力支持安全外包服务产业，推动构建网络安全产品与服务相互配合、相互补充的动态防御体系。三是加大财税政策扶持力度，助力中小安全外包企业孵化培育。创建创新企业孵化的良好环境，加快培育国家级、战略性、创新型安全技术企业。

2）加快推动安全外包产业园区建设，打造网络安全高端、高新、高价值产业集聚中心

第一，快速发展网络安全服务产业建设。打造政产学研用五位一体的信息安全网络产业生态系统，努力实现信息安全网络核心技术的突破，培育掌握核心科技的公司。第二，加强关键核心技术的突破。联合申报国家重大专项，共建省部级和国家级实验室，加强创新，从而实现信息网络安全核心技术的突破。第三，推进产品服务创新应用。以关键信息基础设施保护为契机，推进网络安全服务应用和安全产品。第四，引进“高精尖缺”人才。共同创建一流网络安全产业园区和培训基地，设立有吸引力的薪酬水平和研究项目来吸引高端人才。第五，促进国内外人才和技术的交流合作。建设信息安全网络产业国际合作交流平台，引导国内外机构和企业共同合作参与研发网络安全技术。

3）加快推广安全外包企业最佳实践，以应用带动产业升级

继续推进网络安全试点示范工作，进一步推进网络安全技术手段建设，为关键信息基础设施安全提供有力保障。一是拓展试点示范新领域：物联网、车联网、工业互联网、智慧城市、智能家居、互联网支付等。二是创新网络安全新技术：云计算、大数据、人工智能、区块链、机器学习等。三是给予示范项目更多支持：完善项目管理，提高推广力度，推动示范项目的实战化、效益化。

4）优化完善产业生态环境，推进产业互动对接

一是营造公平竞争的市场环境。开展网络和系统评估认证工作，推动建立以“成效”为核心的服务评级机制；加强网络安全服务能力评定，规范网络安全服务市场，建立安全企业社会信用体系。二是充分动员行业平台力量。发挥政府智库、推广应用经验，宣传创新产品服务。三是加快推进网络安全高端人才培育。以重点行业领域安全技能大赛等为依托，重点面向基础业务应用、大数据系统、物联网、工业互联网等领域安全防护需求，搭建完备、系统、接近真实的安全测试环境和平台，助力网络安全人员实战能力提升。

（二）构建信息安全外包实施框架

只有建立一个完整的管理框架才能进行成功的信息网络安全外包活动，这对于公司开展并管理外包活动，减少相应外包服务的风险，加强管理与服务商的关系，最终实现企业的目的来说是不可或缺的。信息安全外包的管理框架包括以下几部分：双方共同确定企业的信息网络安全外包的标准和信息安全管理的策略与方针，接着评估企业可能遭受的风险程度，然后基于风险程度和安全策略方针来决定信息网络安全外包的相应流程及如何进行风险管理，最后，双方协同制定信息网络安全外包的控制方法，优化调整企业安全部门的结构，强化与安全外包供应商的关系管理[6]。

1. 制定信息网络安全方针

信息网络安全方针又被称为信息网络安全策略。信息网络安全方针是指，如何对企业资产、敏感信息进行分配、管理和保护的指示。其定义包括以下几点：①信息安全的总体目标、包括的范围，以及其对信息共享的重要性；②阐述管理层的目标；③简略说明信息安全的标准和原则，并指明对企业而言遵守信息安全标准原则的重要性；④定义信息安全管理的总体性责任。策略方针部分中，只需要给出各部门的安全职责的基础定义，具体细节留至服务标准来详细说明。

2. 选择信息安全管理的标准

信息安全管理体系标准 BS7799 与信息安全管理标准 ISO13335 是目前通用的信息安全管理的标准。

（1）BS7799 标准是由英国标准协会指定的信息安全管理标准，在国际上具有代表性，标准包括：BS7799-1——1999 年《信息安全管理实施细则》；BS7799-2——1999 年《信息安全管理体系规范》。

（2）ISO13335 即《IT 安全管理方针》，内容主要是对如何开展信息技术安全管理的指导和建议，主要包括信息技术安全的概念和模型、计划和管理、技术管理、防护和选择，以及外部连接的防护[7]。

3. 确定信息安全外包的流程

企业安全外包的流程需要界定外包范围，通常结合企业的商业特性、资产、地理位置和技术完成界定。该流程需考虑的因素有以下两点。

（1）企业需要保护的信息系统、技术及相应资产。

（2）包括部门、地理位置等信息在内的实物场所。首先，企业的安全外包商根据企业实际的信息安全水平和安全方针来决定需要为企业提供的服务。其次，外包商需要企业协助选择核实后的风险管理和评估方案，确认企业面临的风险。企业需要选择双方能够接受的评估方案，定期有选择性地或在年度检查中独立评估外包的服务和站点。在双方达成书面一致后，外包商授予企业独立评估权限，并且对企业提出信息安全性要求，禁止企业在评估中故意泄露安全外包商或者企业用户的隐私信息。与此同时，企业还需要给安全外包商提供详细的检查范围以增加客户的满意度、减少对用户服务和可用性的影响。最后，结束评估后，企业需要与外包商共享评估结果，并且相互讨论应对评估带来的变化是否需要开发计划程序或解决方案。控制过程中需要建立和保存评估相关文档和材料，这些材料将成为企业考评安全外包商服务的重要指标。对安全外包商的评估结束后，企业需要详细记录事件的解决方案，以方便安全外包商和企业在日后的管理和服务商进行查询和针对性的改进。

4. 制定安全外包服务的控制规则

信息安全外包服务的控制规则主要包括三个部分：首先，需要对安全外包服务的框架进行定义，说明如何执行相应的安全服务，执行的标准及安全外包商的任务和责任；其次，需要说明信息安全服务的具体要求，主要包括服务界别、服务可用性、高层服务需求、服务体系结构、服务软硬件、报告要求及服务范围等；最后，需要提出安全服务的要求，主要包括安全策略和规章制度，连续计划、物理安全，灾难恢复和可操作性，数据控制，软件完整性，访问控制，鉴定和认证，备份，安全资产配置，审计和监控，事故管理等内容。

5. 安全外包企业的管理结构

对自身信息安全进行外包的企业结构管理优化如下。

（1）首席安全官（chief security officer，CSO）：CSO 直接向高层执行者汇报工作，是公司的高层安全执行者。CSO 的汇报对象包括首席执行官（chief executive officer，CEO）、首席财务官（chief financial officer，CFO）及首席法律顾问和主要管理部门的领导。CSO 有权确定包括法律、人力资源、设备管理、信息技术、通信等部门的安全工作主动性和标准性，并协调和监督各部门的执行安全措施的情况。

（2）管理委员会：安全外包商和企业双方的 CEO、外包商的项目经理、客户企业的 CSO 和 CIO 等高层决策者组成管理委员会。成立的管理委员会需定期召开会议以应对重大问题，主要任务是审核企业的评估结果、关系变化、安全适应性及安全外包商的服务职责和水平等相关内容。

（3）安全小组：信息安全专员、客户企业内部信息技术人员和外包商的专业人员组成安全小组。安全小组以企业和安全外包商规定的安全服务及安全控制规则为依据，为企业的安全提供技术支持和服务。

（4）咨询委员会：该委员会负责解决一些计划性问题，如服务水平的变更、服务优先级更换、服务的财政问题及新技术手段的应用等计划性问题。该委员会主要成员包括：业务部门、财务部门、企业内部安全专员、外包商项目负责人、人力资源部门相关人员和信息技术相关人员。

（5）服务交换中心：该中心由安全外包商和企业双方共同组成，成员主要包括企业各业务部门同安全相关的人员。该中心的主要职责是与各部门联络，找出潜在的信息安全漏洞和问题，并将漏洞反馈给安全工作组。

（6）安全工作组：安全工作组成员主要由企业和服务外包商双方共同组成，负责解决信息安全中的某些特定问题。对于突出问题安全工作组自行立项解决，无法解决的项目问题由安全工作组提交至咨询委员会。

（7）监督委员会：该委员会由企业内部的人员构成，主要负责对安全外包商进行定期检查和监督。

（8）指令问题管理小组：成员全部为企业内部人员，由各业务部门负责人和信息安全专员组成。该小组成员的主要任务是学习安全小组的技术人员和 CSO 发布的问题解决方案或企业改进方案，经过讨论后，小组成员负责将解决方案通告至各个业务部门。

6. 管理与外包商的关系

企业如果要建立与外包商的长期合作关系，就必须管理好与外包商的关系。关系管理有助于外包商了解企业制度和文化，提升服务质量。企业应该以建立良好可持续发展的关系作为管理基础，除了要注意控制与监督外包商，更要注重合作与激励。监督用来确定外包商是否尽应尽职责，一旦发现外包商的服务偏离预期的轨道，就需要控制使外包商重回正轨，继续完成预定目标。此外，还需进行以控制规则规范为基础的绩效控制，以及与企业客户和外包商持续沟通，及时发现潜在问题。

参考文献

[1] 吴勇，郑月慧，冯耕中. 数字经济时代我国信息安全现状与管理策略[J]. 中国社会治理发展报告，2018，（1）：11-25.

[2] 国家计算机网络应急技术处理协调中心. 2017 年中国互联网网络安全报告[R]. 2017.

[3] Wu Y, Feng G, Wang N, et al. Game of information security investment: impact of attack types and network vulnerability[J]. Expert Systems with Applications，2015，42：6132-6146.

[4] 王辉. 我国网络安全外包服务发展中存在的问题及对策分析[J]. 管理观察，2009，27：227-229.

[5] 张永谦. 网络安全外包服务市场分析[D]. 北京邮电大学硕士学位论文，2006.

[6] 许爽. 信息安全外包的控制与管理框架的研究[D]. 同济大学硕士学位论文，2005.

[7] 李铭. 信息安全外包的风险与管理[J]. 企业管理，2008，（11）：184-186.

我国产业互联网发展现状、问题及对策建议

王玉荣① 葛新红② 王胜军③ 周兰珍④

内容提要

进入21世纪以来，互联网技术革命浪潮席卷全球，极大地改变了人们的工作、生活、娱乐等方方面面。在互联网快速发展的近20年里，我国涌现出BAT[百度（百度控股有限公司）、阿里巴巴（阿里巴巴网络技术有限公司）、腾讯（深圳市腾讯计算机系统有限公司）]等互联网巨头及一大批互联网企业，他们在“互联网+消费”领域取得了巨大成功[1]。随着以物联网、云计算、大数据、人工智能等为代表的新一代信息技术迅猛发展，以及消费端的需求带动产业供给侧的不断突破创新，中国逐渐步入产业互联网时代[2]。

产业互联网是数字时代各垂直产业的新型基础设施，由产业中的骨干企业牵头建设，以共享经济的方式提供给行业广大的从业者使用。通过从整个产业链角度的资源整合和价值链优化，降低整个产业的运营成本，提高整个产业的运营质量与效率，并通过新的产业生态为客户创造新的体验和社会价值。

产业互联网作为新一代信息技术与实体产业深度融合的新兴产物，正在对实体经济发展产生全方位、深层次、革命性的影响。加快发展产业互联网，促进互联网技术与传统产业深度融合，是顺应技术、产业变革趋势，加快制造强国、网络强国建设的客观要求，也是深化供给侧结构性改革、促进实体经济转型升级、建设现代化经济体系的重要举措[3,4]。

本文首先梳理了产业互联网的发展背景及现状：一是产业互联网提出的背景和基础；二是产业互联网的实践探索，包括消费互联网的推动、产业电商的发展、产业集群的转型升级及产业、科技与金融的融合创新；三是产业互联网发展的技术支撑，包括移动通信、物联网、大数据、云计算、智能制造、区块链等。

其次，通过对我国产业互联网发展现状进行分析，总结了目前产业互联网发展过程中面临的问题和困难，主要包括：产业互联网转型的认知需提升；产业政策的针对性和实际效果还不够；产业园区的产业集群效应不明显；产业互联网建设运营缺少专业引领；金融与产业“两张皮”现象没有根本解决。

① 王玉荣，浙江清华长三角研究院产业互联网研究中心主任。

② 葛新红，上海企源科技股份有限公司研究院院长。

③ 王胜军，浙江清源信息科技有限公司区域创新总监。

④ 周兰珍，上海企源科技股份有限公司研究院高级顾问。

最后，基于以上分析，本文提出了针对我国产业互联网发展的对策及建议，包括：建设产业互联网共享实验室平台，营造产业互联网推广的良好氛围；以产业龙头企业为试点，建立产业互联网标杆示范；打造产业互联网集聚区，实现产业转型升级的倍增效应；重点扶持专业化机构，助推产业互联网的蓬勃发展；大力发展供应链金融，实现产业互联网下的产融结合。

一、引　言

2017年10月，党的十九大胜利召开，为发展新时代中国特色社会主义经济建设指明了方向。报告提出新时代的我国社会主要矛盾是“人民日益增长的美好生活需要和不平衡不充分的发展之间的矛盾”，并指出解决这个新矛盾的核心之二是“深化供给侧结构性改革”“加快建设创新型国家”。党的十九大对实体产业转型及建设创新型国家也提出明确的指导要求：“必须坚持质量第一、效益优先，以供给侧结构性改革为主线，推动经济发展质量变革、效率变革、动力变革，提高全要素生产率，着力加快建设实体经济、科技创新、现代金融、人力资源协同发展的产业体系”[5]。

习近平同志在2018年5月中国科学院院士大会上再次强调，“以信息化、智能化为杠杆培育新动能”“要推进互联网、大数据、人工智能同实体经济深度融合，做大做强数字经济。要以智能制造为主攻方向推动产业技术变革和优化升级，推动制造业产业模式和企业形态根本性转变，以‘鼎新’带动‘革故’，以增量带动存量，促进我国产业迈向全球价值链中高端”[6]。

以互联网推动实体产业全链条的转型升级，将是中国新时代经济转型的主要特色和重要机遇。加快发展产业互联网，促进新一代信息技术与传统产业深度融合，有效解决大量实体产业存在的信息不对称、供需失衡、生产水平落后、同质化竞争、整体效率低下等问题，具有广泛而深远的意义：既是顺应技术、产业变革趋势，加快制造强国、网络强国建设的客观要求；也是深化供给侧结构性改革、促进实体经济转型升级、建设现代化经济体系的重要举措[4]。

目前我国的产业互联网处于刚刚起步的阶段，体系还不成熟、不健全，存在各方面的问题，也面临各种挑战，发展产业互联网是一项系统性工程，需要全社会不断的努力。

本文在对国内产业互联网的发展现状进行梳理，特别是上海企源科技股份有限公司①和浙江清华长三角研究院产业互联网研究中心②在产业互联网方面的理论研究和实践的基础上，分析总结了当前产业互联网推进过程中存在的问题，提出产业互联网发展的对策及建议。

---

① 上海企源科技股份有限公司，简称AMT（Active Management Team），创立于1998年，是中国领先的“管理+IT”综合咨询服务机构（证券代码833132），致力于帮助企业与政府实现以信息技术驱动的商业模式创新和管理价值提升，已累计服务3000多家客户。在产业互联网领域，AMT较早提出产业互联网的理念和方法论，率先形成一批产业互联网典型案例。

② 浙江清华长三角研究院产业互联网研究中心：浙江清华长三角研究院是由清华大学与浙江省人民政府共同组建的具有先进水平的新型创新载体，下属产业互联网研究中心致力于引领产业互联网研究前沿，探索各产业+互联网转型最佳实践，以“理论研究+实践示范”双核驱动，全面服务于国家供给侧改革和“互联网+”战略实施，推动传统产业转型升级，支撑区域创新服务体系。

二、我国产业互联网的发展背景及现状

（一）产业互联网提出的背景和基础

李克强同志在 2015 年政府工作报告中提出“大众创业、万众创新”，同时要求“制定‘互联网+’行动计划，推动移动互联网、云计算、大数据、物联网等与现代制造业结合，促进电子商务、工业互联网和互联网金融健康发展”[7]。

2015 年 7 月，《国务院关于积极推进“互联网+”行动的指导意见》印发，进一步推动互联网由消费领域向生产领域拓展，加速提升产业发展水平，增强各行业创新能力，构筑经济社会发展新优势和新动能[8]。各部委在其后也陆续发布了一系列实施方案和行动计划来推进落实。

近年来，受国内外经济环境的影响，中国经济发展进入新常态。传统商业模式失灵，传统产业面临着供求失衡、产能过剩、流通环节多、盈利能力弱等现实问题；并伴随出现同行间竞争激烈，同质化现象凸显，企业成本居高不下、资金周转困难等产业链痛点。传统的产业结构和生产经营模式已难以适应新时代经济发展的需求，实体产业转型升级迫在眉睫。即使是一些经营状况较好、产品较稳定、市场占有率较高的龙头企业，面对互联网时代的冲击，也面临企业增长受阻、市场空间被压缩、业绩下滑的局面，如何寻找新的利润增长点，如何挖掘新的市场机会和市场价值，以及在互联网环境下如何满足客户不断增长的个性化需求，成为这些产业龙头企业面临的十分现实的难题。

随着消费互联网发展逐渐进入成熟阶段及持续的消费升级，需求侧的发展正在不断推动产业供给侧的改革，如图 1 所示。在产业供给侧的产业互联网平台型企业应运而生，一方面，通过互联网对传统产业链进行整合优化，打通供销通道，去除不增值冗余环节，通过信息连通、供需匹配，从而建立新模式下的产业价值网络连接；另一方面，以共享经济模式汇聚产业服务资源，对产业链上下游企业进行技术、金融等赋能，带动产业链整体转型升级。这种以互联网技术和互联网思维推动的产业链整体结构优化正在成为各实体产业积极探索的方向。

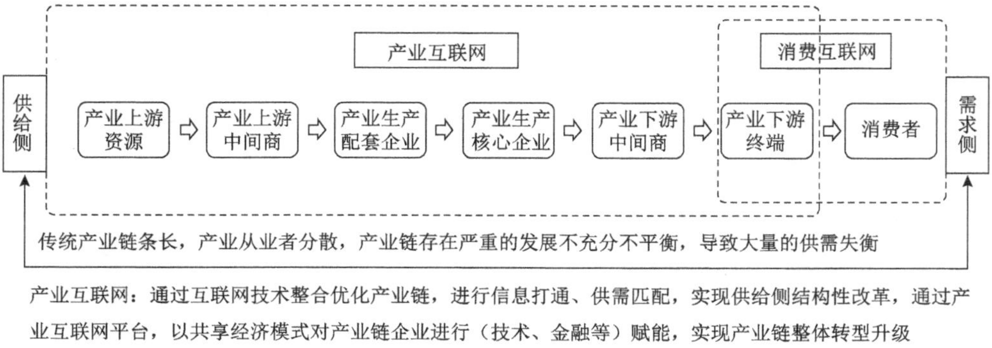

图 1　从消费互联网到产业互联网

（二）产业互联网的实践探索

1. 消费互联网的快速发展推动产业供给侧的转型提升

消费互联网发展如图 2 所示，其早期是单方向上满足人们获取信息的需求（新浪、搜

狐、网易三大门户网站和百度等）；接着开始 Web2.0 时代，人们主动参与，逐渐开始分享信息，社交需求促进了腾讯的崛起；虚拟的线上信息逐渐延伸至真实的线下生活，网络购物不断发展，阿里巴巴在这样的环境下逐渐发展壮大；随着线上交易平台的出现，交易内容从商品所有权买卖延伸到服务交易与商品使用权交易，共享经济平台整合线下闲散资源进行需求与供给的匹配，滴滴出行、饿了么是其中的先锋代表。过去 20 年来，消费互联网渗透进人们生活的各个领域，在衣、食、住、行、娱、医等各细分市场的互联网平台都呈现迅猛发展态势，极大影响了人们的生活和消费习惯。消费互联网取得了巨大成功，其中，阿里巴巴、腾讯已经跻身估值五亿美元俱乐部。

图 2　产业互联网是分阶段的实践探索和演进

同时，移动互联网的发展也对消费互联网市场的发展起到推波助澜的作用。2018 年 1～8 月，移动互联网用户总数保持在 13.7 亿户，其中，手机上网的用户数达 12.5 亿户，手机上网流量 389 亿 GB。中国消费者已经习惯手机上购物、点外卖、预约各种服务。

消费端的互联网市场进入成熟阶段，一方面积累了大量的技术、人才、资本等资源，另一方面消费端的人口红利即将释放殆尽，消费互联网的高速发展即将一去不复返，为此阿里巴巴、腾讯、京东（北京京东世纪贸易有限公司）等消费互联网企业纷纷布局，拥抱产业互联网。2016 年阿里巴巴率先提出新零售概念，强调“线上服务、线下体验及现代物流进行深度融合的零售新模式”，开启从消费端往产业端的改革推进。腾讯也在 2018 年 9 月发布公司转型产业互联网的重大战略调整：“互联网的下半场属于产业互联网。上半场腾讯通过连接为用户提供优质的服务，下半场我们将在此基础上，助力产业与消费者形成更具开放性的新型连接生态。”[9]京东在 2018 年 11 月将“京东金融”升级为“京东数字科技”，“让数字科技成为连接金融和实体产业的桥梁，一手去助力金融数字化，一手助力产业数字化”[10]。

2. 产业电商 B2B①市场潜力巨大

对于互联网企业，产业互联网领域是一片新的待开辟的疆土，而对于 B 端的实体企业，产业互联网却并非新的概念。国内很多 B 端实体产业早已开展了产业互联网实践，如钢铁产业互联网实践——欧冶云商、生鲜产业互联网实践——鲜易、农粮产业互联网实践——粮达网等。

① B2B，即 business-to-business，企业对企业。

随着中国经济的转型升级，越来越多的企业需要“更换引擎”，国际数据公司（International Data Corporation，IDC）一项 CEO 调查显示，数字化转型已经成为半数以上中国千强企业的战略核心，这给了市场巨大的想象空间。经初步测算，产业互联网的体量可能会是消费互联网的 100 倍。

资料显示，2017 年 B2B 电子商务市场交易规模达到了 16 万亿元，2018 年上半年达到 11.2 万亿元，同比增长 14.2%。若以平均 10%的增速计算，2020 年将达到 22.39 万亿元，见图 3。

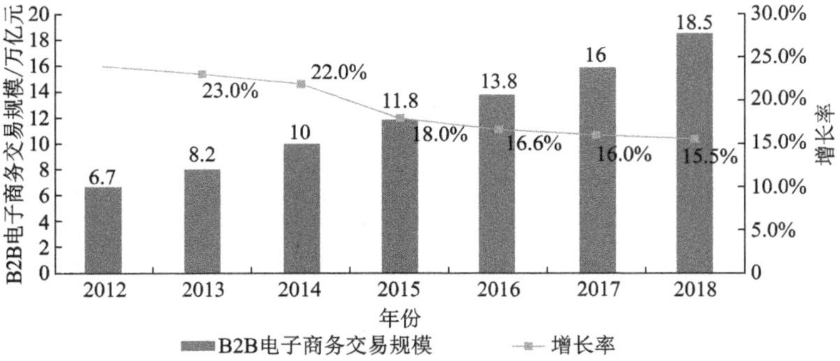

图 3　中国 B2B 电子商务市场交易规模

随着“互联网+产业”的深入实践，各垂直领域开始涌现越来越多的产业互联网平台型企业。托比网发布的 2017 年及 2018 年的中国 B2B 行业百强榜单（图 4）和 B2B 内参

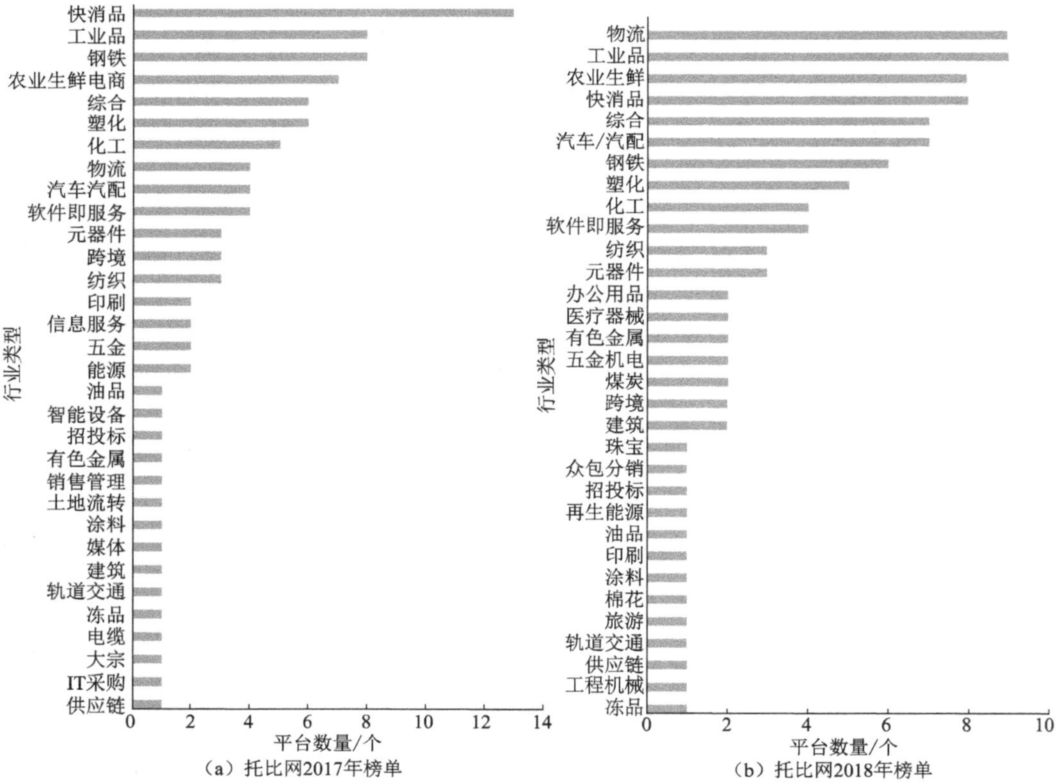

图 4　托比网发布中国 B2B 百强榜单行业统计

发布的2016年及2017年的中国B2B电商百强榜单（图5）数据统计显示，在各垂直产业中正在涌现越来越多的B2B平台型企业。据不完全统计，仅钢铁行业电商平台就超300家。发展B2B电子商务平台，实现传统产业链的信息打通和供应链服务创新已成为传统企业转型的重要途径之一。

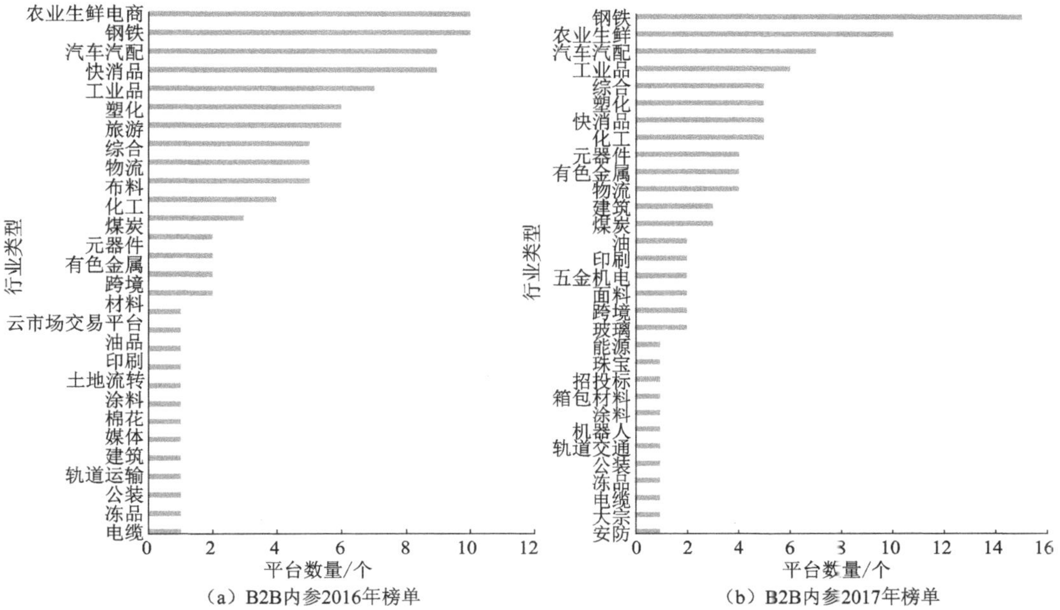

图5 B2B内参发布中国B2B电商百强榜单行业统计

3. 产业集群的转型升级需要依托产业互联网

在我国大部分区域存在明显的产业集群特征，即在一个区域包含了成千上万围绕区域特色产业的中小微企业和个体从业者。目前，我国已率先形成了一批产业集群，例如，长江三角洲（以下简称长三角）的各类块状经济产业集群，数量多达数百个，覆盖了从纺织、箱包、五金、汽配等多个传统产业。由于大部分产业集群主要集中在中低端制造业，“低、小、散、污”现象普遍，亟须转型升级。

在全球激烈竞争的环境中，市场竞争不再是企业与企业的竞争，而是产业链之间的竞争[11]。如何通过互联网连接和赋能产业集群实现抱团发展，如何通过建立区域特色产业互联网平台，实现产业集群的整体转型升级已成为区域经济发展的核心，以及各区域政府正在努力的方向。

以产业链合作为手段，以产业高端化发展为目标，鼓励由产业中的大型企业或龙头企业牵头建设产业互联网平台，将现有的产业集群资源链接整合为分工有序的价值链，推动产业布局及产业结构的优化调整；以平台连接和赋能产业链上下游中小企业，为产业链中小企业提供各种产业共享云服务，使中小企业可以专业化发展，最终实现产业链上下游大中小企业融通发展，从而推动传统产业转型升级，改变产业集群大而不强的局面，提升产业链的整体竞争力。

4. 产业、科技与金融的融合创新和多方推动使产业互联网进入加速发展期

产业、科技与金融的融合创新使产业互联网的发展进入了新的阶段，地方政府、实体企业、各类专业服务机构的积极探索推动产业互联网进入加速发展期（图 6）。

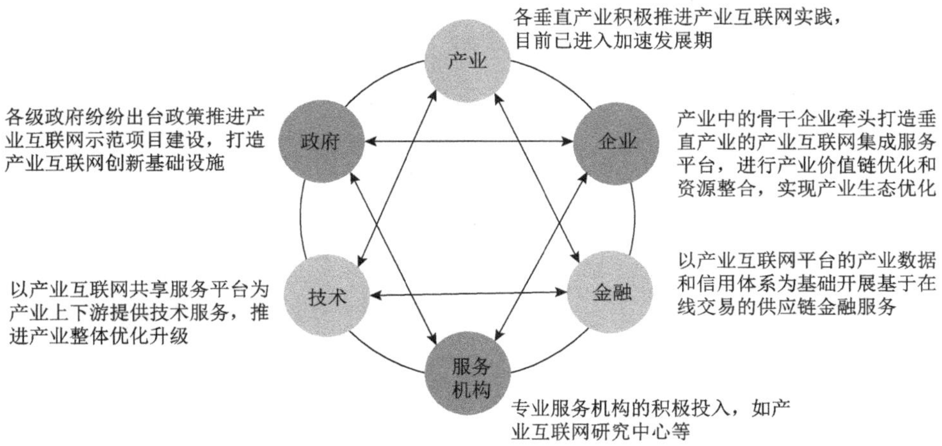

图 6　产业互联网在各层面的实践探索

各垂直产业积极推进产业互联网实践，尤其在农粮、生鲜、钢铁、能源、工业品、汽车汽配等垂直产业，产业互联网平台都已超过百家，为产业互联网转型积累了宝贵的经验。比较成功的产业互联网实践都离不开平台对产业链的技术和金融赋能。

技术赋能：通过产业互联网平台为产业链上下游提供技术共享服务，推动产业创新技术应用，帮助产业从业者提升专业技能，为产业链交易过程提供技术质量检测等。通过平台向产业链上的各参与主体进行技术赋能，从而提升产业链整体技术水平，促进产业技术成果转化和产业标准化体系的推行，实现产业高质量发展。

金融赋能：中小企业的融资难、融资贵已成为影响产业链健康发展的关键问题。以产业互联网平台打通产业供应链的商流、物流和信息流，以平台的产业大数据形成信用体系，以基于平台的在线化真实交易为场景，为产业链中小企业提供供应链融资服务，从而实现以金融赋能实体经济。

各级政府纷纷出台推进“实体产业+互联网”融合发展的行动计划，对产业互联网示范项目建设进行政策扶持，部分区域积极打造产业互联网创新基础设施，如杨浦区建设产技融创新共享服务平台，打造万亿产业互联网集聚区。

在产业互联网转型推进中，也出现了各类专业服务机构，如浙江清华长三角研究院与 AMT 集合双方研究和咨询优势，共同投资成立浙江清源信息科技有限公司，打造产业互联网研究、咨询、运营、孵化的集成化服务高端平台，并建立产业互联网研产投联盟，以扶持和发展一批有质量、有市值的产业互联网企业。工业和信息化部中国产业互联网发展联盟 2017 年、2018 年连续两年发布《中国产业互联网 TOP100 榜单》，为中国产业互联网的发展树立风向标。

（三）产业互联网发展的技术支撑

产业互联网的发展离不开各项互联网新技术的支撑，包括移动通信、物联网、大数据、云计算、智能制造、区块链等。

1. 移动通信

移动通信使用户与企业、用户与用户、企业与员工之间可以打破地域和时间限制，形成紧密的实时连接。

我国 4G 网络覆盖不断深入，速率持续提升，已建成全球规模最大的 4G 网络。到 2017 年末，4G 用户总数达到 9.97 亿户，4G 用户在全部移动电话用户中的占比已达到 70.3%。5G 时代无论是标准制定还是实验进程我国都走在世界前列。

2. 物联网

物联网连接起产业互联网中的各个节点，形成人与物、物与物连接的网络，通过物联网可实现丰富的生产数据采集，并传递节点之间的控制与反馈作用。

我国正积极引领全球窄带物联网（narrow band Internet of things，NB-IoT）标准及产业发展。NB-IoT 是面向低功耗、广覆盖的全球统一标准，可依托现有蜂窝网络快速构建低成本全覆盖的物联网，服务众多行业领域，有力支撑“互联网+”；同时，物联网的基础——新型操作系统、传感器、芯片等也都有长足发展。根据中国信息通信研究院数据，截至 2018 年中期，我国物联网产业总体规模已达 1.2 万亿元[12]。

3. 大数据

大数据通过对产业互联网中的海量数据信息采集处理，如合同执行情况、付款流程节点、货物的物流信息、库存情况、终端实时销售数据等，形成一张全行业的实时大数据图，可提供更智能化的分析预警和决策支持，促进产业链供需匹配和运营改善。

我国在大数据的存储与资源管理、计算框架与范式、分析等方面的技术进步巨大，在可视化、安全等方面也积极投入。据统计，2017 年中国大数据市场规模超过 192 亿元，同比增长 22.2%。

4. 云计算

云计算通过按需取用、按需付费、集中管理，使信息技术对业务的支撑更具弹性，技术壁垒和整体信息技术成本降低。根据工业和信息化部 2017 年的数据，2019 年我国云计算产业规模将达到 4300 亿元。

5. 智能制造

逐步成熟的工业智能技术将降低企业生产成本并且使产品更加个性化贴近消费需求。

根据中国电子信息产业发展研究院发布的《2017—2018 中国智能制造发展年度报告》，预计 2020 年中国智能制造产业规模将超过 2200 亿元[13]。此外还取得了一批智能制造技术的突破，包括智能化工业装备应用技术、柔性制造和虚拟仿真技术等。

6. 区块链

区块链技术在产业互联网平台的供应链金融风控体系的应用，对推动产业链信用体系建设和供应链金融落地实施起到积极作用。基于区块链技术，链接到产业互联网中的企业都能看到透明的共享账本里数据的实时变化。同时，由于区块链难以篡改、共享账本、分布式的特性，更易于监管接入，获得更加全面实时的监管数据，从而大幅提升供应链金融服务的风险控制能力与水平[14]。

三、我国产业互联网发展中面临的问题和困难

近年来，随着供给侧改革的深入推进及移动通信、物联网、大数据、云计算等技术的成熟，互联网发展的主战场正从消费互联网转向产业互联网。产业互联网也越来越被全社会认可和接受，产业互联网的理论研究和实践探索也取得了初步成效。然而，产业互联网的建设发展仍是一项艰巨而复杂的系统工程，我们分析，目前我国在产业互联网发展中还主要面临以下问题和困难。

（一）产业互联网转型的认知需要提升

在中国经济处于下行新常态，经济结构调整与新旧动能切换的大背景下，创新和转型发展将成为经济新常态阶段发展的重头戏，而产业互联网的转型则是目前经济发展的新增长点。意识到问题的不少企业和机构迅速行动，已经利用互联网、大数据、人工智能等技术进行转型升级。但仍有很多企业和机构习于惯性，对发展形势预判不清，或者是对产业互联网这个新生事物风险和改造成本的顾及，表现为转型的意愿不强，决心不大，行动迟缓。

传统的企业经营往往更关注企业本身发展及竞争对手的状况，而打造产业互联网需要企业家站在整个产业链的角度，同时关注上游供应商及供应商的供应商，下游本企业的客户直至终端用户，转型升级为“产业家”。“产业家”需站在整个产业的高度和格局，思考整个产业链的痛点和优化，以及如何通过为产业从业者提供服务创造新的价值，从竞争到竞合，以“利他”思维推动产业共赢。

产业互联网时代，不仅各个行业的商业模式会受到非常大的冲击，企业的组织架构也会受到冲击。我们不能再用传统的架构运营一个创新的产业互联网化公司，弹性组织、虚拟组织这样创新的形式更加适应产业互联网发展需求。这对现有的管理体系、激励机制等都有不小的冲击。相关从业人员需要转变思维观念，积极拥抱产业互联网。

（二）产业政策的针对性和实际效果还不够

制定产业政策就是为了引导产业发展方向，推动产业结构升级，弥补市场缺陷，有效配置资源使经济健康可持续发展。产业互联网的发展是国民经济的一项重大工程，成本高、风险大，单靠企业自身的资源实力远远不够，还需要强大、完善的政策体系辅助支撑。

近年来，国务院办公厅、工业和信息化部、商务部、科学技术部等政府机构发布了一

系列“双创”“互联网+”“供应链创新”“工业电子商务”等与产业互联网密切相关的政策，各省市也积极制定相关细化政策及落实方案。虽然各级政府制定了诸多相关政策，但在实际运行中政策的针对性和实际效果却不够好。首先，政策供给与实际需求存在一定的差距，政策的针对性有待提高。因为产业、企业发展的阶段不同，所在地区的资源特点不同，对政策的需求也不同。其次，政策制定后如何更好地落实，实际效果如何才是更为关键的指标。对地方政府、产业园区来说，国家各部委、上级政府发布的政策下发到本单位时是独立的，互不关联，越到基层落实难度越大，兑现到具体企业效果往往不尽如人意。政策的初衷是好的，却无法满足实际需求。

（三）产业园区的产业集群效应不明显

现有的园区多为传统的物理上的概念，园区主要为企业提供的服务也是基于土地和办公楼宇的，园区服务还停留在基本的物业服务。园区在招商时更关注项目当下是否带来税收等，而较少考虑产业链的整合效应。这样造成了园区产业特色不明显、产业集聚度较低、企业间相关性较差，较难形成良好的产业集聚效应。虽然也形成了一定营收规模，但园区发展后劲和产业爆发力不强。归根到底是这些园区的规划科学性不足，也没有完全结合本地区的资源特点、产业发展现状和产业链情况。

产业互联网是以线上平台和线下产业链为支撑，从而形成产业链相关企业和要素相互间的紧密协作。产业集聚效应不好，产业互联网的发展就较难形成规模效应。

（四）产业互联网建设运营缺少专业引领

一方面，产业互联网领域已经有不少先行者，这些实践先行者发展至今都历经了无数困难，解决了诸多问题，积累了丰富的产业互联网建设和运营的经验和教训，形成了丰富的产业互联网实践知识宝库，对产业互联网新从业者具有借鉴意义，但是目前缺少传播、交流的渠道。

另一方面，由于产业互联网建设的复杂性和专业性，在产业互联网转型中做好前期规划及运营协同推进显得尤为重要，必须明确实施路径与阶段投入产出计划，保证模式、机制和平台搭建的关联协同，产业互联网平台公司基本很难独自完成这些内容。同时，整个产业互联网建设运营过程需要用到技术、金融、投资、管理等很多可能与原来在单个企业中不同的新知识、新能力，产业互联网新从业者很难在短时间内获取及形成。这些对产业互联网平台发展至关重要，却苦于求助无门。

当前，迫切需要将产业互联网先行者的实践经验同专业研究机构的理论结合起来，形成产业互联网体系化的专业知识、方法论、规划方案，引领有志开展产业互联网建设的相关主体；也迫切需要帮助产业互联网平台企业形成或补足技术、金融、投资、管理等领域的知识与能力。目前，这种专业引领是严重匮乏的。首先，高校、科研院所等专业研究机构的产业互联网研究理论性过强，与实践结合不深，无法指导产业互联网实践；其次，具备“互联网+”综合服务能力的专业机构少，未得到各方的重视，缺少发挥作用的平台。

（五）金融与产业“两张皮”现象没有得到根本解决

过去我们一直在努力，但是没有找到金融与产业的有效结合点，同时也出现了金融“脱实向虚”、金融与产业“两张皮”的现象。

在整个产业供应链中，生产周期、销售周期及市场价格、需求的波动等因素导致企业的资金支出和收入通常不会处于一个均衡的状态。同时，由于中小企业在产业链上处于弱势地位，上游通常会要求以现金方式提货，而下游企业往往又有较长的账期，我国金融机构长期以来缺少有效的风险把控手段等，对中小企业的金融需求满足程度极低。中小企业的融资难、融资贵成为影响产业链健康发展的关键问题。

传统信贷模式下金融机构对产业情况缺乏了解，对产业链上的信息无法进行在线管控和可追溯，尽职调查人工成本高，因此难以直接为产业链上的中小企业提供融资服务。产业互联网平台的出现，为供应链金融的实施提供了新的途径，但大部分产业互联网平台企业在具体实施方面面临系列技术和资金对接难题。一方面，由于传统产业缺乏懂信息技术和懂金融的人才和资源，结合产业场景的供应链金融风控技术实现需要专业指导；另一方面，金融机构对相关供应链金融的创新模式持保守观望态度，导致基于产业互联网的供应链金融方案缺乏稳定低成本资金支持。以上问题导致供应链金融在实践中举步维艰。

四、我国产业互联网发展的对策及建议

（一）建设产业互联网共享实验室平台，营造产业互联网推广的良好氛围

从当前实体产业转型的现状来看，由于缺乏对新经济、新业态的理念认知，缺乏产业互联网转型的示范引领，缺乏产业互联网的相关资源要素支撑，大量实体产业在结合互联网技术的融合创新与转型发展方面困惑迷茫和犹豫不前。

产业互联网共享实验室的设立，旨在打造一个集合新经济、新业态最佳实践案例展示，产业互联网平台与技术应用示范，第三方智库资源集聚，跨界交流合作的开放创新资源共享服务平台，助推“实体产业+互联网”转型升级与创新发展。产业互联网共享实验室是产业互联网专项业务的思维、操作流程及效果直观、形象的演示平台，通过聚焦实体产业互联网转型研究前沿和创新实践，为参与者带来一站式、落地式、互动式的学习互动体验。

通过在区域设立产业互联网共享实验室，对产业互联网进行宣传、展示、研究，促进各种资源、信息相互交流对接，大力推广产业互联网业务，提振信心，在全社会广泛营造大力发展产业互联网的浓厚氛围。

各区域政府部门、产业园区、高校院所、龙头企业应结合自身实际，大力发展产业互联网共享实验室，将共享实验室与众创空间、孵化器、加速器相融合，实现孵化培育企业和支撑产业的有机组合。例如，浙江清华长三角研究院产业互联网研究中心已在嘉兴试点建设了产业互联网与供应链金融共享实验室，得到了嘉兴市政府的大力支持。目前该共享实验室已被嘉兴市商务局列为产业电商实训基地，成为推动当地产业转型升级、政策理念普及的窗口，已经取得了初步的成效。

（二）以产业龙头企业为试点，建立产业互联网标杆示范

通过挖掘和扶持一批产业龙头企业建立产业互联网平台，重点培育一批产业互联网示范工程，建立标杆，形成对传统产业转型升级的示范带动作用。

首先，应当建立一套评判标准，组建包括产业互联网成功实践者、产业互联网投资家、知名产业互联网专家在内的评审团队，以科学、专业、体系的评审流程与方法筛选出适合发展产业互联网的试点龙头企业。

其次，对拟定的试点龙头企业，政府和园区应当与其建立对话机制，企业的问题或需求能够及时反馈给政府和园区。同时，政府和园区应当经常展开调研，了解龙头企业在产业互联网建设过程中遇到的问题及需求，对共性问题及需求认真总结分析，制定针对性的政策并辅之以相应的资源投入；对个性问题及需求，要及时处理，并排查这些个性问题及需求在其他产业互联网相关企业是否存在，若存在，则应将处理方案总结且纳入政策中。

对试点龙头企业的产业互联网建设发展之路应当及时总结，快速分享。要建立定期发布最佳实践案例的制度，做好宣讲工作，积极举办实践经验分享会、‘走近企业”现场参观活动等，促进先进经验和最佳实践的推广应用[15]。

（三）打造产业互联网集聚区，实现产业转型升级的倍增效应

目前各实体产业都在积极进行产业互联网的实践探索，但是由于缺乏针对产业互联网平台的系统化扶持和创新资源支撑，产业互联网平台企业发展缓慢。建议各区域政府和园区结合当地重点发展产业方向，建设产技融结合的创新支撑平台，打造产业互联网集聚区（图 7），一方面扶持和发展当地的产业互联网平台企业，带动当地传统产业转型升级，优化存量；另一方面以产业互联网平台打破区域限制，形成新的产业集聚，做大增量。

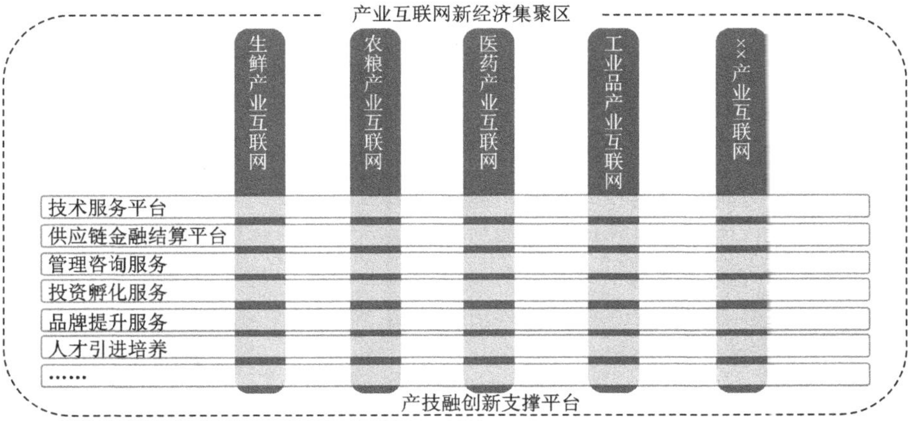

图 7　以产技融创新支撑平台打造产业互联网集聚区

打造产业互联网集聚区一方面需要针对性的政策扶持，结合产业互联网平台型企业发展的全生命周期，提供相适用的政府补贴、税收优惠和奖励政策；另一方面，需要为产业互联网平台型企业的发展提供一系列创新资源和资金支持，包括提供技术服务平台，解决

产业互联网平台企业的技术需求和技术专家资源对接；提供供应链金融结算平台，为产业互联网平台型企业开展供应链金融服务提供技术支持和资金对接；引入专业服务机构为产业互联网平台型企业提供管理咨询服务，帮助其优化商业模式，实现能级提升；设立股权基金，为产业互联网平台企业提供投资孵化服务；以产业互联网集聚区的聚合效应和影响力帮助产业互联网平台企业提升品牌和吸引人才等，最终获得产业互联网发展的倍增效应。

（四）重点扶持专业化机构，助推产业互联网的蓬勃发展

产业互联网发展的复杂性、系统性决定了产业互联网经营主体独自摸索发展产业互联网往往面临风险和难度大、成本高、资源短缺等问题。因此，应当重点发展扶持有提供产业互联网建设运营服务能力的专业服务机构，以通过系统研究和实践创新帮助产业互联网平台企业降低试错成本、提高产业互联网实施成功率。

一是推动高校院所与产业互联网深度融合，推动产学研金一体化合作。高校院所等专业研究机构应当更接近产业，科研人员要深入产业互联网实践，将实践经验跟现有理论结合，形成适合产业互联网建设发展的理论方法体系。例如，浙江清华长三角研究院产业互联网研究中心发起建立的产业互联网研产投联盟，通过汇聚产业互联网研究者、实践家和投资家，通过研究+实践+资本的互动融合，实现理论与实践的良性互动，实现高校院所的科研与产业互联网实践的深度融合。

二是推动现有的社会专业服务机构提供更加集成的服务。社会专业服务机构要能提供从规划、建设到运营的产业互联网全生命周期的服务，要能提供管理咨询、技术集成、运营辅导等一系列专业服务。产业互联网运营主体在评估自身现状和能力的基础上，可通过更多的连接整合外部资源，借助专业服务机构，以战略合作或者战略投资购买能力和补齐短板，快速提升产业洞察能力、资源整合能力、运营管理能力、平台赋能能力和技术实现能力。对于具备产业互联网集成服务能力的专业服务企业，政府应该给予更多推广和激励。

（五）大力发展供应链金融，实现产业互联网下的产融结合

如何有效解决产业链上下游企业的融资难和融资贵问题，是产业互联网平台获得快速发展的关键。基于产业互联网的供应链金融服务不同于传统的银行借贷，它依托于产业链上下游的真实交易，同时只有保证核心交易在线上进行，才能实现流程闭环和风控管理。因此，做好供应链金融服务是吸引产业上下游企业上平台开展在线交易的重要驱动力。

以产业互联网平台的产业大数据形成信用体系，以基于产业互联网平台的在线化真实交易为场景，运用自偿性贸易融资的方式，通过质押、保理等模式和业务流程闭环实现风险控制，为产业链中小企业提供供应链融资服务，成为新一代供应链金融服务的重要模式。

金融机构应当积极和产业互联网平台合作，通过产业互联网平台的风控体系，为资金进入实体企业建立安全、高效的通道，以供应链金融切实赋能实体产业，实现普惠金融目标。同时建议各区域政府积极设立供应链金融风险补偿基金和融资担保基金等，以进一步鼓励和吸引商业银行等金融机构共同参与，为产业互联网平台的供应链金融服务开展提供运转资金，支持产业互联网平台企业的快速发展。

参 考 文 献

[1] 任兴洲. 产业互联网的发展与创新[J]. 中国发展观察，2015，（8）：58-59.
[2] 吴文君，姚海鹏，黄韬，等. 未来网络与工业互联网发展综述[J]. 北京工业大学学报，2017，43（2）：163-172.
[3] 文宗瑜. 以"互联网+"助推并支持中国互联网经济实体化[J]. 天津行政学院学报，2018，20（2）：25-35.
[4] 佚名. 深化"互联网+先进制造业"发展工业互联网的指导意见有关情况[EB/OL]. http://mp.ofweek.com/gongkong/a545663523716[2017-11-03].
[5] 习近平. 决胜全面建成小康社会 夺取新时代中国特色社会主义伟大胜利——在中国共产党第十九次全国代表大会上的报告[EB/OL]. http://www.nxgcdr.net/szjj/gnxw/201710/t20171025_4403519.html[2017-10-30].
[6] 习近平. 在中国科学院第十九次院士大会、中国工程院第十四次院士大会上的讲话 [EB/OL]. http://he.people.com.cn/n2/2018/0529/c192235-31637961-2.html[2015-05-29].
[7] 李克强. 政府工作报告——2015年3月5日在第十二届全国人民代表大会第三次会议上[EB/OL]. http://www.gov.cn/premier/2015-03/16/content_2835101.htm[2015-03-16].
[8] 国务院. 国务院关于积极推进"互联网+"行动的指导意见[EB/OL]. http://www lpxgsl.gov.cn/details.aspx?id=564[2016-03-18].
[9] 佚名. 腾讯启动战略升级：扎根消费互联网 拥抱产业互联网[EB/OL]. http://news.cyol.com/content/2018-09/30/content_17645853.htm[2018-09-30].
[10] 王潘. 一线丨京东金融正式升级为京东数字科技[EB/OL]. http://tech.qq.com/a/20181120/006480.htm[2018-11-20].
[11] 瞿北航. "互联网+"与产业集群互联网化升级研究[J]. 经济研究导刊，2016，（19）：150-151.
[12] 佚名. 中国通信院发布《2018 年物联网白皮书》，国内规模已达 1.2 万亿. http://www.ednchina.com/news/201812240932.html[2018-12-20].
[13] 佚名. 机构报告: 2020 年我国智能制造市场规模将超 2020 亿元[EB/OL]. http://www.gov.cn/xinwen/2018-10/12/content_5330027.htm[2018-10-12]
[14] 窦佳丽. 抓住区块链这个机遇（专家观点）[N]. 人民日报，2018-02-26（17）.
[15] 国务院. 国务院关于推动创新创业高质量发展打造"双创"升级版的意见[EB/OL]. http://www.gov.cn/zhengce/content/2018-09/26/content_5325472. htm[2018-09-26].

“一带一路”倡议下我国跨境电子商务发展分析及对策研究

梁晓刚[①]　冯耕中[②]　孔祥印[③]　赵东月[④]

内 容 提 要

党的十九大报告提出“推动形成全面开放新格局”的战略要求[1]。自从2015年国务院设立中国（杭州）跨境电子商务综合试验区以来，我国跨境电子商务综合试验区形成了“1+12+22+1”的格局，为解决我国跨境电子商务发展的深层次矛盾提供了制度性改革的管理规则和途径。持续推进和不断革新的“一带一路”倡议，对我国和“一带一路”沿线区域的跨境电子商务行业释放着极大的红利和正效应，这不仅推动了我国跨境电子商务的发展，更为构建“网上丝绸之路”带来了新机遇。然而，“一带一路”倡议下我国跨境电子商务高速发展的背后仍然面临着诸多问题和挑战，我国政府和跨境电子商务企业只有全面分析“一带一路”中我国跨境电子商务的发展现状与现存问题，学习借鉴国外成熟的发展经验，才能做到有的放矢，防患于未然，促进我国跨境电子商务的健康可持续发展。

首先，本文基于“一带一路”倡议背景，结合“一带一路”沿线国家的人口优势和消费需求等多方面的外部因素，分析了“一带一路”中我国跨境电子商务的发展现状和政策、市场、产业方面的发展优势。目前，随着我国与“一带一路”沿线国家跨境电子商务交易往来日益密切，东欧、西亚、东盟国家逐渐成为重要的新兴市场。市场规模不断扩大，交易模式推陈出新，跨境物流通道建设成效初显，“一带一路”中我国跨境电子商务的发展彰显了前所未有的迅猛态势。但在发展过程中，也暴露出诸如我国沿线区域发展不平衡、贸易产品同质现象严重、产业优势发挥不充分，以及人才培养模式结构单一、缺乏与沿线国家交流合作等问题。随着跨境物流运输通道大型项目工程建设的陆续启动，“一带一路”基础设施建设滞后导致的物流成本高昂，进而阻碍跨境电子商务发展的问题也逐渐凸显了出来。

① 梁晓刚，西安交通大学管理学院硕士生。
② 冯耕中，西安交通大学管理学院教授，博士生导师。
③ 孔祥印，西安交通大学管理学院博士生。
④ 赵东月，西安交通大学管理学院博士生。

其次，针对现阶段“一带一路”中我国跨境电子商务发展存在的问题，本文梳理了美国、日本、新加坡、英国及德国等发达国家在跨境电子商务发展过程中的稳定政策制定、国际贸易合作、市场政府职责、信息技术创新、支付风险控制和跨境物流运输体系建设等方面的经验和启示，试图探索出“一带一路”中我国跨境电子商务发展的路径。

最后，通过以上对我国跨境电子商务发展现状和问题的分析，以及对国外跨境电子商务发展成功的经验总结，本文主要从加强统筹规划区域因地制宜、全面提高跨境电子商务发展水平，鼓励先进物流技术应用、建立跨境智能物流体系，增进科技创新与合作交流、扩展“一带一路”产业链条，搭建高校智库企业联合平台、完善“一带一路”人才培养体系等方面提出了针对性的对策建议，希望为未来“一带一路”中我国跨境电子商务的发展及管理提供具有可操作性的参考。

一、引　言

“一带一路”倡议的扎实推进，使我国同沿线国家的投资和贸易合作愈发密切。2018年，中国国际进口博览会在上海成功举办。未来，中国将坚持开放融通，继续推进共建“一带一路”，与沿线国家一同推进重大项目建设，以构建“网上丝绸之路”为抓手，搭建更多的贸易促进平台。同时，我国将进一步降低关税，提升通关便利化水平，削减进口环节制度性成本，全力推动“一带一路”跨境电子商务的发展。

跨境电子商务（cross-border E-commerce）简称跨境电商，是指分属不同关境的交易主体，通过互联网及相关信息平台达成交易、进行支付结算，并通过跨境物流送达商品、完成交易的一种国际商业活动[2]。2017 年全球电子商务市场规模超过 25 万亿美元。我国作为全球规模最大、最具活力的电子商务市场，跨境电子商务零售进出口总额高达 902.4 亿元，同比增长 80.6%，其增长速度远高于同期外贸的 14.2%[3]。在互联网、物联网、云计算、人工智能和移动终端等高新技术的强力推动下，跨境电子商务作为新科技革命的产物和新的贸易方式，在全球经济呈现“新平庸”和我国经济呈现新常态的背景下，成为我国对外贸易与电子商务发展的新增长点和突破口。从国家战略角度分析，跨境电子商务在我国经济升级转型和外贸交易方式转变的过程中发挥着日益重要的作用。

跨境电子商务碎片化、扁平化、多元化和一体化的特点压缩了贸易流通环节，使商品交易更加便利快捷。然而，“一带一路”背景下，我国跨境电子商务高速发展的背后仍然面临着诸如亟须完善国家法律法规、加强区域合作、降低管理风险等挑战，存在着区域发展不平衡、物流通道基础设施建设滞后、产业优势不突出、同质化现象严重、信息化水平低、跨境电子商务人才培养结构单一等诸多问题。

基于“一带一路”倡议和粗具规模的“数字丝绸之路建设”，我国具有的保持经济长期稳定发展的诸多有利条件将为全球跨境电子商务的健康可持续发展发挥更大的作用。这将不仅为“一带一路”沿线国家带来巨大红利，推动我国跨境电子商务的发展，更为构建“网上丝绸之路”带来新的机遇。因此，本文在研究“一带一路”中我国跨境电子商务发展现状和优势的基础上，深刻剖析发展中存在的问题，结合国外跨境电子商务发展的成熟经验与启示，提出了“一带一路”中我国跨境电子商务发展的对策建议。

二、“一带一路”中跨境电子商务发展分析

（一）“一带一路”中我国跨境电子商务发展现状

1. 沿线国家往来密切，跨境电子商务连接紧密

据国家信息中心数据统计，2017 年，我国与“一带一路”沿线国家的进出口贸易总额为 14 403.2 亿美元，占我国进出口贸易总额的 36.2%，同比增长 13.4%。同期，我国与拉丁美洲（以下简称拉美）国家进出口贸易总额增长 22%，与非洲国家进出口贸易总额增长 17.3%，对新兴市场的开拓卓有成效。我国跨境电子商务进出口清单 6.59 亿份，是进出口货物报关单的 8.4 倍。随着我国与“一带一路”沿线国家往来的日益密切，发展“一带一路”跨境电子商务已经成为我国外贸增长的重要动力，也是我国跨境贸易发展的必然趋势。

阿里研究院跨境电子商务大数据中心统计数据显示（图 1），我国与“一带一路”沿线国家 ECI 指数（E-commerce connectivity index，跨境电商连接指数）Top10 国家依次为俄罗斯、以色列、泰国、乌克兰、波兰、捷克、摩尔多瓦、土耳其、白俄罗斯、新加坡[4]。ECI 出口指数最高的是俄罗斯，ECI 进口指数最高的是泰国，ECI 进出口双向最均衡的是以色列。显然，东欧、西亚、东盟国家与中国在跨境电商连接上最为紧密。

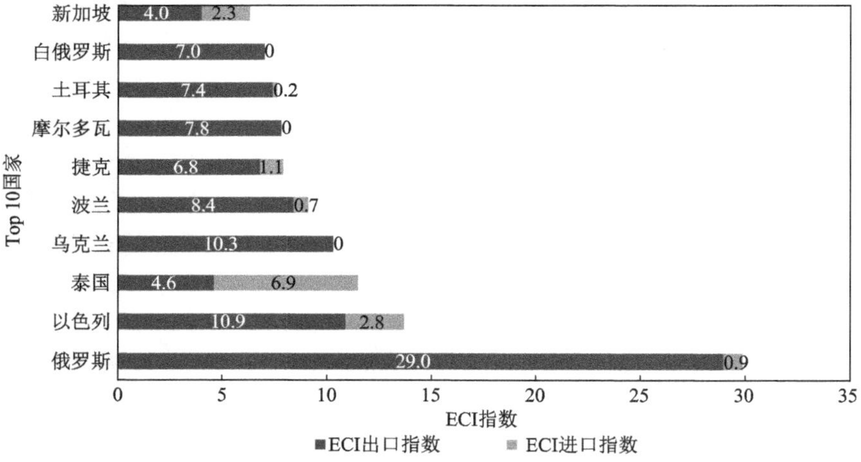

图 1　2016 年“一带一路”沿线国家 Top10 ECI 进出口指数

资料来源：阿里研究院跨境电子商务大数据中心

我国与“一带一路”沿线国家的 ECI 指数表明，基于“一带一路”背景的国际新兴市场空间广阔，随着沿线国家间合作交流的日益密切，我国跨境电子商务发展迎来了新的发展局面。

2. 市场规模持续扩大，旺盛需求驱动发展

海关统计数据显示，2017 年，我国跨境电子商务的零售进出口总额为 902.4 亿元，同比

增长 80.6%，其增长速度远高于 14.2%的外贸增速；共验放跨境电子商务零售进出口清单 6.59 亿份，其中验放进口清单 3.87 亿份，验放出口清单 2.72 亿份，同比增长 56.9%。我国跨境电子商务累计征收税款 67.2 亿元。此外，我国 B2C①销售额和网购消费者人数均居全球第一位。

随着"一带一路"倡议的扎实推进，"一带一路"跨境电子商务贸易活动交易额占我国整体跨境电子商务交易和进出口总额的比重连年攀升。从表 1 可知，在我国进出口贸易遇冷，甚至出现负增长的形势下，"一带一路"倡议为我国经济发展提供了新动能，跨境电子商务的发展表现出积极的增长势头。2015～2017 年，我国跨境电子商务交易规模不断扩大，占进出口贸易总额的比重从 2014 年的 15.9%增至 2017 年的 29.0%。其中，我国与"一带一路"沿线国家跨境电子商务交易规模的快速增长为进出口贸易回暖做出了巨大贡献。

表 1　2013～2017 年我国进出口贸易总额及跨境电子商务交易规模

年份	进出口贸易总额/万亿元	跨境电子商务交易规模/万亿元	占比
2013	25.8	3.15	12.2%
2014	26.4	4.2	15.9%
2015	24.6	5.4	22.0%
2016	24.3	6.3	25.9%
2017	27.8	8.06	29.0%

资料来源：商务部、海关总署、中国电子商务研究中心

以我国"一带一路"沿线省区市和"一带一路"沿线国家为研究对象，从全国经济发展层面分析，"一带一路"跨境电子商务的发展对进出口贸易有显著正效应。国家信息中心数据统计，2017 年，我国与"一带一路"沿线国家的进出口贸易总额为 14 403.2 亿美元，占我国进出口贸易总额的 36.2%，较 2016 年增长 13.4%，连续两年负增长的局面得到扭转。其中，出口额增长 8.5%，占我国出口额总量的 34.1%；进口额增长 19.8%，占我国进口额总量的 39.0%，进口额增速首超出口。

随着"一带一路"倡议的稳步推进，沿线的新加坡、卡塔尔、蒙古国、土耳其等重要节点市场开始成为跨境电子商务企业关注的新焦点。全球消费者从单级需求向多维需求的转变，强化以个性化和多样化需求为主导的消费理念和市场导向成为跨境电子商务发展的重要趋势。总体而言，消费意愿增加和多维需求导向形成庞大的市场驱动，多重因素叠加助推我国跨境电子商务的健康可持续发展。

3. 交易模式不断创新，跨境产业链持续拓展

从交易模式结构（图 2）统计数据来看，2018 年上半年我国与"一带一路"沿线国家跨境电子商务 B2B 交易模式占比为 84.6%，呈现下降趋势，但仍占据主导地位。该模式产业链条长，服务需求量大、门类多，包括营销、支付、物流仓储、关检税汇、金融、法律等各项服务。从国家及各省跨境电子商务政策来看，B2B 交易模式仍是未来跨境电子商务发展的主要商业模式。对比来看，2018 年上半年"一带一路"跨境电子商务 B2C 交易模式占比为 15.4%，呈现上升趋势。连年保持较大幅度快速增长的出口 B2C 交易模式发展时间虽短，目前正处于"跑马圈地"阶段，但沿线资本助力将会使出口 B2C 交易

① B2C，即 business-to-customer，商对客电子商务模式。

继续保持高速增长的态势。

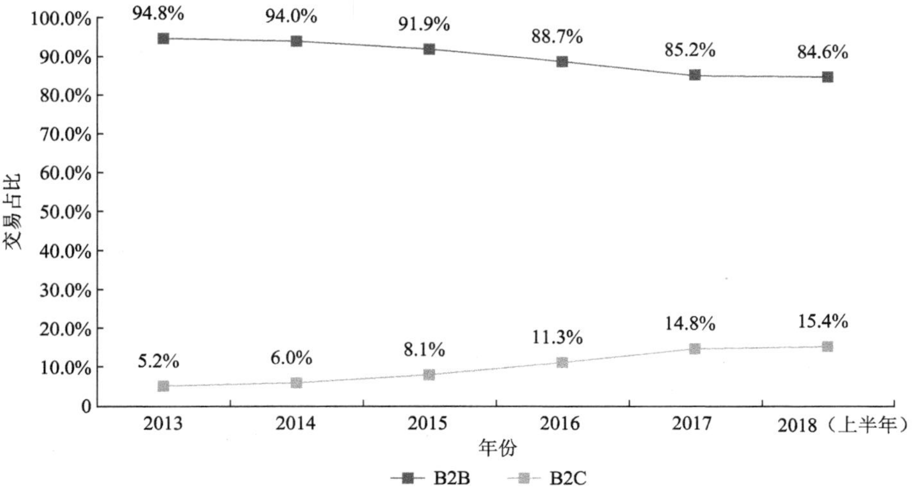

图 2　2013～2018 年我国与“一带一路”沿线国家跨境电子商务交易模式结构（B2B/B2C）

资料来源：商务部、海关总署、中国电子商务研究中心

我国跨境电子商务领域紧紧抓住“一带一路”倡议释放的政策红利和正效应，在交易模式上推陈出新，诸如海外电子商务直邮、特殊区域进出口等模式逐渐受到了国家相关部门和电子商务企业的重视，不断探索发展新业态和新模式。自“四八新政”实施以来，海外直邮业务模式以种类多、品质高和便捷化的优势对传统的保税备货交易模式产生了巨大的冲击，采用海外直邮的跨境电子商务企业在市场份额竞争上也逐步占据主动。

根据图 3、图 4 中国出口、进口跨境电子商务产业链图谱及相关的统计数据分析可知，

图 3　中国出口跨境电子商务产业链图谱

跨境电子商务交易产业链和生态链的中后端的进出口业务很大程度上需要由平台来实现。目前，我国存在的跨境电子商务出口平台主要有速卖通、亚马逊、eBay 和 Wish 形成的第一阵营，以及近年来上升势头强劲、市场针对性更强的平台，如小笨鸟、Jollychic、壹零客等新兴跨境电子商务交易平台；跨境电子商务进口平台主要有天猫国际、京东全球购、网易考拉海购、唯品国际和小红书等，上述平台形成的第一阵营地位稳固，市场份额约占跨境电子商务进口平台总额的 65%。“一带一路”倡议加强了国际的交流合作，沿线各国共同致力于“一带一路”跨境电子商务平台的服务升级，这推动了我国及沿线国家进出口跨境产业链不断拓展和完善，使其逐渐趋于规范化和标准化。

图 4　中国进口跨境电子商务产业链图谱

现阶段，我国跨境电子商务在众多领域已经形成了较为庞大的产业规模和多样化的交易模式。但不可否认的是，“一带一路”跨境电子商务在众多如大宗商品交易、高新技术领域、生态体系和信息化建设、全产业链规范建设等方面还有待开发和优化，这也将成为我国跨境电子商务发展的动力和方向。

4. 跨境物流通道初显，信息平台建设加速

近年来，我国不断增加对“一带一路”沿线国家基础设施建设的投入，蓉欧国际快速铁路货运直达班列、“渝新欧”中欧班列、“郑新欧”中欧班列、“义新欧”中欧班列等国际交通物流体系建设的多点发力，加速了跨境路网和口岸建设，降低了商品交易的流通成本，为打造“网上丝绸之路”提供了线下贸易流通的重要保障。

我国利用“一带一路”倡议的有利条件，在铁路设施建设方面，规划建设了以沿线重要节点城市为枢纽的国际铁路通道（如中巴铁路、中缅铁路）；推动货物利用国内东部港

口和西部内陆铁路贯通的运输方式，实现海铁联运；协助欧盟国家共建中欧陆海快线和高铁。在航空设施和港口建设方面，大力推进西部空港建设，开通直飞航线，形成紧密联动的航线网络布局；以沿海重点港口为节点，建设通畅、安全、高效的海上运输通道。在管道设施建设方面，重大工程陆续开展，共建能源通道（如海上丝绸之路能源枢纽、中亚天然气管道、中哈原油管道、中俄油气管线合作）。物流基建的大力投入提升了物流效率，为跨境电子商务物流发展提供了便利的基础条件。

以数据共享、产品溯源信息化平台建设为基础打造的“网上丝绸之路”是我国与“一带一路”沿线各国，为了加强网络互联、信息互通所形成的多领域、多层次基于“互联网+”的信息经济带。在“一带一路”倡议的推动下，我国逐渐推广进出口商品质量全球溯源系统，强化综合监管，保证了货物的安全性。同时，为了提升管理运营效率，运用系统工程和大数据分析技术，结合人工智能、物联网、云计算、智能分拣等技术构建的信息化平台，提升了数据可视性，实现了网络互联和信息互通，降低了物流成本和风险，实现了跨境电子商务效益的提高。

以物联网为基础的创新供应链服务体系使消费者角色和行为发生实质性的转变，消费者利用信息化平台进行交易的频率不断增加。虚拟化交易和多渠道供应链分销模式对跨境电子商务企业支付和交易的便捷化与高效化要求也越来越高。“一带一路”倡议下跨境电子商务物流在新的基础设施建设下，以阿里巴巴为代表呼吁建设的电子世界贸易平台（electronic world trade platform，eWTP），菜鸟网络的跨境新物流实践将实现贸易商品的“全球买、全球卖、全球付、全球运和全球游”。智慧物流体系的建设也将促进国际贸易业务与跨境电子商务的融合发展，引领我国跨境电子商务的高质量多元化发展。

（二）“一带一路”中我国跨境电子商务发展优势

1. 政策方面：政策红利持续释放，制度创新推动发展

目前，“一带一路”倡议正在稳步推进并不断扩大其影响力和辐射范围，已然成为全球各界关注的焦点。我国中央政府部门、各地方政府或行业组织也相继出台了一系列的配套文件和优惠政策（表 2），为对外贸易往来提供了政策支持，释放正效应。我国政府逐级建立了“一带一路”建设工作领导小组，协同推动跨境电子商务的发展，以推进“一带一路”倡议的深入实施。

表 2　2016～2018 年我国跨境电子商务发展配套文件

时间	制定单位	文件名称	主要目的或内容
2016 年 1 月	国务院	《国务院关于同意在天津等 12 个城市设立跨境电子商务综合试验区的批复》	同意在天津市、上海市、重庆市、合肥市、郑州市、广州市、成都市、大连市、宁波市、青岛市、深圳市、苏州市等 12 个城市设立跨境电子商务综合试验区
2016 年 3 月	财政部、海关总署、国家税务总局	《关于跨境电子商务零售进口税收政策的通知》（即“四八新政”）	在限值以内进口的跨境电子商务零售进口商品，关税税率暂设为 0%，进口环节增值税、消费税取消免征税额，暂按法定应纳税额的 70%征收，称为跨境电子商务综合税

续表

时间	制定单位	文件名称	主要目的或内容
2016年4月	海关总署	《关于跨境电子商务零售进出口商品有关监管事宜的公告》	电子商务企业、个人通过电子商务交易平台实现零售进出口商品交易，并根据海关要求传输相关交易电子数据的，按照本公告接受海关监管
2016年6月	国家发改委	《营造良好市场环境推动交通物流融合发展实施方案》	鼓励快递企业发展跨境电商业务，建设国际分拨中心、海外仓，加快海外物流基地建设
2017年8月	国务院	《关于进一步扩大和升级信息消费持续释放内需潜力的指导意见》	培育基于社交电子商务、移动电子商务及新技术驱动的新一代电子商务平台，建立完善新型平台生态体系。积极稳妥推进跨境电子商务发展
2017年8月	国家质检总局	《关于跨境电商零售进出口检验检疫信息化管理系统数据接入规范的公告》	要求跨境电商零售进出口检验检疫信息化管理系统涉及的经营主体、第三方平台对于其向出入境检验检疫局所申报及传输的电子数据
2017年9月	国家税务总局	《关于调整完善外贸综合服务企业办理出口货物退（免）税有关事项的公告》	为促进外贸综合服务企业规范健康发展，建立与企业发展相适应的出口退（免）税管理模式
2017年11月	商务部等14部门	《商务部等14部门关于复制推广跨境电子商务综合试验区探索形成的成熟经验做法的函》	将跨境电商线上综合服务和线下产业园区“两平台”及信息共享、金融服务、智能物流、风险防控等监管和服务“六体系”等成熟做法面向全国复制推广
2017年11月	海关总署	《关于调整部分消费品进口关税的公告》	提出自2017年12月1日起，以暂定税率方式降低部分消费品进口关税，共涉及137个8位税号，平均税率由17.3%降至7.7%
2017年12月	商务部	商务部召开例行新闻发布会	提出自2018年1月1日起，跨境电商零售进口监管过渡期政策范围继续扩大至合肥、成都、大连、青岛、苏州等5个城市
2018年3月	国家口岸管理办公室	《提升跨境贸易便利化水平的措施（试行）》	措施旨在通过优化通关流程、简化单证手续、降低口岸收费、建立完善管理机制等方面采取有效手段，进一步压缩进出口环节时间和成本
2018年7月	国家外汇管理局	《“一带一路”国家外汇管理政策概览》	从经常项目外汇管理、资本和金融项目外汇管理、个人外汇管理、金融机构外汇业务管理等方面对“一带一路”国家外汇管理政策情况进行了编译和梳理
2018年7月	国务院	《国务院关于同意在北京等22个城市设立跨境电子商务综合试验区的批复》	同意在北京市、呼和浩特市、沈阳市、长春市、哈尔滨市、南京市、南昌市、武汉市、长沙市、南宁市、海口市、贵阳市、昆明市、西安市、兰州市、厦门市、唐山市、无锡市、威海市、珠海市、东莞市、义乌市等22个城市设立跨境电子商务综合试验区
2018年10月	国务院	《优化口岸营商环境促进跨境贸易便利化工作方案》	深化“放管服”改革，进一步优化口岸营商环境，围绕“减单证、优流程、提时效、降成本”等明确了20条具体措施

资料来源：国家相关部委官网

跨境电子商务的发展并不仅是电子商务行业的发展，更是肩负着我国新常态下经济长期稳定增长、外贸发展方式转型、外贸企业实现自身结构调整的重要任务。跨境电子商务行业包括通关、商检、结汇、退缴税等多个环节，商务部、财政部、国家税务总局、海关总署等国家相关部门的政策与其发展息息相关。在“一带一路”倡议的推动下，国家在宏观层面上十分重视跨境电子商务的发展。政府多次出台了我国跨境电子商务发展配套文件和优惠政策，大力支持跨境电子商务行业的高速发展。表 2 梳理了 2016～2018 年我国相关单位制定的跨境电子商务发展的配套文件。

“一带一路”倡议提供的优惠政策支持对我国跨境电子商务发展产生了极大的正效应，释放的政策红利使其发展水平至少提升了 50%。专家学者也通过翔实的大数据科学分析，深入的案例探讨和多学科背景的信息融合，不断寻求“一带一路”倡议下我国跨境电子商务发展的新思路，拓展新模式和新业态。

2. 市场方面：沿线国家潜力巨大，旺盛需求提供动能

“一带一路”沿线国家经济总量和需求量大，整体宏观经济状况好。“一带一路”沿线国家 65 个，涵盖了亚太、中亚、中东、非洲等地区，覆盖范围广；其人口总数高达 46 亿，占全球的 62%，国内生产总值（gross domestic product，GDP）为 26.7 万亿美元，约占全球经济总量的 34%。2017 年，中国和“一带一路”沿线国家的人口、GDP 占全球比重如图 5 所示。沿线国家巨大的人口优势、经济基础、旺盛的消费需求，以及 eWTP 的普惠贸易建设进一步加快了跨境零售电子商务的发展速度。此外，消费升级也刺激了我国对“一带一路”沿线国家的商品需求。2017 年，我国海淘人数已超过 6000 万，在跨境零售电子商务快速发展的大潮下，除了欧美等传统海淘热门市场外，“一带一路”沿线国家的商品逐渐成为热捧对象和爆款，涉及的商品种类日益繁多[5]。

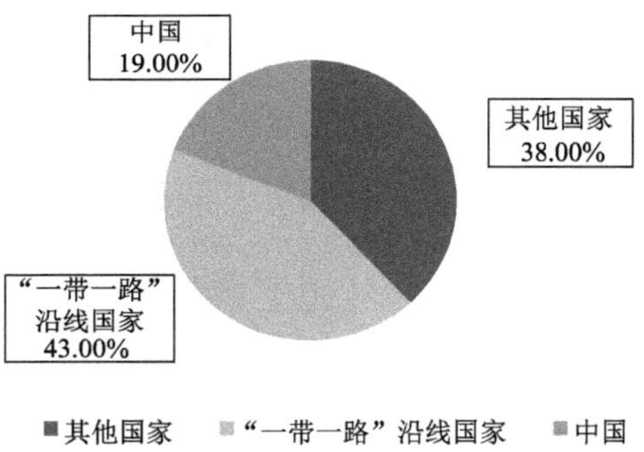

（a）人口占全球比重

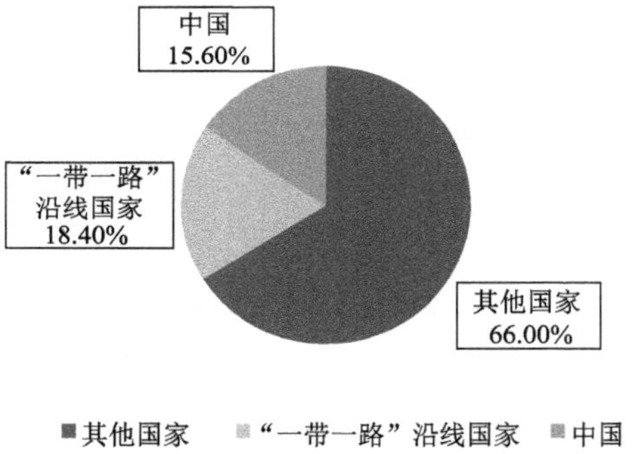

（b）GDP占全球比重

图 5　2017 年中国和“一带一路”沿线国家的人口、GDP 占全球比重

资料来源：国家信息中心“一带一路”大数据中心

“一带一路”沿线国家大多为新兴和发展中经济体，这些国家的经济发展普遍处于上升期，消费潜力和经济发展有待开发和推动。这就为“一带一路”沿线国家与中国之间开展跨境电子商务领域的互利合作、经贸交流提供了广阔而巨大的空间。

3. 产业方面：新型产业全球领先，优势互补共同繁荣

第一产业方面，以农业为例。纵观沿线国家，东北非地区产业支柱是农业，但机械化水平较低；西亚地区气候环境差，农业发展较落后；南亚地区农业生产具有活力，黄马、茶叶等占世界产量一半，印度可耕地面积更是占国土总面积的 51.63%。我国作为农业大国，地域辽阔、物产丰富，在农产品需求和总产量上居全球第一，2018 年粮食产量达到 13 158

亿斤①，人均 943 斤，与"一带一路"沿线国家在农业产业合作和互助投资方面有着巨大的前景和广泛的优势。

第二产业方面，我国是制造业大国，以珠江三角洲（以下简称珠三角）、长三角和渤海湾地区为主的产业集群发展成熟，制造业企业在数量和质量上拥有绝对优势。我国"一带一路"沿线中西部区域及东部区域工业基础好，在能源、高端设备制造、汽车等产业上具有优势。近年来，我国又在高铁、核电和风机方面跻身产能大国之列，技术优势逐步明显。第二产业的巨大优势不但对我国自身的跨境电子商务发展具有正效应，而且在"一带一路"沿线国家的基础设施建设和贸易投资方面具有基础性支撑和技术溢出作用。

新型产业方面，我国不断加大科技创新力度，在移动支付、物联网快递服务和廉价智能手机制造等方面有着全球领先优势，在新能源、新工科、互联网、智能制造、金融服务领域不断赶超。"一带一路"沿线的发展中国家对我国高性价比的产品和科技产业有极大的市场需求。"一带一路"跨境电子商务的发展需要中国这样的大国发挥自身产业优势，同沿线国家全面开展产业合作，共同推动各国的自身发展和全球的经济繁荣。

三、"一带一路"中跨境电子商务发展存在的问题

（一）我国沿线区域经济基础差异大，跨境电子商务发展水平极不平衡

"一带一路"倡议敲定的省区市共 18 个，具体如下。东部和沿海 5 个省市：上海、福建、广东、浙江、海南。中西部 10 个省区市：新疆、陕西、甘肃、宁夏、青海、内蒙古、重庆、广西、云南、西藏。东北 3 个省：黑龙江、吉林、辽宁。其中，多个相关城市成为跨境电子商务大胆探索和创新发展的试验田。

从经济整体发展水平来看，我国"一带一路"沿线区域经济基础参差不齐，加之开放度、物流基础设施、管理发展理念等其他因素，东部沿海区域跨境电子商务发展水平明显高于中西部区域。区域发展的极不平衡，对我国跨境电子商务的发展产生了抑制作用，更对我国经济贸易转型升级造成了极大阻碍。

现阶段，东部沿海区域与"一带一路"沿线国家的贸易总额占我国与"一带一路"沿线国家贸易总额的 79.8%，2017 年与"一带一路"沿线国家进出口总额达 11 494.1 亿美元，占该地区对外进出口总额的 35.1%，跨境电子商务交易总额占比为 29%。西部区域与中、西亚市场合作紧密，2017 年与"一带一路"沿线国家进出口总额为 1434.2 亿美元，较 2016 年增长了 15.6%（高于东部沿海区域 13.1%的增速），占全国与"一带一路"沿线国家进出口总额的 10.0%[6]。显然，西部区域整体跨境电子商务发展水平落后，但"一带一路"倡议显著提升了西部区域跨境电子商务的繁荣程度，尤其在进口上增长明显。

东部沿海区域跨境电子商务发展成熟，不断加强国际合作，具备深化开拓跨境电子商务的优势和基础条件。中西部区域虽地处"一带一路"沿线的优良地理位置，各省区市出台了许多帮扶政策和投入了大量建设资金，但由于跨境电子商务发展基础薄弱，供给能力

① 1 斤=0.5 千克。

不足，区域自身发展受到了流通效率和贸易结构的限制，很多积极的措施并没有取得很好的成果。当前，我国跨境电子商务区域发展水平差异明显，各省区市间竞争大于合作，协作程度低，共建、共享、共商的发展理念有待深入。

（二）沿线国家基础设施建设滞后，高昂成本限制跨境电子商务发展

沿线国家基础设施建设滞后导致物流成本高昂，跨境物流成本占总贸易成本的三分之一，是制约整个跨境电子商务行业发展的因素。虽然我国政府在"一带一路"倡议下实施了多项举措来支持跨境电子商务物流的发展，但现阶段我国同"一带一路"沿线国家的跨境电子商务物流体系建设仍然较为落后。沿线各国落后的基建设施、相差较大的建设标准及参差不齐的经济发展水平都给跨境电子商务物流发展带来巨大的挑战。

在时间和成本上性价比最高的是铁路运输，但现阶段，以铁路运输的进口额、出口额，占我国对"一带一路"沿线国家进口额、出口额的比重仅有 2.1%、2.0%。其主要原因是我国与"一带一路"沿线国家的物流通道基础设施建设滞后。例如，我国和中亚一些国家的铁路标准不统一，导致铁路运力明显不足。航空运输方面，我国与中亚相关国家建立通航的大型机场少，直飞航线更少。其他运输方式的基础设施连接情况也比较差。这些因素限制了物流成本的下降，直接影响着跨境电子商务物流体系的建设，物流效率低限制了我国与沿线国家跨境电子商务的发展速度。

我国跨境物流的发展现状可以归纳为成本高、周期长、风险大、效率低等特征。跨境电子商务自身发展特点涉及海关、物流、运输、清关、报关等多个环节，且产业链长，这些都导致了跨境电子商务物流的周期较长，同时也增大了跨境电子商务物流的风险。此外，我国跨境物流的仓储设施、服务系统、信息系统等在全球仍处于一个较低的水平，这都在无形中增加了跨境电子商务的物流成本。我国与"一带一路"沿线国家落后的基础设施建设、高昂的物流成本，限制了跨境电子商务物流体系的建设，阻碍了我国同沿线国家和地区跨境电子商务贸易的发展。

（三）贸易产品同质现象严重，政企协同配合亟须提升

我国同"一带一路"跨境电子商务交易产品中，机电类产品（HS85:电机、电气设备及其零件，录音机及放声机、电视图像、声音的录制和重放设备及其零件、附件。HS84:核反应堆、锅炉、机器、机械器具及其零件）是主要商品，2016 年机电类产品的出口额为 8033.1 亿美元，进口额为 8293.5 亿美元，交易额持续增长。但就贸易产品类别而言，产品同质化现象严重，我国各区域的地理优势和产业优势并未得到充分体现。例如，鞋靴类物件是我国西北区域与"一带一路"沿线国家的主要出口产品，占比约 24%，矿产原料、能源和金属为主要进口产品，占比分别为 26.8%、15.5%、12.9%。该沿线区域跨境电子商务最主要交易品仍为机电类产品，其农牧业、汽车、能源、医药等产业优势发挥作用不明显。

从贸易主体看，民营企业是跨境电子商务进出口贸易的主要力量，国有企业参与度低，但近年增幅显著。从进出口总额看，2017 年民营企业与"一带一路"沿线国家的进出口总额占比最大（6199.8 亿美元），占我国与"一带一路"沿线国家贸易额的 43.0%，之后依

次为外资企业（36.6%）、国有企业（19.4%）、其他企业（1.0%）；从增速来看，国有企业最快（增速24.5%）。然而，政府和企业各界在安全准入、风险防控和综合监管等方面的合作上仍存在许多困境，存在着不同的观点和分歧。民营企业作为我国跨境电子商务进出口贸易的中坚力量，与政府、国有企业的协同配合和合作交流程度低，其建立的行业组织和企业联盟在国家标准、法律法规制定上参与度还不够。

（四）人才培养模式结构单一，与沿线国家人才交流欠缺

近年来跨境电子商务快速发展的背后，诸如我国跨境电子商务人才培养模式结构单一导致从业人士专业度欠缺，岗前培训市场冷淡导致人才供给不足等问题也日益凸显。

随着"一带一路"倡议的不断推进，我国同"一带一路"沿线国家对跨境电子商务人才的需求与日俱增。各高校、智库与企业也纷纷尝试探索以需求为导向，有特色、重实践的人才培养模式。例如，西安交通大学作为我国扎根西部的"双一流"建设高校，积极融入"一带一路"倡议，主动服务国际教育与合作交流，率先在全球建立"丝绸之路大学联盟"，培养精英人才。此外，随着我国不断扩大开放，企业的战略定位已经从"请进来"转变为"走出去"，全球跨境电子商务企业更关注通识管理、语言、法律和技术的复合型人才。

然而，就全国乃至全球范围来说，高校与政府、智库、企业在战略、技术、研究合作、要素保障和人才服务的常态化合作机制建设方面仍不健全。从全国高校专业人才培养现状分析，我国跨境电子商务人才建设仍然面临着培养模式结构单一、系统专业教育资源缺乏、国际化水平较低、与沿线国家的人才交流互动不足等问题。尤其在语言互通和复合型人才培养储备方面，除英语、阿拉伯语等使用广泛的语种外，土耳其语、波斯语、孟加拉语等小语种人才相当匮乏。

四、国外跨境电子商务发展经验启示

跨境电子商务作为新形势下国际新兴贸易的一种重要交易手段和方式，已经成为国际贸易合作发展的重要趋势。全球各国尤其如美国、日本、新加坡、英国及德国等发达国家跨境电子商务发展起步较早，较为成熟，其从贸易市场环境优化、跨境物流运输体系建设、平台运营和支付系统风险控制、电子物流通关效率提升、金融服务创新，以及跨境电子商务人才培养和相关制度制定等各层面的改革举措都值得我国政府和企业各界学习借鉴。

目前，跨境电子商务发展成熟的国家，在不同领域根据自身优势和特点，扬长避短，积极推动跨境电子商务发展。美国利用其完善的基础设施、信息技术和制度，在跨境电子商务领域一直处于领先地位；日本借助紧密的产业链和细致的支付体系分工推动跨境电子商务发展；欧盟利用内部统一的政策条款及金融大市场，完美地实现了高效的通关效率和物流运输速度。结合国外跨境电子商务成功的发展经验，得出以下启示。

（一）加强国际贸易合作，争取协定规则制定权

随着跨境电子商务在国际贸易占比量的日益提升和全球贸易合作的不断加强，众多国

家积极参与跨境电子商务贸易规则和行业标准制定，争取主动权和话语权。作为全球跨境电子商务的巨头，美国在签订贸易合作协定时，都主动要求将跨境电子商务相关条款写入，并且在关税上给予支持，加大力度消除跨境电子商务的发展障碍。欧美各国大力推进数据共享平台建设，很大程度上降低了跨境电子商务的门槛，加强了国际贸易合作。同时，欧盟跨境电子商务政策的便利化和统一化减少了进出口产品的管控限制，给予成员国更多的自主权。由新西兰、新加坡、智利和文莱四国发起制定的《跨太平洋伙伴关系协定》降低了进出口准入标准，推动了地区间自由贸易的发展。日本取消除农产品之外的进口产品关税，在投融资和产业链建设等方面也争取国际的合作。

（二）市场和政府职责明晰，出台稳定性支持政策

通过分析全球跨境电子商务发达国家的历史进程和发展经验，我们可以发现，欧美各国的市场和政府职责明晰，市场是高度自由的，贸易发展顺应市场环境，市场在资源配置中起着基础决定性作用。政府主导维护环境的公平有序，制定合理的相关法律法规、监管和税收制度，出台稳定性的支持政策，更多的是进行国家层面的服务型设施建设，减少了过度干预对经济发展所造成的负面效应。

（三）采用信息监管追踪技术，建立海关管理合作机制

在“互联网+”、物联网、人工智能和大数据分析科学广泛运用的国际商务环境下，科技领域的研发成果在推动跨境电子商务迅猛发展进程中起到了关键性作用。例如，英国自主研发的“太赫兹光谱”，在短时间内识别货物信息，提升跨境电子商务产品交易的效率。美国采用智能化信息监管追踪技术，建立全球物流进度管理的综合数据库，迅速识别商品风险。欧盟采用的经认证的经营者（authorized economic operator，AEO）制度在提升安保的前提下，大大简化了通关手续。在海关管理合作机制方面，日本通过自动化管理平台，实现对通关企业的有效评估，实现高效管理。新加坡采用 TradeNet 手段，实现贸易信息的实时查询，为海关提供商品真实详细的安全信息。

（四）支付体系风险控制全面，信用评价体系高度发达

跨境支付最主要的风险在于清算，欧美各国在支付风险控制上建立的清算体系大大降低了风险发生的可能性。美国建立的大额支付和小额支付两套系统针对性地设置了风险评估标准，根据额度区分管理。欧盟建立全额自动的即时清算系统，实现了支付体系的全面风险控制。日本在清算问题的处理上，日本银行金融网络系统和外汇清算系统负责大额支付处理，日本全国银行数据通信系统和汇票支票清算系统负责小额支付处理，实现高效清算。此外，发达国家对信用评价管理高度重视，形成了高度发达的信用体系。美国在信用管理上最为严格，基于个人社会安全号码（social security number，SSN），构成政府、第三方、个人完善的信用体系。英国信用体系是政府和市场共同主导。德国依靠中央信贷系统，是政府主导型的信用体系。新加坡信用体系则是由政府出资牵头建立、采用第三方评价制度的全国性数据系统。日本不同于以上国家，采用的是行业协会会员制的信用体系，

会员企业间形成高度发达的信用评价机制。

（五）信息技术提升同步运用，完善跨境物流运输体系

跨境物流运输体系的完善离不开信息技术的不断提升与运用。信息技术的不断迭代和更新完善了现代化物流智能管理系统，使物流运输服务走向标准化和规模化。全球在跨境运输方面，美国和德国具有成熟的技术基础和物流体系。美国在跨境物流运输中，主要依靠美国联合包裹速递服务公司（United Parcel Service，UPS）和美国联邦快递公司（Federal Express，FedEx）建立的立体化仓库，运用计算机智能管理系统，实现了产品的有效分类和高效检测。德国主要的物流运输方式则依托于敦豪航空货运公司（DHL Express，DHL），其作为全球规模最大、信息网络最为全面的航空运输公司，具有最专业和全覆盖的投递分布网，几乎实现了对整个跨境电子商务物流商品的配送业务包揽[7]。

五、“一带一路”中我国跨境电子商务发展对策

（一）加强统筹规划区域因地制宜，全面提高跨境电子商务发展水平

1. 东部和沿海城市试点推广，精准推动贸易模式转型

从我国“一带一路”沿线城市整体层面来看，相比于中西部地区，跨境电子商务的发展对东部和沿海区域的贸易效应显著为正，意味着跨境电子商务发展对东部和沿海区域的进出口贸易有着极大的促进作用。目前阶段，东部区域跨境电子商务发展成熟，应积极鼓励传统贸易模式立即向跨境电子商务方向转型，大力推进“一带一路”倡议，实行高水平的贸易和通关便利化政策。在我国跨境电子商务推广过程中，选择东部和沿海城市扩大试点，不断拓展国际合作领域的广度和深度，推动互联网、大数据、人工智能和实体经济深度融合，为未来我国跨境电子商务探索形成一套全面完整、可复制和推广的经验做法。

2. 给予中西部资金政策支持，着力缩小区域发展差距

“一带一路”倡议的实施对我国中西部沿线区域跨境电子商务发展有显著的积极影响，促进电子商务繁荣程度明显。为了解决我国跨境电子商务发展不平衡现状，实现全面提高跨境电子商务发展水平，应加大对中西部地区的政策帮扶力度和资金投入支持。在政策实施过程中，为了达到预期效果，要及时追踪，建立全过程监督反馈机制，切实评估发展结果。中西部区域对于东部区域推广的经验做法绝不能生搬硬套，要因地制宜，因地施策，不断挖掘独特的产业优势和地理优势，开拓拉美、中非、东欧等新兴市场，加强在零售、农业、能源、矿产、高新技术等产业的合作交流。要以“一带一路”倡议为契机大力发展我国中西部区域跨境电子商务，着力缩小我国区域经济发展差距。

（二）扩大先进物流技术应用，建立跨境智能物流体系

1. 发展“一带一路”铁路运输，降低跨境电子商务运输成本

跨境物流智能体系建设是跨境电子商务发展的重要支撑和基础。据中国铁路总公司（现中国国家铁路集团有限公司）数据统计，2018 年共开行中欧班列 6300 列，同比增长 72%，其中返程班列 2690 列，同比增长 111%。相较于空运和海运，铁路运输在时间和成本上性价比更高，具有极强的地区适应性。基于西部“铁路丝绸之路”建设，选择铁路运输是我国中西部跨境电子商务企业出口贸易优先选择的运输方式；基于空港和自由贸易港建设，选择海铁联运、直航和海运是我国东部和沿海地区优先选择的运输方式。面对“一带一路”沿线国家差异化铁路标准，我国政府要积极寻求合作对话，坚持“一国一策、因地制宜”的原则稳步推进“一带一路”铁路建设，通过引入新的国际航线、开通货运航班、增加国际航班等措施，增强机场出入境货运能力，逐步形成以水路运输带动铁路运输的海铁联运为主，直达航运和公路运输为辅的多式联运模式。

2. 提升海外仓储建设水平，创新跨境电子商务物流模式

海外仓储模式是跨境电子商务物流模式的重大创新，能够有效解决跨境电子商务在物流运输中存在的成本高、时间长、中转运输复杂等问题。在“一带一路”沿线国家选择节点城市设立海外仓储，不仅能够实现跨境贸易本地化、及时化和高效化，还能提升参与跨境贸易消费者的购物体验和认可度，从而极大地提升跨境电子商务企业在出口市场的核心竞争力。国有物流企业应该加强与阿里巴巴等大型跨境电子商务民营企业合作，建立标准统一的“一带一路”跨境电子商务海外仓库，在满足自我需求的条件下租给更多的跨境电子商务使用[8]。因此，我国采用建立国内公共仓储与沿线重点国家海外仓储相结合的物流模式，加强与知名跨境电子商务服务企业合作，很大程度上会提升境外仓储物流配套服务能力。

3. 加强数字信息技术应用，构建智能物流服务体系

大数据时代，数字信息化技术的应用大大提高了贸易效率，降低了交易成本。随着中国与“一带一路”沿线国家进行跨境网上交易的商品种类不断增加和规模不断增长，跨境物流各个环节的完善，更加需要信息技术的应用和加强。行业组织和联盟应积极运用互联网、物联网、大数据等信息技术，充分利用现有物流公共信息平台，建立集运输、储存、包装、装卸、流通、加工等信息共享的物流分拨配送和营销服务体系，实现智能物流信息共建共享、物流仓储网络畅通无阻、物流运营服务优质高效、物流供应链全程可验可测可控，探索建立高品质、标准化、规范化的跨境电子商务运作流程，形成布局合理、层次分明、衔接顺畅、功能齐全的跨境物流运营服务体系。基于当前市场需求和国际形势，我国要主动提升与沿线国家的贸易产业链活跃度，加强网络互联和信息共享，缩小区域和人群间的数字鸿沟，释放数据红利，促进共赢、共商、共享，与沿线国家共同打造“网上丝绸之路”，抓住发展机遇。

（三）增进科技创新与合作交流，扩展"一带一路"产业链条

1. 加大科技援助力度，促进科技创新合作

作为"一带一路"倡议的发起国，我国正积极融入全球贸易合作，主动承担社会责任，与"一带一路"沿线国家共同打造人类命运共同体。在跨境电子商务的科技合作领域，我国应增加资金投入，重点支持"一带一路"科技项目和研发计划，大力扶植"一带一路"科技创新和交流活动。通过公共私营合作制（public private partnership，PPP）等多元化投资建设模式，提高跨境电子商务企业、高校、智库和社会各组织对与跨境电子商务有关的科技创新的共同参与度。针对科技水平落后、创新能力匮乏的沿线国家，我国应加大科技援助力度，深化与"一带一路"沿线国家在跨境电子商务科技领域的合作和交流。如在制定科技发展规划、筹建科技研发中心、开发科技合作平台和开展科技人才培训等方面开展帮扶工作，加强"一带一路"沿线国家的科技创新能力建设。

2. 建设"一带一路"跨境电商馆，构建面向海外的集散中心

从跨境电子商务进出口总额来看，民营企业是我国跨境电子商务对外进出口快速增长的中坚力量。2017 年，我国民营企业与"一带一路"沿线国家的进出口总额为 6199.8 亿美元，占中国与"一带一路"沿线国家贸易额的 43.0%。然而，一些跨境电子商务中小型民营企业在竞争中存在着资金不足、信息匮乏等问题，难以进入国外市场。在"一带一路"沿线国家建设跨境电商馆，选取商品流相对优质的跨境电子商务企业进驻"一带一路"跨境电商馆，能够有效提升中小型企业的参与度，在资金、信息环节给予实质性帮助，打开海外市场，充分利用国家政策释放的红利正效应。立足国家自贸区和跨境电子商务综合试验区，各省区市政府可牵头构建面向海外的跨境电子商务总部和集散中心，建设国际化展馆，鼓励更多类型的企业参与到跨境电子商务的国际市场中来。

3. 扩展"一带一路"产业链条，开展跨境电子商务零售业务

针对我国存在的跨境电子商务产业链薄弱和环节缺失问题，在生产、物流、支付、金融服务上，应进一步依托跨境电子商务综合试验区和大型产业园区，扩展"一带一路"产业链条，建立具有先导作用的大、中型跨境电子商务服务平台，构建具有区域性特色的跨境电子商务组织网络。此外，跨境零售业务作为跨境电子商务交易方式的重要组成部分，是未来跨境电子商务发展的新蓝海。"一带一路"倡议解决了沿线国家间零售和物流体制方面的限制，随着沿线国家的消费者个性化需求的迅速增加，我国应积极开展"一带一路"跨境电子商务零售业务，有效破除政策壁垒。

（四）搭建高校智库企业联合平台，完善"一带一路"人才培养体系

1. 以培训内容改革为先导，重新定位人才培养模式

完善跨境电子商务人才培养体系，首先应该从人才培养目标、培养内容及培养模式等方面大胆改革。政府应鼓励高校和企业在国家商贸、电子商务、语言文化和物流供应链等方面开展人才培养，利用互联网和第三方机构的培训内容改革为先导，展开产业链解析、

运营实训、模拟实验等类似课程的教学。由于跨境电子商务领域的大型企业对中高端人才的需求量非常大，在人才培养模式定位上，应注重理论实践的紧密结合，探索“全程多维递进”的人才培养工程。高校教师和培训人员走入企业，企业技术和管理人员进入高校，双向互动，形成高校导师和企业导师双导师培养模式。

2. 依托海外人才培养平台，加强与沿线国家的交流

跨境电子商务作为新兴贸易产业，快速是特点，运营推广是本质。目前人才培养已经显现出无法跟上企业发展速度的态势，形成了“人才沟壑”。依托“一带一路”共建大学联盟和孔子学院等海外人才培养平台，我国可与沿线国家联合设立专项教学培养奖学金、助学金等，以多方面的联合培养和协同分工的形式，培养跨境电子商务人才，助力“一带一路”推进。要不断加强与沿线国家的交流互动，通过高校联盟，使国内学生和沿线留学生联动起来，在校际交流、合作研究、文化推广、人才培养、政策研究和社会服务等方面联合开展人才培养和从业人员再教育培训工作，助力我国乃至全球跨境电子商务的健康可持续发展。

3. 建设大数据科学管理服务体系，推进“一带一路”人才储备库建设

国家信息中心“一带一路”大数据中心统计数据显示，从人才类型看，“一带一路”倡议下，语言、财务管理、法律、教育、金融、文化产业、土木工程、旅游管理、电子商务、现代物流等十类人才较为缺乏，拥有以上不同专业领域和背景的综合性人才则更受青睐。因此，加大人才保障制度，引导高校发挥资源优势，推动高校、智库、企业建立联盟共同参与复合型人培养才，将教育优势转化为人才优势，对于我国跨境电子商务的发展有着极大的促进作用。高校作为人才培养的主阵地，应主动打开校门，对接社会需求，加强产学研合作，联合研究院和企业建立人才培养的全程大数据监测和分析服务体系。高校在研究跨境电子商务发展等基础理论的同时，鼓励参与行业从业人员持续接受继续教育和培训的工作，以不断提高从业人员的自身素质，加速“一带一路”人才储备库建设。

参考文献

[1] 习近平. 决胜全面建成小康社会 夺取新时代中国特色社会主义伟大胜利——在中国共产党第十九次全国代表大会上的报告. http://www.gov.cn/zhuanti/2017-10/27content_5234876.htm[2017-10-18].

[2] 李伟. 关于促进我国跨境电子商务发展的观点综述[J]. 经济研究参考，2015，（30）：41-49.

[3] 中华人民共和国商务部电子商务和信息化司. 中国电子商务报告（2017）[EB/OL]. http://dzsws.mofcom. gov. cn/article/ztxx/ndbg/201805/20180502750562. shtml[2018-05-31].

[4] 阿里研究院与 DT 财经.《eWTP 助力“一带一路”建设——阿里巴巴经济体的实践》[EB/OL]. http://www.aliresearch. com/Blog/Article/detail/id/21305. html[2017-04-21].

[5] 彭纯. 中国品牌闪耀丝路[J]. 中国品牌，2017，（6）：62-63.

[6] 国家信息中心“一带一路”大数据中心. “一带一路”贸易合作大数据报告 2018[EB/OL]. https://www.yidaiyilu.gov.cn/mydsjbg.htm[2018-05-06].

[7] 向磊. 我国跨境电商发展的路径选择——基于国外跨境电商发展的经验[J]. 商业经济研究，2016，（14）：57-58.

[8] 刘小军，张滨. 我国与“一带一路”沿线国家跨境电商物流的协作发展[J]. 中国流通经济，2016，30（5）：115-120.

新疆跨境电子商务产业发展现状及对策建议研究

王　丽[①]　陈　兵[②]

内 容 提 要

跨境电子商务在一定程度上解决了国际市场的信息不对称问题，快速实现市场供需的匹配，为各国企业尤其是中小企业打入国际市场提供了很好的平台，顺应全球贸易一体化的时代潮流。新疆跨境电子商务较内地起步较晚，但拥有得天独厚的区位优势、丝绸之路经济带核心区的有利条件，跨境电子商务发展空间和潜力巨大，对新疆外贸企业转型升级有积极作用，对新疆经济发展有重大意义。本文在分析新疆外贸企业和新疆跨境电子商务服务企业的发展的基本情况的基础上，分析当前新疆在跨境电子商务发展过程中所面临的问题，并相应地提出一些对策建议。

跨境电子商务是不同国家范围内的交易主体基于电子商务平台进行交易的一种新型外贸形式，是传统外贸企业和电子商务的结合使用，具有全球性、无形性、匿名性、无形性、无纸化性、快速演进等特点。作为新兴业态，跨境电子商务的蓬勃兴起正在改变贸易方式和格局。跨境电子商务对于新疆经济发展同样具有重大意义。例如，新疆的进出口企业通过阿里巴巴平台将哈萨克斯坦面粉、俄罗斯巧克力、土耳其地毯、吉尔吉斯斯坦蜂蜜、巴基斯坦铜器等周边国家产品销售到国内；通过新疆本地网络如野马商城、中兴丝路出口商城、一路通、新疆机电网等平台将国内的轻工、机电产品销售到周边国家。

国家和自治区政府高度重视新疆跨境电子商务的发展，为了响应国家关于大力发展电子商务的新政策，2016年5月自治区人民政府成立了自治区电子商务领导小组，同年11月在《自治区电子商务推进大会工作报告》中明确提出加快新疆跨境电子商务稳步发展的一系列措施[1]。“十三五”期间，新疆维吾尔自治区政府为推动新疆跨境电子商务的进一步发展提出了明确的目标[2]。

新疆电子商务课题组对位于进出口额排名前列的971家外贸企业进行问卷调研，与60家提供平台、支付、物流等服务的跨境电子商务企业进行问卷调研和现场访谈，收集了大

① 王丽，女，新疆大学经济与管理学院硕士研究生，研究方向：电子商务。

② 陈兵，男，新疆大学经济与管理学院教授，硕士生导师，研究方向：电子商务。通讯作者。

量的数据和案例。课题组在大量调研、座谈和比较研究的基础上，找出新疆跨境电子商务存在的差距及对策。

一、新疆跨境电子商务发展环境

互联网接入能力日渐增强。2017 年，新疆固定宽带用户达到 569.9 万户，较上年同期增长 21.7%，用户数和增速排名分别居全国第 22 位和第 11 位。2017 年增加的 101.5 万宽带用户中，农村宽带用户占比为 41.6%，同比增长 35.4%，城市宽带用户同比增长 17%。农村宽带用户的增长成为 2017 年互联网宽带发展的亮点。

截至 2017 年底，新疆域名总数为 82 352 个，约占全国域名总数（3848 万个）的 0.2%，全国排名第 28 位；新疆互联网宽带接入端口数量达到 1359.6 万端，增长 7.3%[3]。

经工业和信息化部批准已建成乌鲁木齐区域性国际通信业务出入口局，具备疏通新疆与中亚五国（哈萨克斯坦、吉尔吉斯斯坦、塔吉克斯坦、乌兹别克斯坦、土库曼斯坦）、俄罗斯、蒙古国、巴基斯坦、印度、伊朗、阿富汗等 11 国间国际语音业务、数据专线业务及国际互联网转接的资质和能力，在霍尔果斯、阿拉山口、阿图什、塔什库尔干、喀什等边境地区设置了 11 个国际通信信道出入口。

电子口岸平台成功上线运行。2016 年 5 月 25 日，新疆电子口岸正式开通，电子口岸平台上线运行。2017 年 1～5 月，完成了货物申报系统；完善了乌鲁木齐海关跨境电子商务监管系统及新疆检验检疫跨境电子商务监管系统；完成了统一用户权限管理及身份认证平台、统一数据交换平台、综合信息查询系统。2017 年 6 月，新疆电子口岸国际贸易“单一窗口”平台以软件即服务方式与国家“单一窗口”标准版进行对接。截至 2017 年底，中国（新疆）国际贸易“单一窗口”已覆盖新疆所有口岸，逐步成为新疆进出口货物贸易的主要申报平台。

跨境物流体系日益完善。2016 年 5 月 26 日，新疆开行首趟西行班列。截至 2018 年 8 月，累计开行班列 1531 列；其中，2017 年开行 710 列，2018 年 1～8 月开行 686 列。除新疆始发的西行班列外，新疆加快中欧（中亚）班列乌鲁木齐集结中心建设，在完善场站功能的基础上，强化服务功能，发挥铁路路网和多方协作优势，搭建运输生产平台、监管查验平台、班列揽货平台、信息共享平台；同时，拓展口岸清关、境外转关服务，大力开展全程代理业务，进一步加大新疆跨境电子商务的交通物流优势。

2017 年 7 月 29 日，新疆新铁国际物流有限责任公司与中国邮政集团公司新疆维吾尔自治区分公司紧密合作，开展了跨境邮政快件铁路集装箱运输业务，为新疆跨境电子商务发展提供了新的运输路径。截至 2018 年 8 月，共计发运 115 个 40 英尺①集装箱。

2017 年 3 月 17 日，由中国邮政速递物流股份有限公司投资建设的新疆首个国际快件监管中心在乌鲁木齐正式投入运营。乌鲁木齐快件监管中心由中国邮政速递物流股份有限公司新疆维吾尔自治区分公司（以下简称新疆速递物流分公司）代管，实现了乌鲁木齐铁路、公路和航空运输的融合，为新疆企业开展跨境电子商务提供了一个便捷的物流通道平台，也有利于吸引区外企业落户乌鲁木齐开展跨境电子商务业务。

① 1 英尺=0.3048 米。

跨境电子商务公共服务平台。新疆电子口岸有限责任公司所建成的新疆跨境电子商务货物及个人物品进出境综合服务平台是全疆唯一跨境电子商务通关服务平台，全疆所有的跨境电子商务分拣线都要与之对接，目前新疆跨境电子商务综合服务平台已对接了克拉玛依、霍尔果斯、伊宁、乌鲁木齐四个城市六个跨境电子商务分拣线及平台服务商。

乌鲁木齐跨境电子商务公共服务平台由新疆航天信息有限公司承建，以跨境电子商务“9610”模式，使用“清单核放、汇总申报”进行通关。2017年7月至2018年8月，乌鲁木齐跨境电子商务公共服务平台常态化运营以来，共计申报110万单。其中，2017年出口订单54.92万单，总货值380万美元，日均单量1505单；2018年1～8月累计出口单量55.40万单，总贸易额420万美元，日均单量2280单。

2018年，乌鲁木齐跨境电子商务公共服务平台出口贸易商品中手机配件、美妆用品、饰品、五金产品占比分别为43%、16%、11%、8%；出口商品主要来源于深圳、广州、浙江等省市；主要贸易国是俄罗斯，占贸易出口额的78.4%，哈萨克斯坦为13.5%，其他贸易国有意大利、瑞典、法国、英国、斯洛文尼亚、捷克、荷兰、波兰、罗马尼亚、克罗地亚、芬兰、西班牙、立陶宛、卢森堡、丹麦、比利时等国，占比为8.1%。

二、新疆外贸企业跨境电子商务应用现状

（一）整体发展情况

2018年新疆外贸企业跨境电子商务网络营销普及率为17.02%，在线销售普及率为9.22%，在线采购普及率为2.13%。

跨境电商企业主要分布。已开展跨境电子商务的外贸企业主要集中在乌鲁木齐市、博尔塔拉蒙古自治州、喀什地区、伊犁哈萨克自治州和塔城地区，分别占比32%、20%、12%、8%、8%。其他地区占比20%。

跨境电商企业经营性质及规模。民营性质占外贸企业的经济性质的大多数，国有及国有控股企业，以及其他经济性质的外贸企业占比不到五分之一。目前，新疆展开跨境电子商务的企业多为小型企业，正处于起步阶段，公司规模较小，约70%的外贸企业人员规模在50人以下。

跨境出口国家和地区分布。外贸企业主要进出口国是中亚五国，所占比例为72%；其次是俄罗斯，所占比例为36%；第三出口国家是美国，占比为12%。剩余包括我国香港和澳门、韩国、日本、新加坡、印度等在内的一些国家和地区。

跨境销售渠道分布。第三方跨境电子商务平台销售是新疆跨境电子商务销售主要渠道，疆外跨境电子商务第三方平台主要有阿里巴巴、速卖通、环球资源、敦煌网、eBay等。新疆本地跨境电子商务平台有野马商城、野林猫跨境电子商务平台、一路通、中兴丝路出口商城、新疆机电网。

跨境销售类别。从经营商品类别来分，出口商品主要为机电产品、服装鞋帽、水果干制品；进口商品主要为农产品、机电产品等。

网络推广方式。进行国外网络推广时选择的主要方式和网站有广告及与国外成熟平台合作（俄罗斯yandex推广平台）、社交网络（Facebook、Twitter、VK等）、各大论坛、

建立官方跨境企业网站等。

跨境电子商务应用程度。在已开展跨境电子商务的外贸企业中，56%的外贸企业通过境外网站宣传和推广企业产品；28%的外贸企业利用企业网站与消费者互动，提供注册功能，但未实现在线交易；52%的外贸企业借助企业网站或第三方跨境电子商务平台实现了在线销售（出口）；12%的外贸企业借助企业网站或第三方跨境电子商务平台实现了在线采购（进口）。

需要跨境电子商务企业提供的服务。在已开展跨境电子商务的外贸企业中，需要跨境电子商务企业提供的服务主要集中在平台服务、网络推广服务、人才服务、物流仓储服务、支付服务和投融资服务，占比依次为 72%、76%、80%、72%、40%、8%。

跨境电子商务发展过程中主要存在的问题。已开展跨境电子商务外贸企业发展中存在的主要问题是人才不足、报关报检流程复杂、资金不足、存在收汇风险、退税难度大，占比分别为 75%、64%、60%、56%、50%。

（二）比较分析

与《新疆跨境电子商务发展调研报告（2017）》中数据比较。从整体看，2018 年新疆跨境电子商务的发展比 2017 年稍微良好，但差别不大。开展外贸跨境电子商务的企业仍然主要分布在乌鲁木齐市、博尔塔拉蒙古自治州、喀什地区、伊犁哈萨克自治州和塔城地区。主要经营的商品和出口地区也没有变化。需要跨境电子商务服务企业提供的服务增加了投融资服务，跨境电子商务在发展的过程中越来越精细化，竞争压力也日益增大，因此跨境电子商务服务企业提供的服务总体需求越来越强烈，均比去年有所增加。与 2017 年相比，2018 年新疆外贸企业跨境电子商务发展过程中主要存在的问题依然是人才、资金不足。但人才不足问题占比逐年上升，成为跨境电子商务发展的主要障碍；资金不足问题占比比 2017 年略微降低。

和其他行业的比较。外贸企业的电子商务普及率、网络营销普及率、在线销售普及率及在线采购普及率均明显低于旅游企业、涉农企业，详见图 1。

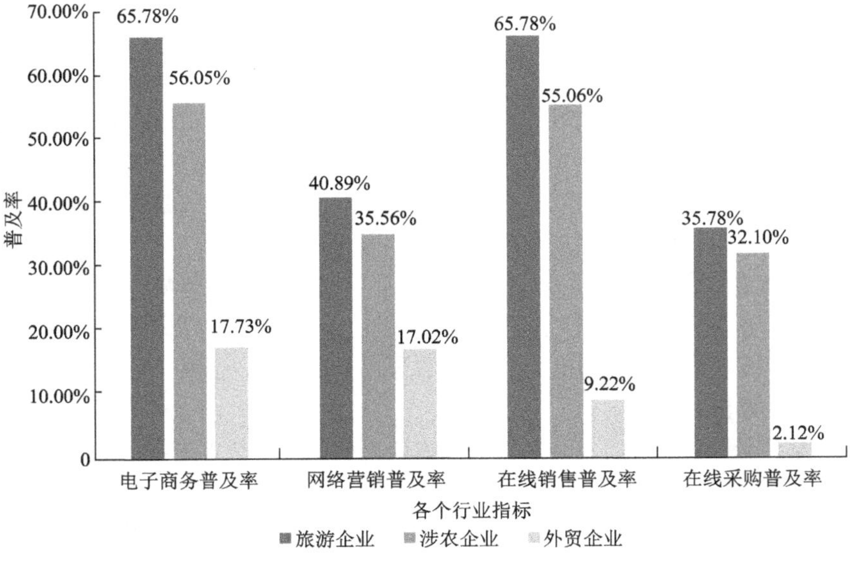

图 1　与新疆其他电子商务行业数据的比较

（三）新疆传统外贸企业未开展跨境电子商务的主要原因

外贸企业未展开跨境电子商务首要原因是资金不足，依次是不需要，缺乏跨境电子商务专业人才，物流仓储条件不具备，跨境语言文字不通易导致企业意图和消费者需求不能有效衔接，不熟悉交易国家的跨境电子商务相关法律，和现有销售渠道冲突，出口退税难度大，政策不到位、相关部门没有积极响应，出口退税难度大，比重分别为38.8%、36.2%、35%、28%、26.8%、20%、11.3%、8.8%、7.5%。

三、新疆跨境电子商务服务企业发展

新疆电子商务课题组对提供跨境平台、跨境支付、国际物流和公共服务的跨境电子商务服务企业进行了问卷调研和面访。

成立时间。从调研数据看，72.73%的跨境电子商务服务企业成立时间为 1～3 年，27.27%的跨境电子商务服务企业成立时间为 3 年及以上。

人员规模。跨境电子商务服务企业的人员规模主要分布在 1～30 人的区间，占比为45.45%；其次是人员规模在 30～60 人，占比为 36.37%；人员规模在 90～120 人与 120 人以上的占比并列第三，占比均为 9.09%。

营业收入。2017 年跨境电子商务服务企业营业收入在 300 万元以上的占比为 63.64%，100 万～300 万元的占比为 27.27%，50 万～100 万元的占比为 9.09%。

营销方式。跨境电子商务服务企业进行业务开拓的营销方式主要有网络营销、行业交流会和上门拜访（包括电话拜访），分别占比 90.91%、90.91%和 72.73%。

存在问题。在企业运营过程中，跨境电子商务服务企业主要存在的问题和障碍有跨境网络推广难度大，缺乏同时掌握多种语言的人才，政策不到位，相关部门没有积极响应，出口退税难度大，报关、报检效率慢等。服务企业对人才的渴求日益增多，目前紧缺的人才有技术研发人才、海内外市场开拓人才、翻译人才和经营管理人才，分别占比 72.73%，63.64%、27.27%和 54.55%。跨境服务企业需要政府提供多方位的支持，特别是税收政策的优惠和资金支持，占比高达 90.91%。通关综合管理系统和政府牵头、企业抱团发展是服务企业第二大需求，占比为 72.73%。跨境电子商务园区建设、交易规范和其他方面的支持分别占比 45.45%、36.36%和 9.09%。

四、新疆跨境电子商务产业发展面临的主要问题

总体看，新疆在跨境电子商务服务上有一些优势资源但竞争力弱，不能吸引全球进出口企业使用新疆提供的跨境电子商务服务；有一定数量的跨境电子商务服务企业和开展跨境电子商务的外贸企业，但没有形成有规模、有影响力的产业，无法进一步提升新疆跨境电子商务服务的竞争力。具体表现在以下四个方面。

（一）跨境电子商务的优势资源不能转化为竞争力

新疆地处亚欧大陆中间地带，连接欧洲和亚洲两大市场，拥有众多的通关口岸和海关监管场所，也是中欧班列的必经之地，具有独特的区位优势、通关优势和物流仓储优势，但这些优势资源管理和服务水平低、使用成本高，缺乏有效整合，不能转化为竞争优势，至今国内大型跨境电子商务平台均未使用新疆作为其跨境商品的通关口岸。

（二）跨境商务服务企业弱小，不能支撑跨境电子商务产业发展

新疆跨境电子商务服务企业数量比较少，实力普遍比较弱小，存在较大的生存压力。没有一定数量和有实力的服务企业群体就难以形成有规模、有影响力的跨境电子商务产业。

（三）企业资金不足，不能推动跨境电子商务产业发展

一是跨境电子商务企业融资渠道少，融资效果差，在跨境电子商务发展方面缺少更多的资金推动。二是跨境电子商务企业贷款困难，没有固定资产做担保很难从银行或其他机构进行贷款。三是发展跨境电子商务，涉及的是中亚五国、俄罗斯、白俄罗斯、乌克兰等国，近 4 亿人口。在人力投入、境外宣传、线下运营等方面都需要大量资金推动，而民营企业难以承担这些费用的。

（四）没有完整的产业链

行业未形成专业化、规模化的集聚效应，呈现着中小碎片化的特征。企业各自为政，整个产业链条无法高效衔接和运转，与疆内的制造、商贸、金融等行业不能形成联动。缺乏良好的商业氛围和专业性指导，不利于中小创业型企业的孵化和发展，导致了人才和技术的流失和匮乏。

五、促进新疆跨境电子商务发展的对策建议

总体上，一方面提高现有优势资源竞争力，提升集信息、集货、集人能力；另一方面培育全新的、有规模、有影响力的跨境电子商务产业，并在两者之间形成良性互促机制。具体来看，建议做好以下八个方面的工作。

（一）政府牵头、企业抱团发展

建立自治区主要领导牵头、相关部门参与的跨境电子商务联席会议制度，争取国家政策支持。相关政府部门通过宣传和政策引导的方式，推动各个行业的龙头企业通过自身的影响力纵向整合本行业资源，再联合跨境电子商务企业，共同合作开拓国际市场，逐步整合区内跨境电子商务行业产业链资源。

（二）加强对人才的培养，提前规划好人才战略布局

加快校企培养跨境电子商务人才进度，推动新疆大学、新疆师范大学、新疆财经大学、新疆职业大学和企业协同做好俄语电子商务人才培训，抓住新疆俄语电子商务人才服务全国和周边国家的机会。相关部门组织新疆企业电子商务人才前往内地和周边国家学习交流。举办一系列的跨境电子商务会议，促进跨境电子商务人才交流，学习跨境电子商务领先地区发展思路。

（三）提高通关效率

深化“单一窗口”使用广度和深度，提升相关部门通关监管水平和服务能力；加强综合保税区（保税物流中心）的公共、综合服务平台等软实力建设，大幅度提升通关效率和能力；支持外贸企业和跨境电子商务服务企业将运营、仓储、平台等前移至周边国家，与国内信息、支付、物流系统无缝对接，建立国内外一体化运营体系，打破跨境信息、物流、支付瓶颈，为国内外进出口企业提供有竞争力的通关服务。

（四）支持跨境电子商务平台建设

支持外贸企业和跨境电子商务服务企业围绕大宗进出口商品建设 B2B 跨境电子商务交易平台，争取大宗进出口商品定价的话语权；围绕新疆地区跨境物流仓储、人才等优势资源建设信息平台，将资源优势转化为竞争优势；吸引国内外跨境电子商务平台在新疆地区设立区域运营中心；支持外贸企业和跨境电子商务服务企业在周边国家和国内同步建设国内境外一体的跨境电子商务平台。

（五）搭建智能物流平台

利用物联网、云计算、大数据、人工智能等，构建高智能的物流信息平台。实现全程物流信息公开透明，以便企业和客户随时查找货物信息。提升第三方物流企业的智能化水平，如智能立体仓库的建设。采用多种物流方式，利用好西行班列、中欧班列带来的便利。加快海外仓的建设，提高效益，降低运输成本。发展综合性供应链服务提供商，积极实现从产品设计到销售整个流程的协同服务。加快海外仓的建设运营，通过与国内外的第三方物流、仓储企业的合作，促进与平台发展相适应的供应链管理系统的完善。

（六）加大宣传和招商力度，从扩大主体和使用范围两个层面强化新疆跨境电子商务服务竞争力

和国内外主要跨境电子商务平台积极沟通合作，为其在新疆设立区域运营中心提供支持；和以中欧班列运营企业为代表的跨境电子商务物流仓储服务企业积极沟通合作，为其在新疆开展跨境物流中转业务提供支持；到外贸发达地区向外贸企业、跨境电子商务企业宣传推介，吸引他们使用新疆提供的跨境平台、支付、物流仓储和人才等服务。

（七）提升新疆外贸企业跨境电子商务普及率，扩大在线交易规模

对未开展跨境电子商务业务的外贸企业，主要通过资金引导、人才输送、榜样宣传、服务对接等多种方式推动其先将现有业务向互联网迁移，然后在国内外市场通过互联网开拓业务；对已开展跨境电子商务业务的外贸企业，主要助其解决在跨境电子商务发展中的困难，进一步扩大在线交易份额。

（八）以跨境电子商务服务企业为核心培育新兴的跨境电子商务产业

通过购买服务、以奖代补、组织接洽会等多种方式培育本地跨境电子商务服务企业，吸引国内外提供平台、支付和物流等服务的跨境电子商务服务企业到新疆发展；在通关、信息、物流仓储、支付、供应链金融、人才、评价等各环节培育、聚集国内外有影响力的跨境电子商务服务企业，形成有规模、有影响力的跨境电子商务产业，进一步提升新疆跨境电子商务服务竞争力。

参考文献

[1] 新疆维吾尔自治区商务厅. 2016 年自治区电子商务推进大会工作报告[R]. 2016.
[2] 新疆维吾尔自治区经济和信息化委员会. 新疆维吾尔自治区电子商务“十三五”发展规划[R]. 2016.
[3] 中国互联网网络信息中心. 2018 年中国互联网络发展状况统计报告[R]. 2018.